OK Millennials !

Du même auteur

Après l'épidémie, un moment chinois ?, Éditions de l'Observatoire, coll. « Et après ? », 2020.
1969, année fatidique, Éditions de l'Observatoire, 2019.
Macron, un président philosophe, Éditions de l'Observatoire, 2017.
Réflexions sur la question goy, avec Guy Konopnicki, Lieu commun, 1988.
Une scène-jeunesse, Autrement, 1983.

En collaboration :

Dictionnaire du communisme, collectif sous la direction de Stéphane Courtois, Larousse, 2007.
Irak, An I. Un autre regard sur un monde en guerre, collectif, sous la direction de Pierre Rigoulot et Michel Taubmann, Éditions du Rocher, 2004.

Brice Couturier

OK Millennials !

Puritanisme, victimisation, identitarisme, censure… L'enquête d'un baby-boomer sur les mythes de la génération « *woke* »

Éditions de L'Observatoire

ISBN : 979-10-329-1833-3
Dépôt légal : 2021, septembre
2e tirage : 2021, octobre

170 *bis*, boulevard du Montparnasse, 75014 Paris

Introduction

Vous l'entendez, la petite musique qui monte ? « Les femmes, par leur assignation dans la société, comme les personnes noires et les personnes musulmanes, sont résistantes de fait. Elles ont un parcours de résistance. Moi, je ne fais pas confiance à des politiques hommes qui n'ont pas *déconstruit*. L'écologie, ce n'est pas des hommes blancs à vélo dans des villes[1]. » « Si j'étais un homme, je demanderais pardon[2]. » « Nous avons le pouvoir, sans les éliminer physiquement, de priver les hommes de leur oxygène : les yeux et les oreilles du reste du monde[3]. » « La non-décolonisation des esprits et des imaginaires collectifs permet leur survie et leur reproduction contemporaine. Elles servent désormais d'accompagnement idéologique aux discriminations systémiques dont sont victimes les descendants d'esclaves et de colonisés[4]. » « Mais il y a aussi un aspect générationnel

1. Sandrine Rousseau (ancienne porte-parole d'EELV et candidate à la primaire écologiste), dans l'émission politique « Backseat », destinée aux jeunes, sur la plate-forme Twitch, 25 juillet 2021.

2. La chanteuse Camélia Jordana, interviewée dans *Le Nouvel Obs*, 15 janvier 2021.

3. Alice Coffin, *Le Génie lesbien*, Grasset, 2020.

4. Extrait de « Appel : décolonisons l'espace public ! », tribune collective publiée par *Médiapart*, 27 juin 2020.

puissant. Ce sont les mêmes jeunesses qui se mobilisent contre le racisme, les féminicides, le patriarcat, ou sur l'urgence climatique. Deux générations s'affrontent sur ces sujets[1]. » « J'assume totalement le fait qu'il faille reproduire un certain nombre de censures dans l'espace public, pour rétablir un espace où les opinions justes prennent le pouvoir sur les opinions injustes[2]. »

Si vous rajoutez les folies de « l'écriture inclusive », les « réunions en non-mixité » interdites aux personnes à la peau blanche, le déboulonnage de plusieurs statues de Victor Schœlcher en Guyane et en Martinique, les campagnes d'intimidation lancées contre des enseignants de Science Po Grenoble qui ont refusé de considérer « l'islamophobie » comme une forme de racisme, les pseudo « révélations » de Philippe Jockey selon lequel l'histoire de l'art en Occident aurait dissimulé que les statues grecques étaient polychromes afin « d'exalter la race blanche », ou encore l'importation du mouvement Black Lives Matter par les multidélinquants de la fratrie Traoré (dix-sept frères et sœurs, issus d'un père polygame) et la propagation du mythe d'un prétendu « racisme d'État » par des radios publiques, vous avez fait ce constat : un virus dangereux est en train de s'attaquer aux valeurs républicaines.

Une partie de la gauche a muté. Ayant troqué « l'exploitation » des marxistes par la « domination » des bourdieusiens, elle a aussi remplacé les rapports de classe par une focalisation exclusive sur certaines *identités* : le genre, la race et l'orientation sexuelle. Elle

---

1. Rokhaya Diallo, « L'universalisme est aujourd'hui une posture », interview dans *L'Express*, 18 juin 2020.
2. Geoffroy de Lagasnerie, interviewé sur France Inter, 30 septembre 2020.

feint de croire que les décolonisations n'ont pas eu lieu il y a soixante ans et qu'une nouvelle forme de colonisation se poursuit au sein même de l'espace national.

Faisant l'impasse sur la question sociale, elle a abandonné de fait les classes populaires à l'extrême droite. Pour la « France périphérique », l'insécurité culturelle s'est ajoutée à l'insécurité sociale. Lorsqu'on est précaire, pauvre et relégué, il est insupportable d'être, en outre, sommé de confesser ses « privilèges » en tant qu'homme blanc hétérosexuel...

Alors que la laïcité faisait partie de l'ADN de la gauche, une fraction importante de celle-ci témoigne désormais d'une complaisance étonnante envers les déclinaisons les plus conservatrices d'une religion, l'islam, au détriment de l'émancipation des femmes et de la liberté des homosexuels. Voiler les femmes, prétendent ces hypocrites, « protège la virilité » des hommes musulmans, victimes de « l'État postcolonial » français. À la limite, les violences sexuelles envers les femmes devraient demeurer cachées afin de ne pas « stigmatiser » certaines catégories de la population. Dans un nombre de domaines croissant, la société entière est ainsi soumise à un régime de double standard moral en rupture avec l'universalisme républicain – extrêmes exigences envers certains groupes, extrême complaisance envers d'autres. Et cela l'exaspère.

Autrefois, les luttes sociales étaient menées par des organisations politiques et syndicales puissantes, car représentatives. Aujourd'hui, la politique-spectacle a pris le dessus grâce aux réseaux sociaux et aux chaînes d'information télévisées, à l'affût du clash et du buzz. Conséquence : une extraordinaire polarisation qui rend impossible le dialogue politique raisonné et fragilise la nation, tandis que montent les périls extérieurs.

La notion républicaine de citoyenneté impliquait un dialogue politique conçu comme une conversation libre et ouverte entre personnes dotées des mêmes droits, cherchant à se convaincre mutuellement des moyens de faire émerger le bien commun, dans un espace public soustrait à la violence. Mais voici qu'une idéologie nouvelle voudrait nous convaincre que ce dialogue est impossible. Impossible, puisque nous ne serions pas vraiment les auteurs de nos discours : ceux-ci sont surdéterminés par notre situation personnelle à l'intérieur d'un système de pouvoir particulièrement coercitif. Impossible parce que, dans ce cadre, la parole de la victime, du « dominé », doit nécessairement disposer d'un privilège moral qui va jusqu'au droit de réduire au silence le « dominant » dont la voix est par nature illégitime[1].

En République, le droit de la majorité à appliquer son programme politique est, certes, limité par des contraintes d'ordre constitutionnel : nous sommes libéraux. Mais ils sont réels et étendus. Or, voici qu'une culture politique, qui professe une méfiance instinctive envers la règle majoritaire, comme envers toute norme commune, entend nous imposer une démocratie des minorités dans le cadre d'un « multiculturalisme asymétrique » : l'ethnicité des minorités y est valorisée et est censée leur ouvrir des créances toujours nouvelles envers la société, tandis que l'ethnicité majoritaire est conçue comme dangereuse et devant être combattue[2].

Notre République était fière de porter les flambeaux des Lumières. Elles avaient traqué les dogmes et les superstitions, mis les « Révélations » de la religion au défi

1. Je résume ainsi des thèses développées par le jeune philosophe Alexis Carré.

2. Je résume ainsi la pensée du politologue canadien Eric Kaufmann.

de la Raison, imposé l'idée que les hommes sont égaux, puisqu'ils sont tous dotés de la raison. Aujourd'hui, ces mêmes Lumières sont accusées d'avoir servi de caution idéologique au colonialisme ; des étudiants s'en prennent aux bustes de Voltaire, dont des œuvres deviennent trop « problématiques » pour pouvoir continuer à être enseignées dans certains lycées. C'est de plus en plus, du reste, le cas de la Shoah : l'antisémitisme bénéficie d'une tolérance étonnante aussi longtemps qu'il se drape d'« antisionisme ». L'universalisme est très mal considéré : il ne prend pas en compte les spécificités culturelles et refuse aux « identités » la reconnaissance politique qu'elles réclament. Paradoxalement, une nouvelle gauche renoue ainsi avec des critiques d'une très ancienne droite, celle de Joseph de Maistre, qui « ne connaissait pas *l'homme* et ne l'avait jamais rencontré, mais connaissait, par contre, des Français, des Russes et des Anglais... ».

Tous ceux dont la mémoire personnelle remonte au-delà des quelque vingt dernières années ont le sentiment qu'un tsunami idéologique est en train de balayer un ensemble de valeurs, fruits d'une très longue histoire culturelle. Cette fois, ce n'est pas de Berlin, de Moscou ou de Pékin que souffle cet ouragan destructeur : il nous vient d'Amérique du Nord, il nous arrive des États-Unis. Mais c'est toujours le même bois mort qui s'embrase : une intelligentsia de demi-savants, ânonnant un catéchisme pathétique, manichéen et intolérant.

Ce livre est consacré à reconstituer l'historique de ce qu'il est désormais convenu d'appeler la révolution culturelle *woke*[1]. Il porte essentiellement sur l'histoire

---

1. Selon *Le Monde*, « [i]ssu de l'argot des Afros-Américains, le terme *woke* qui désigne à l'origine celui qui est "éveillé" face à

culturelle américaine récente, où cet esprit est né et où il a déjà accompli des ravages, et qui est encore loin d'avoir atteint son apogée en France. Chez nous, il reste cantonné à des franges marginales de la société. Aux États-Unis, il a conquis le pouvoir, sans avoir jamais obtenu la majorité. En s'emparant simplement de l'hégémonie culturelle.

Le livre s'ouvre sur un portrait psychosocial de la génération qui porte ce projet radical de réforme intellectuelle et morale, les *millennials*. Au « boomer » que je suis, les caractéristiques de cette génération trop couvée, narcissique, craintive et vindicative à la fois apparaissent comme le terreau propice au développement de la *culture victimaire* qui s'est développée sous l'influence de la *political correctness*. À la suite de différents travaux publiés par l'essayiste britannique Helen Pluckrose et du mathématicien américain James Lindsay, le lecteur est ensuite invité à assister à la naissance et au développement de la Théorie (dite parfois *French Theory*, car cette entreprise de « déconstruction » des savoirs plonge ses racines dans une certaine philosophie française des années 1960-1970). Sur la table rase des savoirs rendue possible, dans les universités, par la *déconstruction*, se sont reconstituées des identités réifiées. Elles ont progressivement donné naissance à une politique des identités, devenues une tentation récurrente du parti

---

l'oppression des minorités ethniques, sexuelles ou religieuses, sert aujourd'hui outre-Atlantique à railler la gauche radicale qui, au nom de la justice sociale, va parfois jusqu'à prôner la "*cancel culture*" » (Marc-Olivier Bherer, « Comment le terme "woke" a remplacé le "politiquement correct" », *Le Monde*, 7 avril 2021 ; https://www.lemonde.fr/idees/article/2021/04/07/woke-le-nouveau-politiquement-correct_6075820_3232.html)

démocrate. Depuis une dizaine d'années, enfin, l'esprit *woke* a conquis les institutions américaines. Porté par une génération éduquée à voir en tout désaccord une « micro-agression », il censure, s'en prend à tous les symboles d'un passé désormais considéré comme entièrement « blanc et donc coupable ». Par bien des côtés, il a pris la place laissée vacante par le retrait vertigineux du protestantisme dans le pays.

Au lecteur désireux d'aller plus loin, je signale les sites spécialisés dans l'analyse de ces phénomènes extravagants, auxquels je confesse devoir beaucoup : Quillette, Areo, New Discourses, UnHerd, Tablet Magazine, Spiked Online, Heterodox Academy. Toutes les traductions de l'anglais sont de ma plume.

1

Génération flocons de neige

« OK Boomer », ou « Va mourir ! »

Sur le site de vente en ligne Bonfire, destiné aux jeunes consommateurs américains dotés d'une haute conscience environnementale, féministe, citoyenne, solidaire et générationnelle, les *teenagers* « tendance » peuvent faire l'acquisition de sweat-shirts, tee-shirts et casquettes, noirs de préférence, arborant le slogan « *OK Boomer* », agrémentés ou non de « *Have a terrible day* ». Le slogan est, certes, moins définitif que l'interjection « Va mourir ! » Mais enfin, dans un pays où le moindre vendeur de hot-dogs est censé vous gratifier de la formule usuelle « *Have a nice day!* », elle sonne de manière terriblement dénigrante. Elle signifie simplement : d'accord, tu es un vieux con. Je sais d'avance ce que tu avais l'intention de me dire et ça ne m'intéresse pas. Ton âge te disqualifie. Et, de manière plus implicite : à quoi bon discuter avec toi ? Tu vas bientôt mourir. *Time is on my side.*

Sur Twitter, pour avoir posté un message de soutien aux forces de l'ordre attaquées aux cocktails Molotov et aux boules de pétanque par des fêtards lors d'une rave-party à Redon en pleine épidémie de Covid-19 (onze blessés parmi les gendarmes), je reçois cette réponse, tellement typique : « Que ça te dépasse ou pas, des jeunes représentent bien mieux la France qu'un vieux boomer rageux, plus proche de la fin que du début. Et merci de nous laisser les clefs d'un monde que vous avez déjà pourri suffisamment[1]. » Le chroniqueur de télévision américain vedette « LZ » Granderson l'a déclaré sans ambages : « Nous le disons entre nous de manière cavalière : comme la vieille génération disparaît, avec elle disparaît la haine... »

D'après la légende urbaine, relayée par le *New York Times*, l'expression culte « *OK Boomer* » serait apparue pour la première fois sur le site Tik Tok, surtout fréquenté par des ados de tous les âges[2]. En réponse à un vieil homme (blanc bien entendu), soupçonné en outre d'avoir porté une chemise polo et une casquette de baseball (l'uniforme supposé du parfait trumpiste), qui aurait accusé les nouvelles générations d'être atteintes du syndrome de Peter Pan, consistant à refuser de grandir, un jeune contempteur aurait répliqué de l'aphorisme, désormais célèbre : « OK Boomer ! »

Car la formule, économique de mots comme une vraie sentence latine, a été aussitôt reprise des dizaines de milliers de fois sur Tik Tok. Quelques jours plus tard, le 6 novembre, elle a été politiquement consacrée par une députée écologiste néo-zélandaise, Chlöe Swarbrick (née en 1994).

Dans un discours consacré au scandale que constituerait, à ses yeux, l'âge moyen des députés de son pays – 49 ans – qui expliquerait leur insuffisant

---

1. Signé Bolzee@adonis69005, 20 juin 2021.
2. Taylor Lorenz, « "OK Boomer" Marks the End of Friendly Generational Relations », *The New York Times*, 29 octobre 2019 ; https://www.nytimes.com/2019/10/29/style/ok-boomer.html

empressement à adopter les mesures énergiques et radicales qu'exige le changement climatique, elle glissa, à un député qui l'interpellait, la fameuse expression sans interrompre le fil de son discours, « OK Boomer ! » Un vieux, d'après le contexte.

La chance d'avoir été ados dans les sixties

Pas de doute, il y a dans l'air un parfum de conflit intergénérationnel[1]. Nous autres, boomers, avons, à ce qu'il paraît, été un peu trop bien traités par la vie. Pas de guerre, pas d'invasion, pas de crise économique suffisamment grave pour nous ruiner. Que notre génération, celle du baby-boom d'après guerre, ait bénéficié de conditions d'entrée dans l'existence incomparablement meilleures que toutes celles qui l'avaient précédée est une évidence indiscutable. Nous avons eu la chance de grandir durant les Trente Glorieuses (1945-1973). Une époque marquée, dans tout l'Occident démocratique, par la reconstruction, le relèvement et la modernisation accélérée ; par la solidité réconfortante de foyers où les divorces étaient rares. Nos parents possédaient des voitures automobiles et s'en servaient sans complexes pour avaler les kilomètres et nous emmener passer des vacances sur la Côte d'Azur ! Nos logements furent très tôt équipés de salles de bain à l'eau chaude, de réfrigérateurs puis, bien vite aussi, de téléviseurs, passant même du noir et blanc à la couleur, avant la fin des années 1960. Nous avons bénéficié de la massification de l'enseignement

1. Voir, en particulier, Hakim El Karoui, *La Lutte des âges. Comment les retraités ont pris le pouvoir*, Flammarion, 2013.

supérieur et d'un marché du travail affamé de cadres et de techniciens.

On nous reproche notre prodigalité : trop nombreux et insatiables, nous aurions ruiné la planète – pas moins – en démocratisant le voyage en avion, en étalant les villes, en consommant des kiwis et des fraises en hiver et de la viande en toute saison.

Dans *Le Destin des générations*, le démographe et sociologue Louis Chauvel avait, le premier, démontré combien, en France en particulier, l'état de l'économie au moment d'entrer dans la vie active détermine les chances de promotion pour l'ensemble d'une carrière. « La situation à trente ans conditionne les perspectives ultérieures. Pour ceux qui n'ont pas fait leur place, les conditions tendent à se figer ensuite[1] », écrivait-il. Et il démontrait sans peine l'extraordinaire fenêtre d'opportunité professionnelle dont nous avions bénéficié, nous autres, baby-boomers.

OK millennials ! Nous avons connu le plein emploi, des taux de croissance moyens annuels de 6 %, le progrès – et l'euphorie, qu'à l'époque, il provoquait encore. Nous avons eu la chance d'être adolescents à l'âge des Beatles et de Bob Dylan plutôt qu'à l'ère des 2Be3, ou à celle d'Aya Nakamura et de Camilla Jordana. Oui, la période durant laquelle s'est déroulée notre jeunesse était excitante, colorée, pleine de promesses, riche de possibles, bref très intéressante à vivre ; les générations qui nous ont immédiatement suivis en ont souvent éprouvé une jalousie bien compréhensible. « *It was good to be young then* », comme chantaient les Brothers Four[2].

---

1. Louis Chauvel, *Le Destin des générations. Structure sociale et cohortes en France au XX*e *siècle*, PUF, 2002.
2. Dans la chanson « The Green Leaves of Summer ».

Nous avons chevauché bien des tigres...

Mais c'est que, voyez-vous, nous y avons mis un peu du nôtre. Car nous avons été et nous restons une génération confiante et optimiste, tournée vers l'avenir, tolérante et bienveillante. Nous fûmes aussi un temps, on a tendance à l'oublier, une génération révolutionnaire... Certes, comme l'a écrit l'historien Jean-François Sirinelli, « la contestation, en réalité, même sous sa forme la plus radicale, était sous-tendue par un optimisme latent et, de ce fait, le contre-projet proposé par les radicaux, même s'il contestait le système socio-économique en place, était largement le produit de cet optimisme : il était mû par un message de lendemains qui chantent, fondé sur la prospérité contestée, éclose dans une France apaisée[1] ». Nous avons, hélas, depuis longtemps quitté ces rivages enchantés et les temps sont moroses. Mais pourquoi nous en attribuer la responsabilité ? Il est amusant de constater à quel point le mythe conservateur selon lequel les boomers auraient été de grands liquidateurs, les dilapidateurs des richesses accumulées par leurs prédécesseurs[2], se retrouve à présent chez les jeunes décroissants du Greta Thunberg fan-club.

Dans notre tradition culturelle occidentale, la jeunesse était censée être la période de la vie où l'on accumule des expériences, quitte à prendre aussi des

1. Jean-François Sirinelli, *Génération sans pareille. Les baby-boomers de 1945 à nos jours*, Tallandier, 2016, p. 85.

2. Peter Collier et David Horowitz, *Destructive Generation: Second Thoughts About the Sixties*, Encounter Books, 2006 ; https://www.barnesandnoble.com/w/destructive-generation-peter-collier/1101449465

risques, où l'on explore ses limites, quitte à transgresser les normes en vigueur. Nous autres, baby-boomers, avons ainsi chevauché bien des tigres – de la radicalité politique la plus exotique, aux limites de la perception sous l'effet des drogues hallucinogènes, en passant par toutes les formes de sexualité imaginables. C'est bien connu. On nous l'a assez reproché. Certains y ont laissé des plumes, subi de cruelles déconvenues, perdu la vie parfois. Mais qui peut nier que notre génération a cherché à intensifier la vie, et non à la rabougrir ?

OK, nous avons été permissifs et déculpabilisés, voyagé le surmoi un peu léger. C'est que nous tentions de construire, dans les marges de la société adulte du temps, bien trop conformiste et rigide à notre goût, notre propre contre-société, générant ses propres modes d'organisation, sa propre contre-culture. Et si nous n'avons pas réussi en tout, on peut au moins nous créditer d'avoir rendu les relations sociales moins formelles et plus égalitaires. La contre-culture est devenue, de fait, la culture dominante. La société a adopté, en grande partie, les normes de la contre-société.

Sans doute avons-nous péché par naïveté, mais au moins avions-nous fait le pari qu'une vie sociale harmonieuse repose sur des attentes communes confiantes. Et non sur le repli sur soi de communautés mutuellement hostiles, dans un jeu à somme nulle, où tout ce qui est gagné par les uns doit nécessairement l'être au détriment des autres.

Élevés dans l'esprit des Lumières, le progrès ne nous apparaissait pas sous les traits d'un ennemi, comme cela semble devenu le cas des nouveaux jeunes. Poussés en avant par la certitude que le meilleur restait toujours à venir, nous avons tendu à élargir le champ des possibles, à accroître les libertés existantes, à en conquérir de nouvelles. Liberté « négative », celle de ne pas être contraint, ni empêché de poursuivre ses propres buts par les autorités du moment. Mais aussi libertés « positives », celles de disposer du maximum de moyens pour y parvenir. Car c'est sous notre influence que les États-providence, encore corporatistes et balbutiants dans l'après-guerre, sont devenus universellement protecteurs. Nous avons mené une véritable révolution culturelle au nom de l'autonomie individuelle et des droits de l'homme. Et celle-là, du moins, a réussi. Nous pensions ses acquis définitifs. Nous nous trompions.

Les millennials : une panique morale d'apocalypse

Nous comprenons mal, en effet, la passion justicière, défiante et soupçonneuse, qui pousse les nouvelles générations à limiter, à restreindre et à interdire ; à sacrifier les droits de l'individu à ceux de communautés d'appartenance largement imaginaires[1]. Avec leur manie du « *shaming* », on fait honte à ceux qui prennent l'avion – leur empreinte carbone les désigne à la vindicte universelle. Manger de la viande est devenu immoral. Un Blanc qui joue du blues se rend coupable d'appropriation culturelle. Affirmer que seules les femmes ont des ovaires et des règles serait faire preuve de « transphobie » et vous expose au risque de la suspension de votre compte sur Twitter. Persister à se chauffer l'hiver autrement

1. C'est le sens du cri de colère poussé par l'archétypique baby-boomer Guy Konopnicki dans son livre *Il est toujours interdit d'interdire* (Impacts Éditions, 2020).

qu'aux heures intermittentes du solaire et des éoliennes sera bientôt considéré comme un « écocide »...

Une panique morale d'apocalypse imminente et un désir de représailles se sont emparés de jeunes adultes qui paraissent avoir peur de leur ombre, alors qu'ils bénéficient de conditions de vie optimales et – immense nouveauté – d'un accès quasi instantané à tout le savoir du monde. Comme l'a dit l'humoriste Louis C.K. (né en 1967), « nous vivons dans un monde absolument fantastique, et il est gâché par la plus merdique génération d'idiots trop gâtés[1] ». L'avenir, qui nous paraissait à leur âge riche de toutes les promesses, leur est dépeint de manière dantesque par les prophètes du désastre qui ont leur faveur. Signe des temps : la collapsologie a fait son entrée dans les cours enseignés en fac, comme la sexologie avait été introduite dans les nôtres. Nous proclamions « jouir sans entraves ». Ils prônent la frugalité, les restrictions, l'austérité, la décroissance. Nous voulions découvrir le monde entier. Ils voudraient nous imposer de « consommer local ». Pas de doute, la nouvelle génération ne nous ressemble pas. Elle nous tourne le dos. Pire, elle dilapide ce que nous aurions pu lui transmettre. C'est la génération des millennials.

Les millennials, ou « génération Y », succèdent à la « génération X », dont les membres sont nés entre 1965 et 1980. Ce sont les historiens Neil Howe et William Strauss, spécialistes du découpage de l'histoire

1. « *We live in a amazing, amazing world, and it's wasted on the crappiest generation of spoiled idiots* » ; http://writerunderground.com/2009/02/11/we-live-in-an-amazing-amazing-world-and-its-wasted-on-the-crappiest-generation-of-spoiled-idiots/.

politique et sociale en tranches générationnelles, qui leur ont donné leur nom de baptême dans leur livre *Millennials Rising*[1] publié en 2000. En gros, ce sont les personnes qui, aujourd'hui, sont sorties de l'adolescence et qui ont moins de 40 ans. Les avis diffèrent légèrement sur la définition précise de la date de naissance qui vous fait ou non appartenir à cette génération en pleine ascension. Les cohortes nées entre 1980 et 1995, selon Howe et Strauss, dans leurs premiers travaux. Entre 1981 et 1999, selon d'autres. Tout dépend des critères retenus par les différentes écoles de démographes et d'historiens comme réellement significatifs. Mais c'est un état d'esprit autant qu'un millésime.

On a, en tous cas, affaire à une nouvelle « grande génération », comme le disaient Howe et Strauss. Par ses dimensions, d'abord. Un quart de l'humanité actuelle a entre 18 ans et 40 ans. Aux États-Unis, ils sont plus de quatre-vingts millions, soit la cohorte générationnelle la plus nombreuse dans l'histoire du pays. Ils sont, certes, différents d'un pays à l'autre mais les millennials présentent pourtant des similitudes repérables partout dans le monde. Même en Chine, où la politique de l'enfant unique a sans doute contribué à rapprocher les jeunes adultes de leurs équivalents américains.

---

1. Neil Howe et William A. Strauss, *Millennials Rising: The Next Great Generation*, Vintage Books, 2000 ; https://www.penguinrandomhouse.com/books/83625/millennials-rising-by-neil-howe-and-william-strauss/

Notre libéralisme, leur égalitarisme

En matière de valeurs, le conflit est frontal. Dans une étude parue dans la revue *The Atlantic*, le journaliste David Brooks, l'inventeur de l'expression « bobo » (« bourgeois bohèmes »), expliquait récemment pourquoi : « Les baby-boomers ont grandi dans les années 1950 et 1960. Une ère de stabilité familiale, de prospérité générale et de cohésion culturelle. La mentalité qu'ils ont adoptée dans les *late sixties*, et puis incarnée depuis lors, était tout entière faite de révolte contre l'autorité, d'émancipation vis-à-vis des institutions et de célébration de la liberté, de l'individualisme, de la libération. La génération émergente aujourd'hui ne jouit d'aucun sentiment de sécurité. Elle a grandi dans un monde où les institutions sont en échec, les systèmes financiers ont déjà fait faillite et les familles sont fragiles. Les enfants doivent s'attendre à une qualité de vie inférieure à celle de leurs parents ; la pandémie fait rage, le changement climatique se profile et les médias sociaux sont vicieux. Leur vision du monde est fondée sur la menace, et non sur la sécurité[1]. »

C'est pourquoi les valeurs des millennials et de la génération Z – qui seront dominantes dans les années à venir – sont à l'opposé de celle des baby-boomers. Il n'est plus question d'émancipation, mais de sécurité. On n'exige plus la liberté, mais l'égalité. L'individualisme est rejeté au profit de la protection proposée

1. David Brooks, « America Is Having A Moral Convulsion », *The Atlantic*, 5 octobre 2020 ; https://www.theatlantic.com/ideas/archive/2020/10/collapsing-levels-trust-are-devastating-america/616581/

par des collectifs d'appartenance. La méritocratie elle-même est écartée au profit d'une « justice sociale » qui se décline selon des critères de genre et de race. Or, une fois qu'une génération a formé sa vision du monde, en réagissant au contexte socio-historique où celui-ci s'est formé, elle tend généralement à la conserver jusqu'à la tombe. De même que nous avons gardé notre optimisme jusque dans l'âge mûr et dans la vieillesse, de même faut-il s'attendre à ce que nos successeurs biologiques intoxiquent l'avenir de leur intransigeance suspicieuse.

David Brooks résume en quatre principes fondamentaux les valeurs portées par la génération du baby-boom : une philosophie de la *convergence*, telle que l'exprimait la fameuse chanson des Beatles « Come Together » ; le *libéralisme*, ou l'idée selon laquelle si chacun poursuit sa propre idée, obéit à sa propre fantaisie, défend ses propres intérêts, la société ne s'en portera que mieux, car elle bénéficiera de toutes ces énergies individuelles libérées ; l'*individualisme* entendu comme « liberté d'être fidèle à soi-même », qui sous-entend que la vocation première de la société est de fournir à chacun les moyens matériels de se réaliser soi-même ; enfin, la conviction, partagée un temps dans tout le monde occidental, que les États-Unis, où ces idées avaient émergé en premier, seraient aussi le pays qui devait les réaliser et les propager. « C'était, résume-t-il, une idéologie de liberté maximale et de sacrifice minimal. » Brooks n'évoque pas un cinquième thème, qui nous tenait particulièrement à cœur, à nous baby-boomers français : la *sécularisation*. Or, le recul de l'emprise des religions sur les mœurs, le déclin des prétendues vérités révélées faisaient aussi partie de notre programme.

Cette sensibilité s'était cristallisée, dès la fin des années 1970, dans l'idéologie antitotalitaire. Elle était et elle reste le véritable ciment idéologique des baby-boomers. Mais jusqu'aux années 1980, elle était condamnée à demeurer dans les marges du système qu'elle contestait. Les années Reagan ont été, comme le suggère l'essayiste américain Christopher Caldwell, l'occasion d'une sorte de « trêve générationnelle[1] », passée entre les baby-boomers transgressifs et l'Amérique conservatrice de la « grande génération », celle qui avait gagné la Seconde Guerre mondiale.

C'est à cette époque que s'est nouée l'alliance entre libéraux et libertaires, cette « double révolution libérale », précocement identifiée par l'historien Mark Lilla. « La révolution culturelle et la révolution Reagan ont eu lieu dans l'espace d'une seule génération, et ce sont des événements complémentaires et non contradictoires », diagnostiquait cet analyste de la vie intellectuelle américaine[2]. Le romancier Kurt Andersen, faisant le même constat, a écrit : « Pour les hippies, la bohême, comme pour les businessmen et les investisseurs, l'extrême individualisme a triomphé. [...] "Faites votre truc[3]" n'est pas si différent du "chacun pour soi"[4]. » C'est, en

1. Christopher Caldwell, *The Age of Entitlement. America Since the Sixties*, Simon & Schuster, 2020, p. 100.

2. Mark Lilla, « La double révolution libérale : Sixties et Reaganomics », *Esprit*, octobre 1998.

3. « *Do your own thing* », l'un des slogans de la contre-culture des sixties.

4. Kurt Andersen, « The Downside of Liberty », *The New York Times*, 3 juillet 2012 ; https://www.nytimes.com/2012/07/04/opinion/the-downside-of-liberty.html

effet, le même « individualisme démocratique » qui a mené à la révolution d'inspiration libertaire des mœurs qu'ont connue les sixties, et la révolution libérale des années 1980. Dans les deux cas – affranchissement moral et dérégulation économique –, il s'agissait d'émancipation individuelle et donc de responsabilisation personnelle. On vérifiait l'idée, chère à Durkheim, selon laquelle plus les sociétés se modernisent, plus s'accroît la marge de liberté laissée aux choix individuels.

Notre génération a bien cru arrivée son heure de gloire, lorsque des boomers typiques comme l'essayiste polonais Adam Michnik (né en 1946) renversèrent les vieux bonzes communistes qui avaient gelé la vie politique de l'Europe centrale durant près d'un demi-siècle. À Varsovie, Budapest, Berlin et Prague, les révolutions de velours marquèrent notre victoire, tardive, sur l'autre « vieux monde », celui du communisme ; un monde où l'État-parti prétendait assumer, à la place de l'individu et sous prétexte de transformer la société, l'ensemble des décisions le concernant[1]. Autant que 1968, et en écho, c'est 1989 qui a marqué le moment où notre génération a éprouvé le sentiment que l'histoire lui donnait enfin raison. Nous avons cru alors obtenir la confirmation que nous avions – malgré les apparences – marché dans le bon sens de l'histoire. Les révolutions de velours semblaient nous faire accéder à notre propre « grande époque ».

Pour reprendre les quatre valeurs que David Brooks nous attribue, nous avons bien cru que l'heure de la grande convergence Est-Ouest était arrivée en

1. C'est notamment la thèse soutenue par Paul Berman dans *Cours vite camarade ! La génération 68 et le pouvoir* (Denoël, 2006).

Europe : *come together!* ; que le libéralisme avait définitivement déclassé toute forme de collectivisme ; que l'ère de l'individu-roi allait se traduire par la création de droits toujours plus élargis ; et que l'Amérique était bien le phare du monde, comme nous le pensions depuis Woodstock. Quant à la plus puissante des religions séculières, le communisme, elle paraissait avoir sombré en perdant ses ultimes fidèles. Le baby-boomer Francis Fukuyama (né en 1952) crut pouvoir annoncer alors « la fin de l'Histoire ». Toujours, les vainqueurs voudraient éterniser leur jour de gloire et arrêter la marche du temps.

Il faudrait ajouter qu'à l'approche et dans le sillage des révolutions de velours d'Europe centrale eut lieu une véritable célébration des valeurs occidentales et de la culture européenne. Chez bien des auteurs qui les avaient critiquées et dénigrées à partir d'une position marxiste, ce panégyrique avait des allures de conversion[1]. Voilà que, soudain, l'histoire intellectuelle de l'Occident se trouvait exaltée comme un glorieux chemin de culture vers l'apogée des valeurs libérales. La Renaissance, les Lumières, la Révolution française, les avant-gardes esthétiques, les États-providence, la victoire face aux deux défis totalitaires, l'unification européenne, tout enfin prenait sens, un sens glorieux. L'on n'avait plus honte de célébrer une « identité européenne » dont nos frères, trop longtemps séparés, d'Europe centrale nous renvoyaient une image sans doute quelque peu idéalisée. Aujourd'hui, la vague *woke* prétend traduire devant le tribunal de l'histoire tout le passé culturel

1. Par exemple Edgar Morin dans *Penser l'Europe*, Gallimard, 1987.

de l'Occident, réduit à ses seules fautes colonialistes et racistes. On est prié de confesser sa honte d'être européen, son péché originel de racisme. Notre couleur de peau nous désigne nécessairement comme descendants d'esclavagistes.

On peut suivre aussi David Brooks lorsqu'il ajoute : « Nous pensons aux années 1960 comme à la décennie classique des baby-boomers, mais c'est bien le faux été des années 1990 qui a marqué les hautes eaux de cet ethos. » C'est, en effet, durant la décennie marquée par la présidence de Bill Clinton (né en 1946), la montée en puissance du New Labour de Tony Blair (né en 1953) et sa victoire électorale en mai 1997 que, non seulement des baby-boomers ont été au pouvoir en personne, mais qu'ils ont eu l'occasion de mettre enfin en œuvre leur programme, sans plus avoir à le négocier avec leurs aînés. La génération Woodstock a alors été réellement au pouvoir. C'est seulement à cette époque bénie, celle qui sépare la chute du bloc soviétique et la fin de la guerre froide du coup de tonnerre des attentats islamistes du 11 septembre 2001, que notre optimisme individualiste a pu se croire parfaitement justifié. Il s'était progressivement traduit en un programme politique, ambitieux et cohérent, celui de la mondialisation[1], en tentant de l'étendre au monde entier : *come together*, libéralisme, individualisme, centralité des États-Unis.

1. Kurt Andersen, « The Downside of Liberty », art. cit.

Nos utopies fracassées

Mais la dernière utopie des baby-boomers s'est à nouveau fracassée. Les attentats du 11 septembre 2001 nous ont révélé que notre civilisation, démocratique et libérale, était loin de faire l'objet d'une aspiration universelle. Qu'au contraire, elle suscitait des haines mortelles de la part d'autres cultures. Des cultures où l'on ne rêve nullement d'émanciper les individus, mais au contraire de les soumettre aux autorités traditionnelles au nom de la défense de l'identité collective. Car l'année même où tombait le Mur de la honte, qui emprisonnait les Berlinois de l'Est dans leur propre pays, l'ayatollah Khomeiny lançait un « contrat » sur la tête d'un écrivain britannique, Salman Rushdie, jugé coupable de « blasphème » pour avoir écrit un livre qui lui déplaisait, *Les Versets sataniques*. L'Occident, qui se croyait envié et puissant, découvrait qu'une théocratie du tiers monde pouvait s'arroger le droit de réclamer l'assassinat, sur son propre sol, d'un écrivain, un intellectuel pour délit de « blasphème ».

Il fallait une bonne dose d'aveuglement pour souscrire à la thèse de « l'hyperpuissance américaine ». Décidément, les États-Unis n'étaient pas unanimement considérés comme le phare de la civilisation et le porte-flambeau de l'émancipation universelle, mais comme « le Grand Satan » par des centaines de millions d'êtres humains fanatisés à travers le monde. Confirmation lors de la vaine tentative d'exporter la démocratie au Moyen-Orient par les armes qui leur a répondu, en 2001 (Afghanistan) et en 2003 (Irak). Un soupçon s'est emparé de l'Occident : et si c'était le scénario du *choc des civilisations*, celui d'Huntington[1], qui l'avait emporté sur celui de leur *convergence*, prôné par Fukuyama ? Mais on était encore loin de réaliser que ce choc allait bientôt être exporté sur le sol même des États-Unis, ni que la jeunesse éduquée allait y jouer les premiers rôles...

Ensuite, la crise des *subprimes* de 2008 a démontré l'extrême vulnérabilité du système financier qui sert de soubassement à l'état actuel du capitalisme américain ; la frivolité et l'indécence d'une élite de l'argent qui « se goinfre » sans rien produire ; la déconnexion de la finance et de l'économie réelle, sous l'effet de la spéculation ; les effets pervers de la mondialisation libérale sur les industries de main-d'œuvre occidentales ; et ceux de politiques sociales généreuses, censées permettre, même aux ménages pauvres, de s'endetter pour acheter des maisons, quitte à s'enrichir en les revendant avant d'être parvenus à les rembourser – car telle est l'origine conjoncturelle exacte de la crise des *subprimes*.

Enfin, tout récemment, une pandémie partie de Chine, et initialement gérée de manière désastreuse par les autorités de ce pays, y a été contenue en quelques mois, tandis qu'elle a contribué à détruire nos économies qui s'y débattent maladroitement en rendant insoutenables les dettes publiques de plusieurs États libéraux et en inondant nos économies de liquidités qui finiront par y provoquer une inflation désastreuse...

Oui, décidément, la grande époque de l'Occident démocratique (et celle des baby-boomers confiants et

1. Voir Samuel Huntington, *The Clash of Civilizations*, 1996 ; *Le Choc des civilisations*, Odile Jacob, 1997.

optimistes) semble aujourd'hui à des années-lumière. Quatre décennies plus tard, parmi les jeunes générations, « le regard porté sur les États-Unis et sur l'Occident en général est profondément cynique et pessimiste, comme l'écrit l'universitaire américain Bo Winegard. On y considère nos ancêtres non pas comme les participants, certes imparfaits, mais brillants, à une grande civilisation, mais comme des coupables qui ne méritent rien d'autre qu'un mépris honteux[1] ». L'abandon en catastrophe de l'Afghanistan par les États-Unis confirme le sentiment général d'un déclin américain et de son irréversibilité.

Oui, décidément, le baby-boomer libéral Francis Fukuyama avait tort. C'est le conservateur réaliste Samuel Huntington (né en 1927) qui avait vu juste : ce n'est pas parce que les Russes se sont mis à boire du Coca-Cola qu'ils sont devenus « des Américains comme les autres »… La « fin de l'histoire » n'est décidément pas la mondialisation commerciale, régulée par les agences du multilatéralisme libéral telles que l'OMC, ni la planétarisation de la démocratie libérale. L'humanité est probablement engagée sur le chemin d'une balkanisation en espaces civilisationnels et en zones commerciales, tandis que se reconstituent les grands empires historiques – chinois, ottoman, perse, russe… Le monde semble moins que jamais engagé dans un processus de convergence. Il se fragmente et se tribalise.

---

1. Bo Winegard, « In Defense of "Reactionary Liberalism" – A Reply to Osita Nwanevu », Quillette, 13 juillet 2020 ; https://quillette.com/2020/07/13/in-defense-of-reactionary-liberalism-a-reply-to-osita-nwanevu/

La démocratie en repli… chez les jeunes !

Quant à la démocratie libérale, elle subit la concurrence du contre-modèle autoritaire chinois, qui semble à même de fournir une élévation extraordinaire du niveau de vie à des populations immenses, sans respecter ni liberté d'expression, ni multipartisme, ni équilibre des pouvoirs.

Contrairement à ce qu'imaginaient les auteurs libéraux, comme Guizot et Tocqueville, l'extension de la classe moyenne ne suscite pas nécessairement l'exigence de la démocratie. La passion nationaliste et la crainte du désordre peuvent l'emporter sur l'amour de la liberté. Et à rebours de ce que pensaient des auteurs plus récents, l'innovation technologique n'est nullement incompatible avec l'autoritarisme politique. Au contraire, celui-ci peut même, dans certains cas, la favoriser. L'intelligence artificielle, qui nécessite une collecte massive de données, portant sur les comportements individuels, enregistre ses plus grandes avancées dans les États qui ne respectent pas la vie privée de leurs citoyens. Quant à l'économie administrée, elle parvient, à l'opposé de ce qu'enseignent les libéraux, à mobiliser, sous la direction d'un parti dirigeant, les immenses ressources nécessaires à la création de « champions » mondiaux, en se moquant bien de nos règles de concurrence. Alors que la polarisation politique de nos démocraties aggrave « l'archipellisation[1] » de nos sociétés, alimentant la division et le désordre, « l'harmonie » prônée par la tendance confucéenne du

1. Voir Jérôme Fourquet, *L'Archipel français. Naissance d'une nation multiple et divisée*, Le Seuil, 2019.

communisme au pouvoir à Pékin apparaît séduisante à de plus en plus de gens. Aux jeunes générations, en particulier…

C'est l'une des raisons pour lesquelles la démocratie libérale recule dans le monde. « Après trois décennies durant lesquelles elle s'était propagée et une autre où on l'a vue stagner et lentement s'éroder, nous assistons en ce moment à un recul mondial de la liberté », écrit Larry Diamond, le fondateur et directeur de la revue *Journal of Democracy*[1].

Selon Marc Plattner, le corédacteur en chef de la même publication, la démocratie a commencé à s'imposer comme un idéal désirable dans la période 1975-1985. Les peuples qui n'en bénéficiaient pas sont entrés en lutte afin de l'obtenir. La chute des régimes autoritaires en Europe du Sud dans les années 1970, celle du mur de Berlin et la dissolution du bloc soviétique à l'est, à la fin des années 1980, ont permis à de nombreux peuples de reconquérir leur indépendance nationale et de renouer avec une tradition démocratique. Au début des années 1990, l'Afrique subsaharienne a vécu une formidable vague de contestation démocratique des régimes dictatoriaux issus de la décolonisation. Mais dès la fin de cette même décennie, un peu partout sur le continent noir, c'étaient les militaires qui l'avaient emporté. Et depuis une douzaine d'années, en Occident, nous assistons à un indéniable repli.

L'adhésion au modèle démocratique au sein même des démocraties occidentales subit un phénomène d'érosion très préoccupant. Le jeune politologue germano-américain Yascha Mounk et le spécialiste

1. Larry Diamond, *Ill Winds. Saving Democracy from Russian Rage, Chinese Ambitions and American Complacency*, Penguin Press, 2019.

brésilien des sondages Roberto Foa se sont penchés, pour *Journal of Democracy*, sur les données publiées par World Values Survey.

Aussi contre-intuitif que cela puisse paraître, ils constatent que les jeunes sont moins attachés que leurs parents à la démocratie. Une forte proportion de ces jeunes, tant en Europe qu'en Amérique du Nord, estime que voter ne sert à rien. Un jeune Occidental sur six de moins de 30 ans estime même « qu'un pouvoir autoritaire, n'ayant pas de comptes à rendre à un Parlement [serait] une bonne chose ». Les pires résultats sont constatés dans deux nations réputées pour leurs traditions démocratiques, la Grande-Bretagne et la Suède... En France, une « tribune des généraux à la retraite », appelant les militaires à se tenir prêts à intervenir pour « rétablir l'ordre », est soutenue par une majorité de sondés. Et 49 % d'entre eux estiment que l'armée « devrait intervenir sans qu'on lui donne l'ordre, afin de garantir l'ordre et la sécurité en France[1] ».

Et qu'on ne mise pas sur l'élévation du niveau d'éducation parmi les jeunes générations pour inverser la tendance. On observe aussi que, dans nos pays, ce sont les plus pauvres qui sont aussi les plus attachés à la démocratie, tandis qu'une fraction importante des classes supérieures les plus éduquées s'en passerait volontiers. L'élection de Donald Trump semble avoir, un moment, convaincu une partie des élites américaines qu'on ne pouvait décidément pas confier

1. Harris Interactive, « Réactions des français à la tribune des militaires dans Valeurs Actuelles », 29 avril 2021 ; https://harris-interactive.fr/opinion_polls/reactions-des-francais-a-la-tribune-des-militaires-dans-valeurs-actuelles/

la désignation du président au peuple : les « *deplorables* » (« lamentables », l'expression d'Hillary Clinton pour désigner les partisans de son adversaire) sont trop nombreux... L'idéologie méritocratique fait désormais concurrence à l'esprit démocratique. Un universitaire québécois, Alain Deneault, se livre à une critique (de gauche) de la « médiocratie[1] » qui renoue avec de vieux thèmes maurrassiens : il y aurait danger à laisser voter les ignorants... Mais à qui confier l'estimation du niveau suffisant de compétence pour bénéficier du droit de vote ?

Mounk et Foa ont relevé qu'en Europe, l'éloignement envers la démocratie augmente en fonction d'un double critère : l'âge et le niveau de revenus. Ce sont les jeunes diplômés qui sont les plus critiques. Peut-être parce qu'ils sont aussi les plus favorables à la mondialisation. Estimant que les grands problèmes de notre temps – le climat, les migrations, la régulation de la finance – ne sauraient trouver de solutions dans le cadre trop étroit de l'État-nation, ils ont tendance à faire davantage confiance aux experts internationaux qu'aux gouvernements élus de leur propre pays. Peut-être, aussi, ces jeunes élites éprouvent-elles une certaine méfiance envers des majorités électorales qui ne partagent pas leurs propres priorités...

Comme l'a montré Yascha Mounk, c'est chez les millennials que la démocratie a perdu le plus de terrain en vingt ans. « Plus des deux tiers des Américains considèrent qu'il est d'une importance capitale de vivre dans une démocratie ; parmi les millennials, moins d'un tiers. L'effondrement de l'attachement envers la démocratie a aussi rendu les Américains

1. Alain Denault, *La Médiocratie*, Lux Éditeur, 2015.

plus sensibles aux alternatives autoritaires. En 1995, par exemple, seule une personne sur seize pensait qu'un régime militaire constituait un bon système de gouvernement ; aujourd'hui, une sur six le pense. [...] En 1995, 34 % des Américains âgés de 18 à 24 ans considéraient qu'un système politique dirigé par quelqu'un qui n'aurait pas à tenir compte du Congrès ou des élections serait bon, voire très bon. En 2011, 44 % d'entre [les membres de cette classe d'âge] partageaient cette opinion[1]. »

À rebours de l'idée répandue par certains médias, toujours en retard d'une évolution de l'opinion, les jeunes ne réclament pas « davantage de démocratie », mais, au contraire, davantage d'autorité. Contrairement aux boomers, les millennials ne sont pas attirés par le chahut et l'indiscipline. Tous les sondages le démontrent, ils aspirent à un ordre ; mais c'est celui qu'imposent et font régner des collectifs sectaires et intolérants, au nom des normes du *politiquement correct*, et non celui des régimes autoritaires traditionnels. Les boomers penchaient spontanément du côté des dissidents. Les millennials se comportent en vigilants gardiens de troupeau...

Et l'écologisme, qui est leur idéologie dominante, leur fournit d'excellentes raisons d'exiger ouvertement des limites à la souveraineté populaire. La démocratie, répète-t-on dans les médias alignés sur les nouvelles gauches, empêche la prise en compte des intérêts à long terme de l'humanité. Parce que les politiciens n'accomplissent que des mandats courts, ils ne sont jugés que sur des éléments tels que le taux

1. Yascha Mounk, *Le Peuple contre la démocratie*, Éditions de l'Observatoire, 2018, p. 13, 159.

de croissance et le niveau du chômage. Mais la lutte contre le réchauffement climatique impliquerait des politiques sur le long terme, décidées et poursuivies hors du cadre, trop étroit, des nations, par une élite réellement consciente du caractère dramatique des enjeux environnementaux.

Le député écologiste européen David Cormand ne cache pas son jeu. « Défendre une limitation des libertés au nom du changement climatique n'est pas liberticide », déclare-t-il au micro de France Inter. Et Manon Aubry, milléniale archétypique (elle est née en 1989) et eurodéputée LFI, assume tranquillement la nécessité de « poser des contraintes à nos libertés individuelles[1] », au nom de la défense du climat. Une bonne partie de cette génération rêve non seulement de nous empêcher de circuler, au nom de la lutte contre la pollution, mais de choisir librement nos représentants et nos dirigeants, parce qu'elle se croit mieux avertie que les majorités électorales. Le spectre d'un despotisme écologiste éclairé hante les millennials. La campagne d'affichage en vue des élections régionales de juin 2021 du parti écologiste EELV avait vendu la mèche. Dans une série de visuels destinés à inciter les jeunes à voter, en leur suggérant que les électeurs de droite et d'extrême droite, eux, le feraient en masse, figurait une photo présentant quatre personnages aux cheveux blancs sur une plage, en vêtements chics et

1. « Est-ce que sortir de cette société de consommation, c'est poser des contraintes à nos libertés individuelles ? Il faut accepter de dire oui dans une certaine mesure » (Pascal Perri, « Cette gauche qui ne croit plus au progrès », *Les Échos*, 21 septembre 2020 ; https://www.lesechos.fr/idees-debats/cercle/opinion-cette-gauche-qui-ne-croit-plus-au-progres-1244213)

lunettes de soleil de marque. Manifestement, des retraités aisés. Accroche : « Les boomers, eux, ont prévu d'aller voter. » Certes, Julien Bayou, le secrétaire national du parti écologiste, a fini par reconnaître que ce visuel était « maladroit et blessant » et l'a fait remplacer par un autre, ciblant, cette fois, « les fachos ». Mais on imagine la tête qu'a dû faire Daniel Cohn-Bendit, le boomer franco-allemand le plus emblématique de notre génération, lorsqu'il a découvert ce message. Lui qui a été l'un des porte-parole les plus convaincants des thèses écologistes se retrouvait, à cause de son âge, assimilé aux ennemis de l'écologie. Pour ces jeunes militants, à l'affût des discriminations, il est clair que l'âgisme ne tombe pas sous le coup de la même condamnation que celles frappant le sexisme, le racisme, ou l'homophobie.

La laïcité, pas très tendance…

Quant à la sécularisation, un récent sondage vient de montrer l'extraordinaire recul, chez les lycéens français, de l'adhésion à la laïcité[1]. Selon l'IFOP, plus d'un lycéen sur deux se déclare favorable au port de signes religieux ostentatoires dans les lycées publics et 49 % ne voient pas d'inconvénient à ce que les fonctionnaires affichent leurs convictions religieuses dans l'exercice de leurs fonctions. Le droit au blasphème, dont le principe est soutenu par une grande majorité de l'opinion, est

1. Ifop, « "Droit au blasphème", laïcité, liberté d'enseignement… les lycéens d'aujourd'hui sont-ils "PATY" ? », 3 mars 2021 ; https://www.ifop.com/publication/droit-au-blaspheme-laicite-liberte-denseignement-les-lyceens-daujourdhui-sont-ils-paty/

refusé par 52 % des élèves du secondaire (dont 78 % des élèves musulmans).

Au fil du temps, la religion a cessé d'être considérée comme un simple système de propositions avec lequel l'individu « bricole » son propre régime de croyance. Elle est devenue, en tous cas, pour les jeunes musulmans, consubstantielle à l'identité. Si 76 % des jeunes Français âgés de 18 à 30 ans s'identifient d'abord à partir de leur identité nationale, 17 % de leurs compatriotes musulmans du même âge s'identifient prioritairement à partir de leur religion. Plus inquiétant, ces derniers sont 66 % à juger que « les normes et les règles édictées par [leur] religion sont plus importantes que la loi de la République ».

Se moquer des croyances religieuses – une banalité pour les baby-boomers – est perçu désormais par une grande partie de la jeunesse comme un grave manque de respect. Ce qui n'est pas étonnant, puisque les jeunes Français ont une vision fausse de la laïcité : 34 % estiment qu'elle signifie « mettre toutes les religions sur le même plan ». Et 21 % seulement adhèrent à sa définition exacte : « séparer les religions de la politique »[1].

La jeune Mila en a fait les frais. Dans les facs et les lycées, c'est largement elle qui est condamnée, et non ceux qui la menacent de mort. Commentant ce sondage, le directeur du pôle politique-actualité de l'IFOP, François Kraus, relève que les jeunes « ont une conception minimaliste » de la laïcité ; à leurs yeux, c'est, au mieux, une manière de « mettre toutes

1. Ifop, « Fractures sociétales : enquête auprès des 18-30 ans », 26 novembre 2020 ; https://www.ifop.com/publication/fractures-societales-enquete-aupres-des-18-30-ans/

les religions sur un pied d'égalité », et non un moyen « de faire reculer l'influence des religions dans la société » – ce qui serait la tendance spontanée d'un baby-boomer[1].

La philosophe Catherine Kintzler voit dans ce sondage une « sacralisation du convictionnel, entretenue par des décennies de techniques éducatives basées sur la valorisation de l'enfant [à travers son] identité. [...] On nous explique à longueur de débats que l'opinion, la croyance constituent une partie essentielle de l'individu, constitutive de sa conscience. De la même manière que les élèves ne distinguent plus les espaces privés ou publics, ils ne font plus la différence entre une croyance, une opinion, et les personnes qui y adhèrent[2] ». Les jeunes entretiennent vis-à-vis de la religion un rapport qui s'apparente de plus en plus à celui qu'on connaît déjà depuis des décennies dans les pays anglo-saxons ayant adopté le communautarisme. Étonnant recul d'une aspiration à l'émancipation individuelle que nous avions crue, là aussi, irrésistible et irréversible...

Plus inquiétant, selon ce sondage, 10 % des lycéens n'expriment pas de condamnation à l'égard de la série d'attentats islamistes de 2015 en France. Leur réaction n'est pas un phénomène isolé : Yascha Mounk montre que « les jeunes d'un grand nombre de pays ont davantage tendance à se définir comme radicaux que les personnes âgées. Et [que] leur

1. Géraldine Woessner, « Sondage : les lycéens rejettent majoritairement la "laïcité à la française" », *Le Point*, 3 mars 2021 ; https://www.lepoint.fr/education/sondage-les-lyceens-rejettent-majoritairement-la-laicite-a-la-francaise-03-03-2021-2416143_3584.php

2. *Ibid.*

attirance pour les extrêmes du spectre politique n'a fait que croître[1] ». À l'élection présidentielle française de 2017, seul un électeur âgé sur cinq a voté pour Marine Le Pen, au second tour. Près d'un jeune sur deux a fait ce choix. D'après des sondages de mars 2021, Marine Le Pen arrive en tête des intentions de vote chez les 25-34 ans.

Mounk explique ce « désenchantement croissant des jeunes à l'égard de la démocratie » par le fait que « les millennials, dans des pays comme le Royaume-Uni ou les États-Unis, ont à peine fait l'expérience de la guerre froide et pourraient très bien ne connaître personne qui ait combattu le fascisme. À leurs yeux, la question de savoir s'il est important de vivre en démocratie paraît beaucoup plus abstraite[2] ». Ils n'ont pas connu notre exultation à voir les vieux bureaucrates communistes lâchés par le centre gorbatchévien, et acculés à quitter le pouvoir sous les quolibets. Ce sont les suites de cette belle histoire qu'ils ont sous les yeux : les régimes de « démocratie illibérale » en Hongrie et en Pologne, l'Union européenne, hier reconnue comme promesse d'émancipation nationale aujourd'hui dénoncée, parfois par les mêmes dirigeants politiques, comme « une nouvelle prison des peuples ».

Les illusions des baby-boomers s'étant révélées comme des chimères, cela a entraîné, chez les moins de 40 ans, une profonde réorientation intellectuelle. Une nouvelle culture politique est en train d'émerger dont les millennials sont les fers de lance. Cela amène David Brooks à faire, en conclusion de son

---

1. Yascha Mounk, *Le Peuple contre la démocratie*, *op. cit.*, p. 175-176.
2. *Ibid.*, p. 178.

article déjà cité dans *The Atlantic*, un certain nombre de projections. La vie intellectuelle et politique des États-Unis sera, selon lui, caractérisée par cinq traits essentiels[1].

L'activisme justicier des millennials

Les sociétés vont dorénavant privilégier la sécurité à la prise de risques. Tout au long des années 1960 à 1990, écrit Brooks, les chances d'amélioration individuelle l'avaient emporté sur les risques de dégradation. Le sentiment s'est inversé au cours des deux dernières décennies. L'angoisse l'emporte désormais sur l'espoir. Chez les électeurs républicains, l'optimisme reaganien qui poussait à l'ouverture des frontières s'est inversé : Trump, lui, a bâti des murs et imposé des tarifs douaniers protecteurs. Chez les démocrates, on observe un basculement équivalent : le néolibéralisme de l'ère Bill Clinton a fait place à des politiques de sécurisation sociale. Quant à la culture des campus, elle a basculé du relativisme moral à un moralisme strict.

La culture du baby-boom mettait l'accent sur le développement personnel et la réussite individuelle. Mais la « méritocratie compétitive » fait aujourd'hui l'objet d'un rejet massif de la part des millennials. « Dans le système en train d'émerger, écrit Brooks, non seulement le "privilège" est devenu un péché honteux, mais les vainqueurs sont suspects. » Toute disparité de résultat constatée entre les groupes – sexuels, ethniques, etc. – est, en outre, condamnée comme une

1. David Brooks, « America Is Having A Moral Convulsion », art. cit.

injustice. C'est, on le verra, la source d'une complète redéfinition du racisme, comme « structurel ».

Dans les années à venir, les préoccupations sociales vont l'emporter sur l'ancien culte de l'individu, quelles que soient les idéologies professées. La gauche mettra moins l'accent sur le fait de doter les personnes des moyens de leur autonomie que sur la défense de la société. Les populistes de droite renouent avec la notion d'identité et de souveraineté nationales. Une nouvelle gauche cultive les identités communautaires. Significativement, le slogan des boomers, « *Don't label me!* » (« Ne me colle pas une étiquette ! ») est en train d'être remplacé par l'inverse : « *My label is who I am* » (« Mon étiquette dit qui je suis »). Prodigieux retournement !

L'activisme justicier liquide le libéralisme. La génération du baby-boom a entamé sa carrière politique à Berkeley, dans les années 1960, en exigeant la liberté d'expression. Celle-ci n'est plus de saison. Un sondage du Pew Research Center de 2015 montrait que les trois cinquièmes des étudiants de *college* (l'équivalent de notre premier cycle universitaire) estiment nécessaire la rédaction de règlements indiquant quelles sont les limites à respecter dans le domaine de l'expression et des comportements, afin de ne pas heurter la sensibilité de certains groupes.

La culture des boomers s'inscrivait dans le sillage des Lumières libérales. Elle faisait confiance à l'universalité de la raison et croyait aux vertus du dialogue pour dissiper les malentendus. Elle concevait la politique comme la mise en concurrence de vérités partielles. La jeune génération a soif de justice et de certitude morale. Ce qui la rend intolérante. « Qui plus est, les subtilités du libéralisme en viennent à être perçues comme un leurre, que les oppresseurs utilisent pour masquer leur système d'oppression et le maintenir. La vie publique n'est plus un échange d'idées : c'est un conflit entre groupes engagés dans une lutte à mort. Faire preuve de civilité, c'est "le code de capitulation de ceux qui veulent nous détruire" », comme l'écrit Dahlia Lithwick[1].

Vrai : les boomers ont la belle vie, les millennials galèrent

Mais le conflit intergénérationnel a des causes économiques et sociales objectives. Aux États-Unis, les plus de 55 ans, qui constituent un tiers de la population totale, possèdent les deux tiers du capital. Pour une raison simple : ils sont très généralement propriétaires de leurs logements, alors que les prix de l'immobilier se sont envolés, rendant l'acquisition de maisons beaucoup plus compliquée pour les millennials.

Lorsqu'il fut nommé chancelier de l'Échiquier en 2010, le politicien conservateur britannique George Osborne lança, à la manière d'une blague : « Avec un peu de chance, nous allons avoir une bonne hausse des prix de l'immobilier, et tout le monde sera content. » Significativement, le ministre des Finances pensait uniquement aux propriétaires, que le sentiment de s'être enrichis pousse à dépenser davantage. Mais les millennials britanniques sont rarement propriétaires. Selon le journaliste Alexis Self, il faut à présent, en Grande-Bretagne, économiser durant dix-neuf ans pour constituer le dépôt de garantie d'un achat de premier bien immobilier, alors qu'il en

1. Avocate, elle est actuellement la rédactrice en chef de *Newsweek* et de *Slate* (US).

suffisait de trois dans les années 1980. Résultat : primo, le parc immobilier britannique est massivement possédé par les plus de 55 ans, secundo, la fortune d'un baby-boomer britannique sur cinq est égale ou supérieure à un million de livres.

On a bercé les millennials de promesses. Tony Blair, qui pensait que la mondialisation rendait les délocalisations inévitables, avait misé sur le développement des emplois très qualifiés. En conséquence, il avait fixé à son gouvernement l'objectif de 50 % d'une classe d'âge diplômée de l'enseignement supérieur. Ce taux vient d'être atteint en Grande-Bretagne. Mais avec quels résultats ? Désormais, les emplois routiniers et faiblement qualifiés sont réservés aux licenciés (*graduated*). Les non-diplômés trouvent difficilement du travail. L'inflation des diplômes leur a fait perdre beaucoup de valeur, alors même que les frais d'inscription ne cessent d'augmenter, créant dans ce pays comme aux États-Unis un problème social des dettes estudiantines. Décrocher l'équivalent de la licence, au Royaume-Uni, signifie accumuler en moyenne une dette de cinquante mille livres. Et ce fut, en ce qui concerne l'année universitaire 2020-2021, pour avoir le privilège de suivre des cours en ligne pour cause de confinement...

Dans les dix années qui suivent l'obtention de leur diplôme, un quart des millennials britanniques se retrouvent coincés dans des emplois peu qualifiés. Comment s'étonner qu'aux dernières élections, le Labour ait recueilli 62 % des suffrages auprès de la génération Z (18-24 ans) et seulement 17 % chez les plus de 65 ans ? Les électeurs ont basculé d'un axe socio-économique à un clivage culturo-générationnel. Et c'est aussi ce qui nous menace, en France.

En réalité, comme l'écrit Christopher Caldwell, « les boomers de la première cohorte [ceux qui sont nés, selon cet auteur, entre 1946 et 1955] ont constamment donné le ton dans le pays. Il s'est, en effet, construit sur les excès et la sexualité dans les années 1960 et 1970, puis sur les “valeurs familiales” et l'acquisition d'argent dans les années 1980 et 1990. Durant les premières décennies du nouveau siècle, il s'est agi de protéger les intérêts et les fortunes de ceux qui avaient prospéré durant les décennies précédentes, conformément aux règles qu'ils avaient eux-mêmes édictées – ainsi que les institutions et les sociétés qu'ils avaient eux-mêmes constituées[1]. »

Dans l'Union européenne, le niveau des pensions de retraite en euros constants a progressé de 10 % entre 2007 et 2018, alors que les revenus des actifs ont stagné durant la même période. Comme le montre Hakim El Karoui, les jeunes ont été les grands perdants de la gestion de la crise des *subprimes* dans l'ensemble des pays de l'OCDE[2]. La solution qui a été retenue, celle de transférer massivement les dettes privées au secteur public, obère l'avenir et pèsera donc sur les épaules des jeunes générations. Celles-là mêmes qui ont été les plus frappées par le chômage : les nouveaux arrivés sont les premiers licenciés par les entreprises en cas de baisse d'activité.

Dans son dernier livre, *Beyond Order*, le fameux psychologue canadien Jordan Peterson (né en 1962) montre que le contraste entre la situation de précarité quasi permanente des millennials et de la génération Z et leur sentiment que leurs droits devraient l'emporter

1. Christopher Caldwell, *The Age of Entitlement*, *op. cit.*, p. 85.
2. Hakim El Karoui, *La Lutte des âges*, *op. cit.*

sur leurs responsabilités est à l'origine de la montée d'un très grand mécontentement[1]. Beaucoup d'entre eux, en effet, évoluent, soit par choix, soit par obligation, dans ce que les Américains appellent la « *gig economy* », les boulots à la tâche, les contrats à durée ultradéterminée qui donnent l'illusion de la liberté au détriment de la stabilité des revenus. Mais le prix à payer pour cette apparence de disponibilité est récemment devenu terriblement élevé, du fait des restrictions imposées par la crise sanitaire.

Aussi Jordan Peterson met-il en garde contre « le ressentiment, ce terrible état émotionnel, fait d'un mélange de colère et d'apitoiement sur soi ». Commentant cet avertissement, la journaliste et essayiste nord-irlandaise Jenny McCartney estime qu'une bonne part de la « furie idéologique » qu'on constate sur les réseaux sociaux apparaît comme « une forme de revanche idéologique, en vertu de laquelle le langage est devenu le seul champ de bataille sur lequel les jeunes gens en colère peuvent encore emporter une victoire décisive[2] ».

La gauche radicale des millennials américains

Politiquement, il existe un fossé générationnel aux États-Unis, qu'on ne retrouve pas partout en Europe. Les millennials ont voté massivement pour Barack Obama lors des élections présidentielles de 2008 et 2012. En particulier ceux qui ont suivi des études

---

1. Jordan B. Peterson, *Beyond Order. 12 More Rules for Life*, Penguin Random House, 2021.
2. https://unherd.com/2021/03/can-jordan-peterson-bring-order/

supérieures. Mais par la suite, un pourcentage important d'entre eux a basculé en faveur d'une gauche nettement plus radicale : aux primaires démocrates de 2016, plus de 70 % des moins de 30 ans (de l'époque) ont préféré le sénateur Bernie Sanders à la secrétaire d'État Hillary Clinton. Lors des primaires de 2020, ils ont massivement boudé Joe Biden, qui a été le candidat des plus de 40 ans, nettement plus modérés. En Grande-Bretagne aussi, le Labour a obtenu 62 % des voix aux élections de 2019 chez les jeunes de 18 à 24 ans, mais seulement 17 % chez les plus de 65 ans. « Dorénavant, l'effet d'âge éclipse le vieux clivage de classe. L'âge est devenu ce que la classe sociale était dans les années 1970 et 1980 », estime le politologue Chris Curtis, de l'institut de sondages YouGov[1].

Bien des commentateurs américains estiment, comme Niall Ferguson, que le clivage générationnel, transposé sur le plan politique, est lourd de conséquences : « Les démocrates sont en train de devenir le parti des jeunes, et spécialement celui des millennials (nés entre 1981 et 1996) et de la génération Z (nés après 1996), estime l'historien. Les républicains penchent de plus en plus du côté des retraités et, en particulier, de la "génération silencieuse" (nés avant 1945). Entre les deux, on trouve la génération X (nés entre 1965 et 1980) qui progresse lentement vers la gauche, et les baby-boomers (nés entre 1946 et 1964), qui progressent lentement vers la droite. Ce réalignement, basé sur

1. Adam McDonnell et Chris Curtis, « How Britain voted in the 2019 general election », YouGov, 17 décembre 2019 ; https://yougov.co.uk/topics/politics/articles-reports/2019/12/17/how-britain-voted-2019-general-election

l'appartenance générationnelle, a de profondes implications pour l'avenir de la politique américaine [...]. Le rendez-vous des jeunes électeurs avec le destin viendra entre le milieu et la fin des années 2020[1]. »

Le démographe William H. Frey, auteur de l'essai *Diversity Explosion*, exprime son enthousiasme pour les manifestations Black Lives Matter de 2020. Dans un article publié sur le site du think-tank Brookings, il écrit : « Après des mois d'hibernation, l'Amérique s'est réveillée – spécialement les millennials et la génération Z, la partie la plus jeune et la plus diverse de la nation. [...] Ces générations démontrent leur engagement pour les droits civiques fondamentaux des Noirs américains. Ils fournissent la vaste majorité des protestataires qui manifestent contre le meurtre injuste de George Floyd à Minneapolis et d'autres victimes de la brutalité policière et de l'injustice raciale. C'est un moment de bascule pour ces jeunes générations et par extension pour la nation tout entière. [...] Il y avait, sous-jacente, une division politique et culturelle fondamentale entre une Amérique montante, racialement diverse, et la génération plus âgée et plus blanche qui porte l'essentiel de la responsabilité de l'élection de Trump[2]. » En 2016, explique William H. Frey, les moins de 45 ans ont voté majoritairement démocrate et les plus de 45 ans, majoritairement républicain. Et « la bonne nouvelle, c'est que

1. Niall Ferguson et Eyck Freymann, « The Coming Generation War », 5 juin 2019 ; http://www.niallferguson.com/journalism/miscellany/the-coming-generation-war

2. William H. Frey, « The Nation's Racial Justice Protests are a Pivotal Moment for Millennials and Gen Z », Brookings/*The Avenue*, 9 juin 2020 ; https://www.brookings.edu/blog/the-avenue/2020/06/08/the-nations-racial-justice-protests-are-a-pivotal-moment-for-millennials-and-gen-z/

le poids de ces générations diversifiées va augmenter à mesure qu'ils vont vieillir[1] ».

Au recensement de 2020, une nette majorité des jeunes Américains âgés de moins de 18 ans ne s'identifient pas comme blancs. Dès 2030, aux États-Unis, les Blancs de moins de 50 ans ne seront plus que 49,7 % de la population, les Latinos ou Hispaniques 24,8 %, les Noirs 13,7 % et les Asiatiques 7,2 %. « Le mouvement actuel se déroule sur fond de transformation démographique[2]. »

Cependant, l'éditorialiste de *The Atlantic* Derek Thompson estime que Niall Ferguson a tort d'analyser la polarisation politique américaine comme une lutte entre un parti démocrate, devenu celui des jeunes, et un parti républicain, refuge des plus de 40 ans. « L'âge ne divise pas les républicains, d'un côté, et les démocrates, de l'autre : l'âge oppose les jeunes gauchistes à la fois aux républicains et aux démocrates. Les démocrates de moins de 30 ans n'éprouvent presque aucun intérêt pour celui des candidats qui fait la course en tête [Joe Biden]. Et les démocrates de plus de 65 ans n'ont aucun intérêt mesurable pour le candidat préféré de la jeune génération [Bernie Sanders]. [...] Il serait plus utile de considérer les jeunes progressistes comme un tiers parti, coincé dans un système bipartisan[2]. »

Les contours de ce tiers parti, dont le programme est franchement socialiste, ont été bien dessinés par

---

1. *Ibid.*
2. *Ibid.*
2. Derek Thompson, « The Millennials-Versus-Boomers Fight Divides the Democratic Party », *The Atlantic*, 10 décembre 2019 ; https://www.theatlantic.com/ideas/archive/2019/12/young-left-third-party/603232/

une étude de 2018, « The Hidden Tribes of America », qui analyse les causes de la polarisation politique aux États-Unis. Cette sensibilité politique, que l'étude en question a surnommée les « *Progressive Activists*[1] », représente 8 % de la population des États-Unis, mais déjà un tiers des électeurs du parti démocrate. L'étude les qualifie par cinq adjectifs : jeunes, sécularisés, cosmopolites, en colère et blancs. Ils disent qu'ils ont « honte de leur pays ». Ils sont favorables à l'immigration. Ils sont très préoccupés par l'environnement et davantage concernés par la violence policière que par la délinquance ou le terrorisme.

À la fin de cette décennie, les millennials et la génération Z composeront la majorité du corps électoral aux États-Unis, tandis que la plupart des membres de la « génération silencieuse » auront disparu. Cette dernière comptait 85 % de Blancs. Ils ne sont plus que 54 % dans la génération Z. Or, les électeurs appartenant aux minorités se reconnaissent à une large majorité dans les programmes des démocrates.

Néanmoins, ce sont encore, pour l'heure, des seniors qui mènent la danse au sein de ce parti. Les plus hauts responsables sont même des septuagénaires : le président Joe Biden est né en 1942, Nancy Pelosi, présidente de la Chambre des représentants, en 1940. Le sénateur Bernie Sanders lui-même est de 1941. Mais déjà, ce sont des millennials qui commencent à dicter l'agenda. Alexandria Ocasio-Cortez (née en 1989) en est l'une des représentantes les plus combatives. Elle a imposé le Green New Deal au parti, sinon au président Biden lui-même. Elle se réclame du socialisme, comme la majorité des jeunes électeurs démocrates.

1. https://hiddentribes.us/

Elle est membre d'un groupe de jeunes activistes, les « Justice Democrats », qui ont décidé d'investir le parti démocrate afin de le gauchir, en s'inspirant des méthodes utilisées par le Tea Party pour droitiser le parti républicain. Ils prétendent imposer au vieux parti de centre gauche un « réalignement idéologique » inspiré par un « populisme progressiste », qui ferait le pendant, au sein de la gauche démocrate, au populisme de droite légué par Trump au parti républicain[1].

Ocasio-Cortez le reconnaît : « Dans un autre pays, Joe Biden et moi, nous ne serions pas dans le même parti. » Et il ne s'agit pas seulement d'un clivage générationnel (quarante-sept ans les séparent), mais bien d'une différence fondamentale de ligne politique. Comme l'explique crûment Waleed Shahid, le directeur de la communication des « Justice Democrats », « dans un système bipartisan, la seule manière d'y arriver, c'est de commencer à l'intérieur d'un des deux partis et, finalement, d'essayer de s'en emparer. » Lors des primaires, ils sélectionnent des circonscriptions où l'élu appartenant au parti démocrate, bien installé, ne risque pas d'être battu par un républicain et menacent de torpiller sa campagne ou de présenter un des leurs contre lui s'il refuse d'intégrer une partie de leur programme dans le sien. « Leur but est de remplacer autant de démocrates d'establishment que possible », écrit Andrew Marantz dans le *New Yorker*[2]. Les Justice Democrats, qui ne comptent qu'une

---

1. Andrew Marantz, « Are We Entering a New Political Era? », 24 mai 2021 ; https://www.newyorker.com/magazine/2021/05/31/are-we-entering-a-new-political-era
2. *Ibid.*

dizaine de membres au Congrès après les élections de 2020, espèrent bien obtenir de nouveaux sièges aux *midterms* de 2022. Ils estiment que le temps joue pour eux : ils séduisent les moins de 40 ans, sensibles à leurs thématiques socialistes.

Et ce n'est pas étonnant, si l'on considère que le pouvoir d'achat en termes réels des millennials américains a chuté de près de 40 % entre 2007 et 2018 : le remboursement de leurs prêts étudiants dévore des salaires qui stagnent. Si l'on analyse l'évolution des revenus par classe d'âge, aux États-Unis, entre 1989 et 2018, on s'aperçoit que seuls ceux des plus de 65 ans ont connu une hausse véritable. Ils ont stagné chez les 55-64 ans et ont baissé pour tous les autres, en particulier pour la tranche d'âge 35-44 ans. Une majorité des millennials et également des membres de la génération Z veut un État-providence universel à la scandinave, la santé et l'éducation gratuites, et l'ouverture des États-Unis à l'immigration. C'est un programme qu'ils finiront par imposer. Les républicains ont du souci à se faire.

Les millennials ne croient pas au « rêve américain »

Mais comme le souligne Elaine Godfrey, la spécialiste des démocrates au mensuel *The Atlantic*, cette aile gauchisante du parti, si elle séduit les jeunes diplômés, fait fuir l'électorat modéré des banlieues blanches qui a assuré l'élection de Biden en 2020[1]. Godfrey cite le

1. Elaine Godfrey, « The Democrats' New Trump Problem », *The Atlantic*, 26 mai 2021 ; https://www.theatlantic.com/politics/archive/2021/05/virginia-election-trump-mcauliffe-youngkin/618950/

cas de Debbie Mucarsel-Powell, sortante démocrate, battue lors des élections à la Chambre des représentants en novembre 2020 dans une circonscription de Floride traditionnellement acquise aux démocrates. C'est Bernie Sanders qui l'a fait perdre, accuse-t-elle. Le sénateur, leader de l'aile de gauche, a fait l'éloge de la politique culturelle de Fidel Castro… « C'était une insulte à la diaspora cubaine ». Quant au slogan « *Defund the police* », né au sein du mouvement Black Lives Matter, est très largement impopulaire, y compris auprès des électorats noirs et latinos, exaspérés par l'extraordinaire remontée de la violence, consécutive aux émeutes de 2020 : la police n'ose plus réprimer les émeutes ni les pillages de peur d'être accusée de racisme. En septembre 2020, au St Francis Medical Center, un hôpital de Los Angeles, des manifestants ont bloqué l'entrée des urgences en criant « Mort à la police ! Vous allez mourir un par un », sous les fenêtres de deux shérifs, blessés dans l'exercice de leurs fonctions et qui se débattaient, entre la vie et la mort. Cet incident largement diffusé par les médias trumpistes comme Fox News, a scandalisé beaucoup d'électeurs modérés. Et plus d'une dizaine de policiers ont été tués gratuitement, dans des embuscades, afin de venger l'assassinat de George Floyd par Derek Chauvin.

« Ce qui est peut-être plus troublant, c'est l'indifférence manifestée par les millennials au principe américain fondamental de la liberté d'expression[1] », souligne Matthew Hennessey.

---

1. Matthew Hennessey et Paul Beston, « Zero Hour for Gen X », *City Journal*, 22 août 2018 ; https://www.city-journal.org/html/zero-hour-gen-x-16128.html

Dans un éditorial publié par le *New York Times*, Bret Stephens (né en 1973) évoquait le peu de sympathie que lui inspire « non pas l'entière génération des millennials américains ou leurs cadets de la génération Z, mais cette fraction de ces jeunes générations qui se spécialise dans l'autoapitoiement histrionique et l'autosatisfaction moralisatrice, généralement communiquée de la manière la plus sarcastique[1] ». Et de rappeler les innombrables cas d'interdiction de parole, d'annulation de conférences (*no-platforming*) qui ponctuent quotidiennement la vie sur les campus depuis quelques années. « La marque de fabrique dans chacun de ces cas tient dans le fait d'alléguer un préjudice invisible, afin d'en infliger de bien réels, écrit-il. Des carrières et des réputations construites durant des décennies sont ruinées, ou presque, sur la base d'une erreur personnelle ou d'une opinion défavorable. Toutes ces séances batailleuses sont jouées au rythme des vingt ans et quelques qui ont réalisé que, dans la culture actuelle, la voie la plus rapide pour acquérir du pouvoir et en exercer est de prétendre *se sentir offensé*. »

Mais ce qui distingue le plus nettement les millennials des autres Américains, c'est qu'ils ne croient pas au « rêve américain ». Alors que la majorité des sondés acquiesce à la proposition : « Les gens qui travaillent dur peuvent réussir quelle que soit leur origine », les *Progressive Activists* choisissent, eux : « La situation de certaines personnes est si incapacitante qu'aucune

1. Gary Bikman, « Dear Millennials: The Feeling Is Mutual », *The New York Times*, 17 mai 2019 ; https://www.nytimes.com/2019/05/17/opinion/biden-2020-millennials.html?searchResultPosition=1

quantité de travail ne leur permettra d'obtenir le succès. » Les *Progressive Activists*, qui forment la branche la plus politisée des millennials, sont de véhéments critiques de la méritocratie, alors même qu'ils sont les plus diplômés. Ils ont de fortes chances d'imposer leur programme.

Un sondage réalisé par la Reason Foundation en 2014 chez les 18-29 ans démontrait que les millennials formaient la première génération à estimer à 42 % (contre 52 %) que le « socialisme était un meilleur système que le capitalisme ». Si Joe Biden, pour lequel ils ont voté par défaut, les déçoit par sa modération, ces activistes pourraient bien, en effet, quitter le parti démocrate pour s'en aller en créer un autre, à sa gauche. Pour de simples raisons démographiques, les États-Unis pourraient devenir un État socialiste avant le milieu du siècle… Qui le voyait venir ?

La génération montante

Dans *American Politics: Promise of Disharmony* (1981), Samuel Huntington a écrit que les États-Unis, durant toute leur histoire, avaient été secoués, tous les soixante ans, par une grande crise morale et politique. Cela aurait débuté dès les années 1770, celles qui ont vu naître la révolte de la colonie contre la Couronne britannique. Les années 1830 ont été marquées par un moment populiste, avec l'élection à la présidence d'Andrew Jackson, en guerre ouverte contre les banques. Dans les années 1900, ce fut l'arrivée au pouvoir des « progressistes » de Theodore Roosevelt, le plus jeune président de l'histoire du pays. Il a donné le signal de la guerre du Congrès contre les

« barons voleurs » et les trusts, qui avaient constitué une « ploutocratie », incompatible avec le refus des Américains de voir se constituer une quelconque aristocratie. Le dernier de ces grands soulèvements politico-moraux, identifié par Huntington, a été celui dont il a lui-même été témoin dans les années 1960 : la révolte de la jeunesse contre la guerre du Vietnam et le complexe militaro-industriel, la révolution des mœurs et la contre-culture.

Ces crises coïncident, selon cette théorie, avec l'irruption sur la scène d'une génération nouvelle, désireuse de rompre avec les valeurs de ses prédécesseurs et entrant en guerre ouverte contre un ou plusieurs éléments du système institutionnel en place. Chacune de ces générations apporte, sur la scène publique, un style d'excitation morale particulier et elle crée des moyens d'expression qui lui sont également spécifiques. Elle est destinée à bouleverser le paysage politique et intellectuel américain. C'est celui dans lequel elle va vivre elle-même jusqu'à sa propre disparition et son remplacement démographique par une nouvelle génération.

Huntington, décédé en 2008, prévoyait que la prochaine de ces grandes crises politico-morales aurait lieu dans les années 2020. Tout indique que nous venons, en effet, d'y entrer. L'extraordinaire polarisation de la vie politique américaine est presque sans précédent depuis la guerre de Sécession. Elle coïncide avec des clivages ethniques et générationnels exceptionnels. Les trois coups d'une nouvelle décennie décisive ont été frappés par les manifestations et les émeutes de Black Lives Matter, la pandémie de Covid-19 et ses conséquences économiques et sociales, le fiasco moral de Donald Trump contestant le résultat des élections qu'il venait de perdre et lançant ses partisans à l'assaut du Capitole… Tout atteste qu'une des ruptures historiques, annoncées par la théorie des cycles d'Huntington, est en train de se mettre en place. Et que c'est la génération des millennials qui va accomplir la prochaine révolution américaine.

Des Narcisse au carré

Nous autres, boomers, avons souvent été décrits comme ayant succombé au narcissisme, suite à nos échecs de la fin des années 1960[1]. Le sociologue Christopher Lasch remarquait ainsi, dans *The Culture of Narcissism*, que, dès les années 1970, l'amour de soi avait rapidement pris la place des idéaux humanitaires grandioses dans la psyché collective déçue. Classique. À défaut d'être parvenus à transformer radicalement la société selon un modèle aussi idéal que hors d'atteinte, les anciens gauchistes, désabusés, se sont retranchés un temps sur les moyens de veiller aux équilibres internes de leurs propres petites personnes. « Après le tumulte politique des années 1960, écrivait Lasch, les Américains se sont repliés vers des préoccupations purement personnelles. N'ayant pas l'espoir d'améliorer leur vie de manière significative, les gens se sont convaincus que, ce qui comptait, c'était d'améliorer leur psychisme : sentir et vivre pleinement leurs émotions, se nourrir convenablement, prendre des leçons de ballet ou de danse du ventre, s'immerger dans la sagesse de l'Orient, faire de la marche ou du jogging, apprendre à établir des rapports personnels avec autrui, surmonter "la peur du plaisir". Sans danger en tant que

1. Je me permets de renvoyer le lecteur à mon livre *1969. Année fatidique* (Éditions de l'Observatoire, 2018).

telles, ces activités promues au rang de plan d'action et enrubannées dans la rhétorique de "l'authenticité" et de la "prise de conscience" traduisent un éloignement de la politique et une répudiation du passé récent[1]. »

Mais Lasch pointait aussi une dimension nouvelle du narcissisme contemporain. Contrairement à l'égoïsme, prôné par une théoricienne libertarienne comme Ayn Rand, il ne s'agit nullement d'un culte de sa propre personne en position de force, assénant ses exigences du haut d'une excessive confiance en soi : au contraire. Ce narcissisme-là comporte l'aveu d'une fragilité, d'une vulnérabilité qui exige des ménagements particuliers.

Les millennials sont des Narcisse au carré. Le « trouble de la personnalité narcissique » – caractérisé par des fantasmes de succès et de pouvoir illimité, un besoin dévorant d'être reconnu et admiré, le sentiment d'être unique et spécial, auquel s'ajoute une hypersusceptibilité, débouchant sur la conviction d'avoir des droits particuliers et un manque général d'empathie – frappe trois fois plus de millennials que de boomers aux États-Unis. C'est la maladie psychique de toute une génération, comme la dépression a été celle des années 1980.

Obsédés du selfie, les millennials se photographient et se filment eux-mêmes continuellement, afin de faire bénéficier les réseaux sociaux de leurs moindres faits et gestes. Quelque insignifiantes que soient les péripéties de leurs vies plutôt banales, il leur faut des témoins. Leurs parents et éducateurs les ont souvent mis en garde sur les dangers qu'il y a à confier ainsi trop volontiers des renseignements personnels aux réseaux

1. Christopher Lasch, *Le Complexe de Narcisse. La nouvelle sensibilité américaine*, Robert Laffont, 1981, p. 17.

sociaux. Mais c'est une objection qui n'a pas de sens pour eux : s'afficher en permanence leur est devenu vital, tant ils sont *fame-obsessed*, « obsédés de notoriété ». En vrais pros de la communication, ils ont appris à présenter toujours le bon profil, à n'exprimer que les idées admises et ils gèrent leur popularité avec la fébrilité des experts en marketing.

Cette génération déteste l'autorité verticale. Elle lui préfère l'influence exercée sur ses semblables, diffusée sur des plans horizontaux, via Internet : les « influenceurs ». « Quand vous cessez d'être intimidé par le pouvoir, écrit le journaliste américain Joel Stein, vous allez aimer aussi bien et même davantage ce que vous conseille un ami[1]. » C'est une génération qui déteste les chefs et les leaders et se méfie de toute prétention à une forme quelconque de supériorité – tout ce qui dépasse est suspect. Et en même temps, elle pratique une forme de contrôle social rigoureux. Notamment sur les réseaux sociaux, où se déroule une bonne part de la discussion intellectuelle. On y veille à un scrupuleux conformisme. Tout écart vis-à-vis de la ligne politique « correcte » du moment est aussitôt dénoncé et peut faire l'objet d'un harcèlement coûteux en matière de réputation.

« La plupart d'entre nous menons désormais sur les réseaux sociaux des vies qui sont plus fondées sur le jeu que nous ne l'aurions imaginé possible il y a seulement une dizaine d'années, et cela à cause du culte bourgeonnant du "like" – en un sens, nous sommes tous devenus des acteurs, écrit le romancier et essayiste Bret Easton Ellis. [...] En équilibre instable sur la pointe des pieds, nous sommes entrés, semble-t-il, dans une

1. Joel Stein, « Millennials: The Me Me Me Generation », *Time*, 20 mai 2013 ; https://time.com/247/millennials-the-me-me-me-generation/

sorte de totalitarisme qui exècre la liberté de parole et punit les gens s'ils révèlent leur véritable personnalité. En d'autres termes, le rêve de l'acteur[1]. » Ainsi se révèle l'un des premiers traits distinctifs de la génération milléniale : une manière spécifique de se mettre en scène en recherchant l'approbation morale de ses pairs.

La révolution industrielle, en nous apportant l'automobile, nous avait rendus incomparablement plus mobiles que par le passé. Aux États-Unis, dès les années 1950, elle a permis aux jeunes des petites villes, en particulier, de s'émanciper en échappant à la surveillance des adultes. À notre génération, la démocratisation des voyages en avion a permis un fantastique élargissement de l'horizon. On a d'abord considéré les nouveaux outils de communication offerts par les technologies numériques, particulièrement bien maîtrisées par les nouvelles générations, comme un nouveau moyen d'émancipation individuelle. Elles ont fourni aux millennials, remarque Joel Stein, « les moyens de concurrencer les grandes organisations : blogueurs contre journalistes, terroristes contre États-nations, YouTubeurs contre studios ». Mais elles se sont révélées bientôt comme une source d'aliénation. Car, du fait de leur addiction au portable et de la pression qu'exerce sur eux le regard de leurs pairs, les membres de la génération montante vivent dans l'angoisse d'être critiqués, dénoncés, jetés en pâture.

1. Bret Easton Ellis, *White*, Robert Laffont, 2019, p. 46.

Digital natives

« Les millennials interagissent toute la journée, écrit encore Joel Stein, mais c'est presque exclusivement via un écran. Vous les voyez, dans des bars, assis à côté les uns des autres, envoyant des textos. Ils peuvent vous paraître calmes, mais ils sont profondément anxieux à l'idée de rater quelque chose de mieux[1]. » 70 % des jeunes Américains consultent leur iPhone au moins une fois par heure. Pensant ainsi calmer leur anxiété, ils l'aggravent... Et cette tendance à évoluer prioritairement dans l'espace numérique les rend maladroits dans la gestion des rapports humains « en présentiel » : 45 % des millennials reconnaissent se sentir plus à l'aise pour envoyer un texto que dans l'échange verbal avec quelqu'un, les yeux dans les yeux.

« Les millennials pensent que si ce n'est pas en ligne, ça n'existe pas[2] », écrit l'informaticien irlandais Matthew Hennessy. Les membres de cette génération basculent rapidement vers le harcèlement numérique collectif (*mobbing*). Toute personne qui émet un avis non conforme aux opinions admises risque de voir fondre sur elle des centaines de messages de dénonciation. Ils peuvent ruiner une réputation, parfois une carrière. Car chaque poursuivant mobilise son propre réseau dont les membres, à leur tour, préviennent le leur. L'effet de masse peut être très perturbant, lorsque le ton monte et qu'il bascule des insultes aux menaces. L'essentiel des relations sociales se déroulant, en réalité,

1. Joel Stein, « Millennials: The Me Me Me Generation », art. cit.
2. Matthew Hennessey et Paul Beston, « Zero Hour for Gen X », art. cit.

sur la toile, où l'on ne voit pas le visage de sa victime, ce genre de battue n'est même pas ressenti comme répréhensible par ses participants. Au contraire, ils éprouvent le sentiment gratifiant de rendre la justice et de faire partie d'une élite.

Mais ces « *digital natives*, souligne Matthew Hennessy, [qui] ne peuvent se souvenir d'une époque où Internet n'était pas disponible[1] », s'attendent à ce que leurs moindres demandes soient comblées sur-le-champ. Ils vivent dans un monde dans lequel on peut commander n'importe quel produit et se le faire livrer dans les vingt-quatre heures, composer une playlist de ses morceaux préférés en tapotant sur un clavier, mettre un film en pause pour aller télécharger n'importe quel autre contenu.

Leurs prédécesseurs – les boomers, comme la génération X – lisent des livres, ne répugnent pas au contact oculaire et pratiquent encore le serrement de mains. Ils ont également appris à différer la satisfaction de leurs désirs. Dans le monde où ils ont grandi, il fallait se procurer des disques vinyles, des vidéocassettes, des CD ou DVD pour écouter de la musique ou regarder un film à la maison. Et pour ce faire, se rendre dans un magasin physique – où l'on devait, figurez-vous cela ! – payer pour les obtenir… à des vendeurs en chair et en os. À cette époque, il fallait également patienter une semaine pour découvrir le nouvel épisode d'un feuilleton télévisé.

Les millennials, eux, ont eu tôt accès au nouveau monde, celui du numérique : dématérialisation, désintermédiation et gratuité. Le monde où l'on est submergé, chez soi, de musiques et de programmes gratuits, ou

1. *Ibid.*

accessibles sur simple abonnement. Le monde où il n'est pas nécessaire de rentrer en contact physique avec d'autres individus, puisque les outils numériques nous délivrent de cette source de gêne potentielle. Le monde où l'on peut avaler tous les épisodes d'une saison de série en une seule nuit (*binge watching*). C'est ce qui les a rendus impatients. C'est une génération qui croit avoir des droits-créances étendus (*entitlements*). Dans les *colleges* et les universités, où les frais d'inscription sont phénoménaux (aux alentours de quarante mille dollars annuels), ils se comportent comme des consommateurs exigeants. Ils veulent leur confort. Physique et intellectuel.

Les spécialistes en marketing se disputent pour savoir si cette génération préfère ou non l'usage à la possession – ce qui est clairement le cas de la génération Z. Ils ont été, en tous cas, les pionniers de l'économie du partage. Et ils sont de grands utilisateurs des plates-formes numériques comme Uber et Airbnb. Leur habitude du partage sans limites, voire des apparences de la gratuité, perturbe peu ou prou tous les secteurs économiques. Sous leur influence, l'éloge de la « *disruption* » est devenu, paradoxalement, un des lieux communs d'une époque qui abonde en de tels conformismes de l'anticonformisme. Fuyant les engagements et les contraintes – une caractéristique des personnalités narcissiques –, ils sont favorables à la *gig économie* et au statut d'indépendant. Ils préfèrent les jobs de courte durée, payés à la tâche, à l'emploi du temps flexible. Avec eux, le syndicalisme va continuer de s'effondrer. Et c'est l'une des raisons pour lesquelles ils comptent tant de perdants de la crise économique déclenchée par l'épidémie de Covid-19, qui touche davantage le « précariat » que les emplois salariés stables – ou les pensions de retraite des boomers...

La journaliste Jenny McCartney écrivait récemment que « le mélange de rage et de gratitude avec lequel les millennials et la génération Z accueillent les livres de Jordan Peterson (psychologue canadien libéral-conservateur) est en partie la conséquence du durcissement de certaines structures. Ce n'est pas seulement qu'ils ont été conditionnés à considérer leurs droits avant leurs responsabilités, comme le dit Peterson. Dans bien des cas, leur passage à une vie adulte indépendante – y compris le fait de pouvoir se payer un logement et d'entretenir leurs propres enfants – a été rendu plus difficile par des forces qu'ils ne contrôlent pas. La combinaison des prix de l'immobilier et de l'expansion rapide de l'économie "Uber" et des jobs en free-lance a placé beaucoup de jeunes travailleurs – y compris parmi ceux qui ont un haut niveau de diplômes universitaires – en situation financière de précarité permanente ». D'où, poursuit McCartney, une forme désormais caractéristique, chez eux, de ressentiment. « Une mixture de colère et d'apitoiement sur soi » qui, d'après elle, expliquerait la « fureur idéologique » qu'on constate, de nos jours, sur les réseaux sociaux : « Elle me frappe comme une forme de revanche générationnelle, au moyen de laquelle le langage est devenu le seul terrain de bataille les jeunes gens en colère peuvent encore emporter une victoire décisive[1]. »

---

1. Jenny McCartney, « Can Jordan Peterson Bring Order? », *Unherd*, 2 mars 2021 ; https://unherd.com/2021/03/can-jordan-peterson-bring-order/

Se plaindre pour acquérir du pouvoir

Il faut créditer la Britannique Claire Fox[1] (essayiste et femme politique née en 1960) d'avoir été la première à démontrer, dans un essai publié en 2016, *I Find That Offensive!*, que se proclamer « victime », à condition de se prévaloir en outre d'une situation de « minorité opprimée », est devenu pour toute une génération le moyen d'acquérir ce qu'elle appelle « une autorité perverse ». Ce que la journaliste et essayiste Caroline Fourest résume d'une phrase, dans son livre *Génération offensée* : « Or, exister, de nos jours, c'est se dire "offensé"[2]. »

Pour Claire Fox, l'extrême « fragilité émotionnelle » des générations nées après 1980 a pour cause une éducation devenue hyperprotectrice. « Ces petits empereurs à l'épiderme sensible, c'est nous qui les avons créés », écrit-elle. Car « le message implicite de toute éducation est devenu : la vie est pleine de dangers, mais nous, les adultes, nous ferons tout ce qui est en notre pouvoir pour vous en protéger ».

Cela a commencé par une fixation des parents sur l'alimentation de leurs bambins. Cela s'est poursuivi par l'obsession des éducateurs de toute sorte pour les prédateurs sexuels : dans de nombreux établissements primaires et secondaires britanniques, il est dorénavant

---

1. Claire Fox, qui a appartenu au Revolutionary Communist Party, se déclare à présent libertarienne. Élue au Parlement européen lors des élections de 2019, elle a été anoblie et siège également à la Chambre des lords. Elle a fondé un think-tank, Academy of Ideas.
2. Caroline Fourest, *Génération offensée. De la police de la culture à la police de la pensée*, Grasset, 2020, p. 35.

interdit aux parents de prendre en photo leurs propres enfants en maillot de bain, lors des compétitions sportives en piscine... Les écoles, primaires et secondaires, ont été encouragées à recruter des « experts en harcèlement[1] » qui, pour justifier leurs fonctions, tendent à en élargir exagérément la définition. Le fait de « répandre des rumeurs » rentre ainsi dans la catégorie du harcèlement. Dans certains établissements, refuser l'inclusion d'un élève dans un groupe d'amis est également considéré comme un cas de harcèlement.

En Europe, cette tendance éducative à l'hyperprotection a notamment pris la forme de réécritures édulcorées des contes pour enfants d'autrefois, jugés trop « perturbants » pour de jeunes sensibilités. Ils sont ainsi remaniés dans des versions « décalées », prétendument destinées à les mettre au goût du jour (par l'ironie ou le sarcasme, l'inversion des genres), mais surtout à en évacuer tout ce qui pourrait sembler inquiétant, menaçant. Toute une industrie éditoriale du « détournement de contes » permet au petit chaperon rouge de ridiculiser le loup, aux trois petits cochons d'être justement absents le jour où le loup avait si faim, etc.[2]. Ainsi, Typhaine D met en scène des « contes à rebours » destinés à donner un meilleur rôle aux femmes[3]. Sous prétexte d'actualisation, ces

1. Au sens de « *bullying* » et non pas de « *harassment* ». Le premier servait autrefois à qualifier les brutalités, les brimades et les intimidations.

2. Voir un exemple des « contes détournés » sur le site Babelio : https://www.babelio.com/livres-/contes-detournes/1810

3. Esther Degbe, « Et si les contes de fées favorisaient les violences faites aux femmes ? », *Huffington Post*, 24 novembre 2017 ; https://www.huffingtonpost.fr/2017/11/23/et-si-les-contes-de-fees-favorisaient-les-violences-faites-aux-femmes_a_23286836/

nouvelles versions présentent une version aseptisée de la vraie vie.

Or, comme le souligne le philosophe Éric Deschavanne, qui a travaillé, avec Pierre-Henri Tavoillot, à une « philosophie des âges de la vie »[1], ces contes ont joué, pour plusieurs générations, un rôle éducatif essentiel. « Leur ressort principal est l'identification de l'enfant à un héros faible au départ, qui triomphe, au cours du récit, de ses peurs et des épreuves qu'il traverse pour, en fin de parcours, parvenir à une situation stable d'amour et de sécurité[2]. »

À la différence de la « moraline » qu'on nous sert depuis quelques décennies, les contes des Grimm et de Perrault comportaient des leçons de portée universelle sur la maîtrise de soi et les possibilités de venir à bout des épreuves de la vie. Ils apprenaient aux enfants à se confronter à la présence du Mal en eux-mêmes et dans le monde extérieur. Ils n'étaient nullement destinés à faire peur, mais à préparer les enfants à l'autonomie d'une vie adulte et responsable. Deschavanne a notamment constaté que les enfants n'ont jamais peur des *Trois Petits Cochons*. Les deux premiers cochons sont pourtant dévorés par le loup. Mais les enfants comprennent fort bien qu'il ne s'agit que d'un seul et même personnage, pris à trois moments différents de sa vie.

---

1. Éric Deschavanne et Pierre-Henri Tavoillot, *Philosophie des âges de la vie*, Grasset, 2007.

2. Éric Deschavanne, « Pourquoi les livres pour enfants présentent une vision dangereusement édulcorée du monde (beaucoup plus dur) dans lequel ils devront grandir », *Atlantico*, 16 juin 2016 ; https://www.atlantico.fr/decryptage/2735148/pourquoi-les-livres-pour-enfants-presentent-une-vision-dangereusement-edulcoree-du-monde-beaucoup-plus-dur-dans-lequel-ils-devront-grandir-eric-deschavanne

Le « conte pour enfants réussi constitue une source de confiance et de sécurité sans édulcorer le rapport au réel ». C'est ce rapport au réel qui fait manifestement défaut à tant de millennials. Peu préparés à affronter les résistances que la réalité oppose à nos désirs, ils ont tendance à rendre la société responsable de leurs déboires.

Ces générations récentes ont, en effet, été élevées dans l'idée de leur extraordinaire vulnérabilité, mais aussi de leur toute-puissance. C'est pourquoi ils ont développé ce que Claire Fox nomme une « hyperanxiété belliqueuse ». Elle les a qualifiés de « *snowflakes* », « flocons de neige », empruntant cette image à un dialogue relevé dans le roman *Fight Club* de Chuck Palahniuk. « Tu n'es pas spécial. Tu n'es pas un splendide et unique flocon de neige. Tu es fait de la même matière organique et pourrissante que tout le reste. On fait tous partie du même tas de compost[1]. »

On parle aussi de « parents hélicoptères » qui semblent « planer au-dessus de leurs enfants » afin de neutraliser leurs interactions sociales et de leur éviter toute confrontation risquant de les blesser. Selon le démographe Neil Howe, c'est une attitude classiquement adoptée par les parents appartenant à la génération du baby-boom envers leurs enfants millennials. Ayant souvent procréé sur le tard, afin de prolonger dans l'âge adulte les irresponsabilités de la jeunesse, ces parents relativement âgés ont surinvesti dans leurs enfants. Ils sont largement responsables de la diffusion de l'usage du téléphone portable dès les cours

1. « *You're not special. You are not a beautiful and unique snowflake. You're the same decaying organic matter as everything else. We're all part of the same compost heap.* »

de récréation de l'enseignement primaire : désireux de suivre leur progéniture en temps réel, afin de s'assurer que « tout va bien », ils ont ainsi inventé « le plus long cordon ombilical du monde[1] », selon Richard Mullendore, conseiller en éducation à l'université de Géorgie. Mais cet instinct de surveillance et de protection tend à bloquer le développement psychologique de leurs enfants. Il les fragilise en les accoutumant à ce que des adultes prennent en charge leurs moindres difficultés. Chose qu'ils auront tendance à conserver à l'âge adulte.

On apprend ainsi que les jeunes employés de la maison d'édition Penguin Random House Canada, sont « tombés en larmes » en apprenant que la société qui les emploie avait décidé d'éditer le nouveau livre de l'une des bêtes noires de la gauche nord-américaine, le professeur de psychologie Jordan B Peterson, *Beyond Order*. Son précédent ouvrage, *12 Rules for Life. An Antidote to Chaos* s'étant vendu à plus de cinq millions d'exemplaires, ces jeunes éditeurs réalisent-ils qu'ils vivent probablement des bénéfices qu'en a tirés la compagnie qui les emploie ?

Inadaptés au monde tel qu'il est, les millennials sont mal équipés pour faire face aux inévitables défis que comporte une vie d'adulte ; inadaptés au monde tel qu'il est. En outre, cette éducation hyperprotectrice développe chez les jeunes adultes un sentiment d'insécurité et de méfiance, caractéristique de leur génération. Et elle fragilise le corps social tout entier. Car les sociétés défiantes répugnent à l'innovation. Et la

1. Michael Childs, « Mullendore: Cell phone is umbilical cord for helicopter parents », Mary Frances Early College of Education, 26 juin 2014 ; https://coe.uga.edu/news/2014/06/mullendore-cell-phone-is-umbilical-cord-for-helicopter-parents

suspicion envers les experts et les institutions nourrit le populisme.

« Les paroles peuvent blesser »

En outre, cette éducation insiste, depuis au moins deux décennies, sur le fait que les « paroles peuvent blesser », habituant ainsi les élèves à considérer que les mots comportent des charges émotionnelles assimilables à une violence physique. Mais brouiller ainsi les limites entre ce qui est susceptible de causer une contrariété, rebaptisée « souffrance psychique », et des violences corporelles, provoquant d'indubitables et effectives douleurs physiques, est abusif. L'importation en terres anglo-saxonnes de subtils et dangereux concepts forgés en France par des esprits pervers est à l'origine de bien des dévoiements en ce domaine. C'est en particulier le cas de la notion de « violence symbolique », inventée par Pierre Bourdieu pour caractériser la forme d'obéissance à une autorité, substitut à l'exercice d'une violence réelle et impliquant la participation des « dominés » à leur propre soumission.

Car l'autorité a changé de mains. L'expression « violence symbolique », désormais omniprésente chez les anciens étudiants des départements de sciences humaines, ne constitue pas seulement un abus de langage. C'est une imposture lorsqu'elle est utilisée pour justifier l'usage de la force dans le but d'interdire de parole des personnalités sur les campus universitaires, de les bloquer sous les insultes et les crachats. Il suffit désormais qu'une minorité quelconque se sente « offensée » par cette seule présence. En réalité, ce que ne supportent pas ces étudiants, c'est qu'on s'avise de venir défier leur pouvoir d'intimidation. Il s'agit ni plus ni moins, comme dans le cas des gangs urbains, de contrôle de territoire.

Le romancier Bret Easton Ellis vient de consacrer son premier livre de non-fiction, *White*, à un règlement de comptes avec la génération des millennials. Peut-être parce que, comme il l'écrit, il vit avec l'un d'entre eux. À de nombreuses reprises, dans ce livre, il désigne ce compagnon par cette synecdoque : « le millennial ». Ellis, quant à lui, revendique son appartenance à la « génération X » (il est né en 1964). Une génération dont il pourrait facilement passer pour un représentant archétypique : sceptique et sarcastique, ce romancier est immergé dans les cultures de masse. On le découvre fasciné par les célébrités, mais non dupe des causes de la sienne propre. Proclamant sans complexes sa prédilection pour l'argent vite gagné, les restaurants à la mode, la bonne vie, les bonnes drogues, les bons films et les beaux garçons, il déteste le moralisme et se méfie des idéologues.

Dans *White*, Ellis évoque l'appel de deux cents membres américains du PEN Club[1] souhaitant empêcher cette organisation d'accorder le Freedom of Expression Courage Award, une distinction récemment créée pour saluer les défenseurs de la libre expression, aux survivants de la tuerie de *Charlie Hebdo* par les frères Kouachi. « Leur argument était que *Charlie Hebdo* se moquait de personnes déjà marginalisées et, qu'en accordant cette récompense, PEN "valoriserait de façon sélective un contenu

1. Association d'écrivains internationale qui a pour but de « rassembler des écrivains de tous pays attachés aux valeurs de paix, de tolérance et de liberté sans lesquelles la création devient impossible ».

inapproprié : un contenu qui intensifie les sentiments anti-islamiques et antiarabes dans le monde occidental". »

Et Ellis de poser la bonne question : « N'importe quel meurtre devrait-il être rationalisé, sous prétexte que quelqu'un s'est senti offensé par la façon dont une opinion avait été exprimée[1] ? » C'est ce qui survient inévitablement à force de dresser une fausse équivalence entre « paroles blessantes » et rafales de kalachnikov. La sensibilité exacerbée de certaines cultures à la critique est ainsi entrée récemment en résonance avec celle d'une génération habituée, depuis l'enfance, à se prévaloir de préjudices pour obtenir du pouvoir et exiger des réparations. Ce n'est certainement pas un hasard si c'est précisément *Charlie Hebdo*, incarnation de l'esprit contestataire des sixties, qui ait fait l'objet du litige – et que ses animateurs, victimes des tueurs, aient presque tous été des baby-boomers.

Réticents envers l'humour, inaptes au second degré

Les millennials sont, en effet, réputés pour leur invraisemblable manque d'humour. Le second degré, en particulier, est une dimension qui leur est apparemment inaccessible[2]. Incapables de distance envers

1. Bret Easton Ellis, *White*, *op. cit.*, p. 158.
2. « Philippe Geluck, 65 ans, subodore l'émergence d'un clivage générationnel autour de la question du second degré. "Un petit fossé est en train de s'installer avec les jeunes", dit-il. » (Jean-Michel Normand, « L'humour au second degré fait-il encore rire ? », *Le Monde*, 29 décembre 2019).

leur propre rôle social, totalement impliqués dans les causes auxquelles ils s'identifient, ils prennent tout au pied de la lettre.

Le *New York Times*, devenu un organe « *woke* », a récemment décidé de renoncer aux dessins humoristiques : un nombre croissant de ses lecteurs n'en comprenaient pas le sens, ou bien s'en offusquaient. Et l'humour grinçant des cartoonistes américains ne correspond manifestement plus à l'esprit de ses lecteurs. Cela a été beaucoup dit : nombre de sketches de Coluche et de chroniques de Pierre Desproges seraient aujourd'hui passibles des tribunaux. Fini de rire !

« L'affaire Xavier Gorce », qui a provoqué de vifs débats au sein de la rédaction du *Monde* et le départ volontaire du fameux dessinateur des « manchots » (série « Les indégivrables ») en janvier 2021, a été déclenchée par un dessin évoquant, sur un mode satirique, les révélations d'abus sexuels commis par Olivier Duhamel sur le fils de son épouse, mais aussi la transidentité. « Si j'ai été abusée par le demi-frère adoptif de la compagne de mon père transgenre devenu ma mère, est-ce un inceste ? » Pour les austères censeurs de la génération milléniale, il y a de plus en plus de sujets dont on ne plaisante pas : tous ceux qui risqueraient d'offenser une « minorité ». Et, en ce moment, les transexuels figurent au sommet de ces causes taboues. Prompte à l'indignation vertueuse, austère et consciencieuse dans ses combats « contre les préjugés », la génération milléniale n'a aucun sens de l'humour. Elle soupçonne toute plaisanterie d'être susceptible de blesser telle ou telle catégorie[1].

---

1. Brice Couturier, « Millenials : le parti pris d'interdire », *La Revue des deux mondes*, 25 mars 2021 ; https://www.revuedesdeuxmondes.fr/millennials-et-medias-parti-pris-interdire/

Cette mutation de l'esprit du temps est extrêmement révélatrice : depuis la Renaissance, la dérision a toujours été, dans notre culture, une arme des esprits déliés face aux dogmatiques qui prétendent soustraire leurs doctrines à l'esprit critique. Dans les années 1970-1980, cette forme d'humour a été souvent mise à contribution pour faire éclater les baudruches idéologiques qui faisaient écran à la perception de la réalité.

Mais à présent que les idéologies prétendument progressistes sont devenues dominantes, elles tendent à interdire l'ironie en tant que telle, prétendant y déceler la marque de l'esprit fort des ex-dominants, qui chercheraient, par ce biais, à prendre leur revanche : tel le « bel esprit » à la Rivarol à l'époque de la Révolution.

La réaction d'un journaliste du *Monde* l'illustre parfaitement. Jean-Michel Normand écrit : « Le second degré aurait donc changé de camp ? Dans les années 1980-1990, il était le bras armé de ceux qui raillaient l'ordre établi, maniant la dérision comme une arme permettant de se moquer de tout, ou presque. [...] Aujourd'hui, sous couvert de fournir des munitions à une résistance grinçante au politiquement correct, le second degré se serait mis au service de ceux qui veulent revenir en arrière, ceux que le mouvement général de la société déstabilise ou incommode[1]. » On avait conquis le droit de se moquer des curés, des militaires, des politiciens et des notaires. Pas question aujourd'hui de se moquer des militantes féministes, des indigénistes, ou des islamistes. Ils appartiennent aux espèces protégées.

1. Jean-Michel Normand, « L'humour au second degré fait-il encore rire ? », art. cit.

Première caractéristique identifiée par Ellis chez les millennials : on a affaire à une génération de trouillards. Lui-même et ses amis ont visionné, très jeunes, beaucoup de films d'horreur, nous confie-t-il. Ils ont ainsi appris, dès l'adolescence, à faire la part des choses ; cette expérience leur aurait donné une aptitude à la distance ironique, qu'il juge indispensable au passage à l'âge adulte et dont il estime les millennials, largement dépourvus. « Et, certainement, personne n'était là pour nous répéter combien nous étions exceptionnels à la moindre occasion[1]. »

Une génération dégonflée et puritaine (Bret Easton Ellis)

Pour Ellis, les millennials sont, certes, comme pour Claire Fox, à laquelle il emprunte cette expression, « des petits flocons de neige », mais doublés, en même temps, de militants implacables… des « *little snowflake justice warriors* », comme il l'écrit. Ainsi ont-ils pollué le cinéma gay, dont Ellis est un critique averti, en y introduisant une « idéologie identitaire », en vertu de laquelle le héros, comme dans le film *Imitation Game*, est nécessairement dépeint comme une victime[2].

Mais, demande Ellis, « depuis quand les gens ont-ils commencé à s'identifier sans relâche aux victimes, et depuis quand la vision du monde de la victime est-elle devenue la lorgnette à travers laquelle nous nous sommes mis à tout observer[3] ? »

1. Bret Easton Ellis, *White*, *op. cit.*, p. 28.
2. *Ibid.*, p. 97 et 101.
3. *Ibid.*, p. 107.

Et il pointe l'un des mobiles des idéologues prétendant prendre en charge les intérêts des minorités, des exclus, des « victimes » : le désir de les embrigader, afin de les transformer en une force politique imposant le respect à ceux qui n'en font pas partie. « Mais c'est la fin de partie logique [...] du culte redoutable de l'inclusion, qui insiste pour que chacun vive sous le parapluie des mêmes principes et de la même réglementation : un mandat qui dicte comment nous devrions tous nous exprimer et nous comporter[1]. »

Ainsi, la transmutation de l'homosexuel, de réprouvé qu'il était dans l'ancienne culture en héros de la nouvelle, est un piège tendu à ceux qui refusent de se laisser enrégimenter. Et Bret Easton Ellis l'a appris à ses dépens, comme il le raconte dans ce livre. En avril 2013, il avait été invité à la cérémonie du GLAAD (Gay and Lesbian Alliance Against Diffamation) en tant qu'écrivain homosexuel, ayant créé de nombreux et brillants personnages gays. Quarante-huit heures avant la cérémonie, il apprend qu'il a été « désinvité », les dirigeants du GLAAD n'ayant pas apprécié certains de ses tweets narquois. « J'avais supposé que la fière communauté libérale à laquelle j'étais censé appartenir était aussi inclusive que je pouvais être critique et inoffensif. Hé, c'était un compte Twitter, après tout[2] ! »

Quel crime avait donc commis le romancier à la mode contre la « communauté » ? Répliquant à un tweet exprimant l'idée qu'au cinéma, un personnage homosexuel ne pouvait être joué que par un acteur gay, il avait tweeté que, selon cette logique absurde,

1. *Ibid.*, p. 136.
2. *Ibid.*, p. 119.

seuls des acteurs hétéros seraient autorisés à jouer des personnages *straight*.

Or, ce genre de persiflage, pointant pourtant des questions sérieuses, n'est plus toléré dans l'ambiance idéologique que font régner les nouveaux gardiens du temple. « Lorsqu'une communauté se flatte de ses différences et de son caractère unique, et puis bannit des gens parce qu'ils s'expriment – non en raison de *hate speeches*, mais parce qu'elle n'aime pas leurs opinions –, un fascisme corporatiste est mis en place[1]. »

Sur son compte Twitter et à l'occasion des programmes qu'il a mis en ligne sur son podcast, reconnaît Bret Easton Ellis, « je faisais toujours référence aux millennials sous le nom de *génération dégonflée*[2] ». Et il s'en explique : il voulait résumer ainsi tout à la fois « l'hypersensibilité des milléniaux, leur sentiment d'avoir droit à tout, leur insistance sur le fait qu'ils avaient toujours raison en dépit de la preuve écrasante du contraire, leur éventuelle incapacité à replacer les choses dans leur contexte, leurs tendances à surréagir, [...] probablement exacerbés par les médicaments dont les gens de cet âge ont été bourrés dès l'enfance par des mères et des pères hélicoptères, surprotecteurs, scannant tous leurs mouvements[3]. »

Pour Ellis aussi, l'incapacité des millennials à faire face à quelque forme que ce soit d'adversité et d'antagonisme a, en effet, pour origine leur éducation. « Couvés,

---

1. *Ibid.*, p. 122. (Je suis contraint de retoucher la traduction du mot « *enterprise* » qu'Ellis emploie, à de nombreuses reprises au cours de ce livre, dans des sens variés, mais jamais dans celui qu'a le mot « entreprise » en français.)
2. *Ibid.*, p. 150.
3. *Ibid.*

encensés […] des enfants qui, une fois devenus adultes, *paraissaient* très confiants, compétents et positifs, mais qui, au premier signe de noirceur ou de négativité, étaient souvent paralysés et incapables de réagir, si ce n'est par l'incrédulité ou les larmes – tu as fait de moi une victime ! – et battaient en retraite dans leur bulle d'enfance[1]. »

L'écrivain, qui indique ne pas avoir voté aux élections présidentielles de 2016 parce qu'il ne s'intéresse pas à la politique, avait pourtant fait de Donald Trump l'une des références omniprésentes de son best-seller d'il y a trente ans, *American Psycho*[2]. Son héros, le yuppie et tueur psychopathe Patrick Bateman, y fait constamment référence : Trump est mentionné plus de quarante fois dans ce livre. Or, son élection a provoqué, selon Ellis, des réactions disproportionnées. La plupart des gens de son milieu (le show-business, apparemment) ont été scandalisés, horrifiés, « pris dans un tourbillon d'amour-propre et d'indignation moralement supérieurs[3] ». Ils en ont peut-être un peu trop fait, afin de manifester leur appartenance au milieu des justes, des purs – et des bien éduqués.

Et Ellis raconte comment, dans son milieu hyper-privilégié, quantité de gens ont proclamé « entrer en résistance » contre Trump, jouant aux « dissidents » sur le point d'être arrêtés et déportés. Ce fut notamment le cas de son compagnon, « le millennial ». « Ce qui arrivait à la personne avec qui j'avais vécu pendant près de sept ans reflétait l'épidémie de supériorité

1. *Ibid.*, p. 153.
2. Paru en anglais en 1991. Publié en traduction française aux Éditions Salvy en 1992.
3. Bret Easton Ellis, *White*, *op. cit.*, p. 181.

morale qui s'emparait d'une faction de la gauche et la détruisait. [...] Il faisait partie de la prétendue résistance – bien que trop défoncé pour sortir et aller résister. L'élection avait fait de lui une épave. Par moments, il ressemblait à un paysan russe, dépenaillé et enragé, vociférant, tapant du pied dans l'appartement, la chaîne MSNBC à fond, hurlant "Espèce de merde !" chaque fois que le visage de Trump apparaissait à l'écran[1]. »

Les millennials, aux yeux d'Ellis, sont tout simplement des puritains. Ils tolèrent à peine le désir homosexuel. Quant au désir des hommes envers les femmes, il est ressenti comme une inconvenance, un inadmissible manque de respect à leur égard. Et Bret Easton Ellis prend la défense du jeune critique musical Art Tavana. Ce dernier a osé écrire qu'il était « excité » par la chanteuse pop Sky Ferreira, dans un article du L.A. Weekly, où il la comparait à Madonna. Mais les temps ont changé. On était autorisé, dans les années 1980, à écrire que Madonna était sexy, voire, oui « bandante ». À présent, « les guerrières de la justice sociale » ont dénoncé l'auteur dans plusieurs articles, parus dans des revues et magazines féministes.

« En les lisant, écrit Ellis, je me demandais quand les progressistes libérales étaient devenues de telles matrones de la société, serrant leurs perles, horrifiées chaque fois que quelqu'un avait une opinion qui n'était pas l'image en miroir de la leur. Le ton moral supérieur pris par ces guerrières de la justice sociale et, de plus en plus, par une gauche détraquée, est toujours hors de proportion avec ce dont elles s'indignent en réalité[2]. »

---

1. *Ibid.*, p. 171.
2. *Ibid.*, p. 205.

Ces indignations mises en scène de manière emphatique sont destinées à conforter une image de soi valorisante, souvent rendue par l'expression *self-righteous*, qu'il est difficile de transposer en français. On traduit généralement par « attitude moralisatrice », « complaisant », mais parfois aussi par « bien-pensant » et « autosatisfait ». Le *Cambridge Dictionary* en donne la définition suivante : « Croire que ses idées et ses comportements sont moralement meilleurs que ceux des autres gens ». Le monde selon les millennials ne comporte que des « majorités » forcément dominatrices et des « catégories victimisées » minoritaires forcément vertueuses. Exhiber ses propres souffrances, réelles ou imaginaires, est une manière avantageuse de se positionner du bon côté et de conquérir du pouvoir.

Mais, avertit Ellis, « se poser en victime est comme une drogue – vous vous sentez délicieusement bien, vous obtenez tant d'attention de la part des autres, en fait cela vous *définit*, vous vous sentez en vie, et même important, alors vous exhibez vos prétendues blessures afin que les gens puissent les lécher[1]. »

Un besoin de protection vindicatif

Or, justement, apprendre à supporter des frustrations fait partie intégrante de toute éducation. Comme l'écrit l'historien et psychanalyste Pierre Legendre, « fabriquer l'homme, c'est lui dire la limite. [...] Enfants meurtriers, adolescents statufiés en déchets sociaux, jeunesse bafouée dans son droit de recevoir

1. *Ibid.*, p. 160.

la limite, votre solitude nue témoigne de sacrifices humains ultramodernes[1] ». Lui fait écho le psychanalyste Serge Hefez qui discerne, dans le psychisme des nouvelles générations, un « manque de cadre » dont il rend responsable leur narcissisme et qui explique leur excessive vulnérabilité. « Il y a, dans leur construction psychique, quelque chose qui les ramène sans cesse à eux-mêmes, car la structure externe est de plus en plus défaillante. Les générations précédentes étaient beaucoup plus portées par un tas de contraintes et d'obligations. L'enveloppe externe, ils n'avaient pas à la définir par eux-mêmes. Il y avait à se construire par tout un ensemble de codes et de valeurs qui leur étaient transmis. Ce qui relevait de leur univers intérieur importait peu. Aujourd'hui, les injonctions ne sont plus : "Tu dois faire ceci ou cela !" mais : "Sois heureux"[2] ! »

Mais c'est le livre de Greg Lukianoff et Jonathan Haidt, *The Coddling of the American Mind*[3], qui pousse le plus avant la recherche sur les causes du développement de « l'esprit de protection vindicatif » (*vindictive protectiveness*) parmi les générations nées après 1980.

---

1. Pierre Legendre, *La Fabrique de l'homme occidental*, Mille et Une Nuits-Arte éditions, 2012, p. 22-23.
2. Samuel Piquet, « Narcissisme exacerbé, incapacité à gérer ses émotions, individualisme : les symptômes d'une génération "fragile" », *Marianne*, 27 juin 2020.
3. Greg Lukianoff et Jonathan Haidt, *The Coddling of the American Mind. How Good Intentions and Bad Ideas are Setting Up a Generation for Failure*, Penguin Books, 2018. Ce titre qu'on pourrait rendre par « Le Dorlotage de l'esprit américain » fait écho au fameux essai de Allan Bloom, *The Closing of The American Mind*, publié en 1987, qui dénonçait l'influence du relativisme culturel sur le contenu des études supérieures aux États-Unis.

Ils apportent à leur travail les lumières de compétences complémentaires. Lukianoff (né en 1974), avocat spécialiste des libertés publiques, a créé la Foundation for Individual Rights in Education (FIRE) pour défendre le droit d'expression dans le monde universitaire. Jonathan Haidt (né en 1963), remarquable psychologue social spécialisé dans la psychologie morale, défend en particulier la thèse selon laquelle, de manière générale, nos raisonnements moraux ne sont que des rationalisations *a posteriori* de nos réactions instinctives[1]. Et que celles-ci sont largement tributaires de nos appartenances[2].

Leur livre, qui a obtenu un très grand succès dans les pays anglo-saxons, constitue le développement de l'article qu'ils avaient publié sous le même titre dans le mensuel *The Atlantic*, en septembre 2015[3]. Le président Obama y avait fait une allusion élogieuse quelques semaines plus tard. « Quelque chose d'étrange est en train de se passer dans les *colleges* et les universités américaines, écrivaient les deux coauteurs en prélude à l'article. Un mouvement se lève, sans direction et conduit largement par des étudiants, pour nettoyer les campus des mots, des idées et des sujets qui pourraient causer un malaise (*discomfort*) ou offenser. »

Des mots nouveaux ont ainsi fait leur apparition sur les campus, détaillent-ils. « *Micro-agression* » est une expression créée en 2007 par un professeur de

---

1. Voir son livre *The Righteous Mind. Why Good People Are Divided by Politics and Religion*, Penguin, 2012.
2. « *Morality binds and blinds* » : « la moralité lie et aveugle ».
3. Greg Lukianoff et Jonathan Haidt, « How Trigger Warnings Are Hurting Mental Health on Campus », *The Atlantic*, 15 septembre 2015 ; https://www.theatlantic.com/magazine/archive/2015/09/the-coddling-of-the-american-mind/399356/

Columbia University, Derald Wing Sue, consultant en diversité culturelle. Elle désigne des comportements ou des verbalisations qui, sans avoir l'intention de blesser, sont néanmoins perçus, par des membres de minorités, comme des « actes de violence ». Ainsi, la question « Où êtes-vous né ? », lorsqu'elle est posée par un Blanc à un étudiant latino, constitue une « micro-agression ». Car elle suggère qu'il n'est pas un citoyen américain. Mais, en Californie, où le politiquement correct a été poussé à l'absurde, on recommande aux membres du personnel des universités de proscrire dorénavant les maximes « l'Amérique est une terre d'opportunité », « quiconque peut réussir dans cette société s'il travaille suffisamment » et « je crois que ce job doit revenir à la personne la mieux qualifiée »[1]. Les deux premières sont considérées comme des « formes d'expression raciste, sexiste et classiste ». La troisième constitue une critique indirecte des politiques de discrimination positive en faveur des minorités ethniques.

« *Trigger warning* », que nos amis québécois proposent de traduire par « traumavertissement », ou « alerte sensible », désigne tout contenu (extrait de livre, article, vidéo, chanson...) utilisé dans le cadre d'un cours et susceptible de raviver les souffrances psychiques d'un(e) étudiant(e) traumatisé(e). Depuis le début des années 2000, les enseignants sont invités à avertir les étudiants que quelque chose risque de les choquer. À la faculté de droit de Harvard, la professeure Jeannie Suk a été priée par certaines de

1. Nick Gillepsie, « This Counts as a Microaggression: "America is the Land of Opportunity" », *Reason*, 15 juin 2015 ; https://reason.com/2015/06/15/this-counts-as-a-microaggression-america/

ses étudiantes de ne plus aborder en leur présence la législation sur le viol, car l'usage de ce mot constitue, pour elles, une « souffrance ».

Dans certains départements d'études littéraires, le roman de F. Scott Fitzgerald, *Gatsby le Magnifique*, doit faire l'objet d'un tel « traumavertissement » et provoque la sortie d'étudiantes : il « véhicule, en effet, une vision misogynique » et comporte des « scènes d'abus physiques, susceptibles d'infliger de la détresse psychique à des personnes souffrant de troubles post-traumatiques »[1]. L'étude du roman de Virginia Woolf *Mrs Dalloway* est à éviter : il comporte, en effet, la description du suicide par défenestration d'un homme, revenu traumatisé de la guerre et victime d'hallucinations.

« L'espace sécurisé » (*safe space*) désigne un endroit où les étudiants appartenant à la même minorité peuvent récupérer entre eux, dans un espace réconfortant (musique calmante, lumières tamisées, coussins, couvertures, albums à colorier et cookies à disposition), lorsqu'ils estiment qu'un événement ayant lieu sur le campus les contrarie. Le premier cas aurait été constaté, selon le *New York Times*, en 2015 à la Brown University[2]. Des étudiantes y avaient organisé un débat contradictoire entre deux essayistes féministes, Jessica Valenti et Wendy McElroy, sur la question, extrêmement controversée, de la « culture du viol ».

---

1. Alison Flood, « US Students Request "Trigger Warnings" on Literature », 19 mai 2014 ; https://www.theguardian.com/books/2014/may/19/us-students-request-trigger-warnings-in-literature
2. Judith Shulevitz, « In College and Hiding from Scary Ideas », *The New York Times*, 21 mars 2015.

Or, tandis que Jessica Valenti (née en 1978), éditorialiste au *Guardian* et fondatrice du site Feministing.com, défend la théorie dite du « *rape schedule* » (« conditionnement par le viol » ?) selon laquelle les femmes sont programmées inconsciemment à restreindre leurs comportements parce qu'elles vivent dans la peur constante d'être sexuellement agressées, Wendy McElroy (née en 1951), libertarienne canadienne, nie que les États-Unis soient un pays où règne « la culture du viol ». En Afghanistan, où des fillettes prépubères sont « mariées » de force à des hommes d'âge mûr, et où les femmes sont victimes, comme dans d'autres pays musulmans, des « crimes d'honneur » perpétrés par des membres masculins de leur propre famille, il existe bel et bien une telle « culture », dit-elle. Mais certainement pas aux États-Unis, où le viol avec violence vaut une peine de prison à vie. Propos inacceptables pour ces étudiantes féministes. Le fait que leurs croyances soient contestées les mettrait « en danger », proclamèrent certaines d'entre elles. Et d'exiger de leur université la mise à disposition d'un « espace protégé », où elles pourraient se réfugier afin de se remettre de l'idée insupportable que Wendy McElroy puisse ainsi venir librement exposer des idées aussi contraires aux leurs.

« Pourquoi des étudiantes avaient-elles besoin de "se préserver" d'idées ? Ne pouvaient-elles pas simplement ne pas aller écouter le débat[1] ? » écrivent Lukianoff et Haidt. Comment en est-on arrivé, dans cette génération, à être incapable de distinguer entre une émotion désagréable et une menace physique ?

---

1. Greg Lukianoff et Jonathan Haidt, *The Coddling of the American Mind*, *op. cit.*, p. 28.

La presse a d'abord décrit le phénomène comme une résurgence de la *political correctness*, apparue dans les années 1980-1990. Mais le mouvement né dans les années 2000 est d'une nature très différente. Tourné vers le « bien-être émotionnel » des étudiants, il présuppose de leur part une extraordinaire fragilité. Claire Fox raconte que des élèves du secondaire, dans une école britannique où les musulmanes étaient majoritaires, et devant lesquelles elle avait fait un exposé, avaient fondu en larmes, lorsqu'elle avait cité Mohamed, sans faire précéder ce nom propre de sa qualité, « le Prophète ». Ou bien ce qu'elles ressentaient comme une impiété leur causait une réelle souffrance, ou bien, leurs larmes, pour partie feintes, constituaient une manière de rappel à l'ordre, destiné à exiger de la conférencière qu'elle respecte leurs propres conventions religieuses. Car on n'a jamais vu des élèves chrétiens fondre en larmes à l'évocation de Jésus-Christ par un professeur, sans que soit mentionnée sa qualité de « Messie ».

Comment en est-on arrivé à des extrémités qui frisent à ce point le ridicule ? « La réponse la plus probable implique un changement de génération. Car c'est l'enfance elle-même qui a beaucoup changé durant la dernière génération », écrivent Lukianoff et Haidt. Et dans leur livre, ils s'emploient à démolir trois des « faussetés » à l'origine du problème.

Primo, le mythe de la « fragilité émotionnelle ». De même que le vaccin implique l'absorption d'une faible dose du virus contre lequel on habitue l'organisme à se défendre, l'être humain a besoin d'être confronté à des défis pour apprendre à y faire face. Il faut « préparer l'enfant pour la route et non la route pour l'enfant », comme le sait depuis toujours la sagesse populaire.

Secundo, le mensonge du raisonnement émotionnel, selon lequel « il faut toujours faire confiance à ce qu'on ressent ». C'est, en effet, prendre le risque de confier ses réactions aux innombrables biais cognitifs répertoriés par les psychologues : biais de confirmation, filtrage négatif, généralisations excessives, pensée binaire, etc. Ce sont précisément ces mécanismes qui incitent les étudiants à considérer comme des « microagressions » des remarques ayant simplement fait l'objet d'une surinterprétation de leur part. C'est grave, car cela implique « un changement moral crucial sur les campus » : on est passé d'une analyse des intentions du locuteur (a-t-il voulu blesser ?) à celle de l'impact sur le récepteur (s'est-il [elle] considéré comme blessé ?). « Mais si vous apprenez aux étudiants que l'intention ne compte pas, et que vous les encouragez à considérer comme offensantes toujours plus de choses, et que vous leur dites aussi que quiconque leur dit ou fait des choses qu'eux-mêmes trouvent offensantes est "un agresseur" et qu'il a commis des actes d'intolérance sectaire [*bigotry*] à leur égard, alors vous alimentez des sentiments de victimisation, de colère et de désespoir chez vos étudiants. Et ils en viendront à voir le monde – et même leur université – comme un lieu hostile où rien ne pourra jamais s'améliorer[1]. »

Tertio, le mensonge « eux contre nous (la vie est une bataille entre les bons et les méchants). » « La moralité lie et aveugle. » Les prétentions justicières ne sont bien souvent que la rationalisation du tribalisme, inscrit dans les gènes de chaque être humain par l'évolution. C'est ce tribalisme qui entretient la politique identitaire et rend sourd aux arguments et

1. *Ibid.*, p. 46.

aux informations susceptibles de défier le discours que se raconte chaque tribu. Il étouffe l'autonomie individuelle, en enrôlant les gens de force au nom d'une « authenticité » dont le contenu leur préexiste. Quiconque prétend lui échapper est qualifié de « traître » à sa tribu, comme ces policiers américains noirs, qui se font traiter « d'Oncle Tom » par les militants (blancs) de Black Lives Matter. Réplique de l'un d'entre eux, à New York : « Tu ne sais rien de moi. Et tu ne sais rien sur le fait d'être noir[1]. »

La génération la plus stupide ?

Les millennials ne sont pas seulement narcissiques. Ils seraient aussi stupides. Ce serait même « la génération la plus stupide » de l'histoire américaine, selon un éminent professeur d'Emory, Mark Bauerlein. Son essai de 2008, *The Dumbest Generation*[2], a fait l'effet d'une bombe dans le milieu enseignant. Il s'appuie, en effet, sur les données régulièrement publiées par le National Assessment of Educational Progress, institution indépendante et bipartisane créée en 1969 aux États-Unis pour évaluer les performances des élèves du secondaire. Et celles-ci sont sans appel : le niveau des élèves américains décline avec régularité, en particulier

---

1. Cité par le policier John McAuliffe, de New York, qui vient de prendre sa retraite, dans une interview au *Wall Street Journal*, publiée le 24 décembre 2020. Tunku Varadarajan, « Three Generations on the Police Beat », *WSJ*, 24 décembre 2020 ; https://www.wsj.com/articles/three-generations-on-the-police-beat-11608847693
2. Mark Bauerlein, *The Dumbest Generation: How the Digital Age Stupefies Young Americans and Jeopardizes Our Future (Or, Don't Trust Anyone Under 30)*, TarcherPerigee, 2018.

en lecture et en mathématiques. L'illettrisme progresse. Le pourcentage d'élèves abandonnant le système en cours de route augmente. Syndrome des rendements décroissants : malgré des budgets consacrés à l'éducation en hausse constante, les résultats sont de plus en plus médiocres. Un constat qui est en train de devenir familier aussi de l'autre côté de l'Atlantique, si l'on en croit l'effondrement régulier de la France dans les classements PISA...

Bauerlein, dans son livre, attribuait à cet échec deux causes principales : l'obsession du numérique et le renoncement des enseignants à transmettre simplement des connaissances. Les professeurs ont beaucoup trop misé sur les écrans en classe, soutient-il ; ils ont imaginé que le numérique pouvait apporter à leurs élèves non seulement tout ce qu'ils peuvent trouver dans les livres, mais encore davantage. Ils ont supposé que les informations disponibles sur Internet englobaient le savoir traditionnel ; ils n'ont pas réalisé qu'elles allaient le remplacer par quelque chose qui ne le vaut pas. Le Britannique Roger Scruton s'est montré encore plus pessimiste, lui pour qui la « technologie de l'information [...] traite la vérité et la fausseté, le réel et l'imaginaire comme équivalents. En réalité, comme l'Internet le révèle, la technologie de l'information est bien plus efficace à propager l'ignorance que de faire progresser la science[1] ».

Résultat : les étudiants qui accédaient alors (en 2008) à l'enseignement supérieur présentaient déjà des carences difficilement récupérables. On en sait beaucoup plus aujourd'hui sur le déficit d'attention

---

1. Roger Scruton, *Culture Counts. Faith and Feeling in a World Besieged*, Encounter Books, 2007, p. 31.

qui résulte de la pratique obsessionnelle du surf sur Internet[1]. En Europe aussi, comme le confirment tristement les enseignants du supérieur, les étudiants ne lisent plus de livres. Et ils rédigent une partie croissante de leurs travaux en pratiquant à grande échelle le copier/coller à grande échelle d'articles dénichés sur Internet. Ils confondent le savoir authentique avec la collecte superficielle d'informations éparses, ponctuée de jugements à l'emporte-pièce. L'éducation, dans la tradition occidentale, ne se résumait pas à une simple accumulation de connaissances objectives et pratiques ; elle était censée donner une formation intellectuelle, perfectionner l'individu. *Se cultiver*, dit-on, pour désigner un processus plutôt qu'un résultat.

Mais c'est justement avec cette conception de l'éducation que les pédagogues modernes ont prétendu rompre, poursuit Bauerlein. « Ils ont abjuré leur expertise. » Ils ont encouragé leurs élèves et étudiants à défier la culture traditionnelle, sans prendre la peine de la leur avoir correctement présentée au préalable. La nouvelle doxa du milieu enseignant, après avoir décidé de « placer l'élève au centre du processus éducatif », comme le recommandait John Dewey, c'est « se trouver soi-même ». Elle a été recopiée avec plusieurs décennies de retard par les « pédagogistes » français. Une « ligne de partage oppose dorénavant les modèles conventionnels à l'expression individuelle. La tradition et l'individualité sont posées comme opposées[2] ». Les élèves et les étudiants sont

1. « Les ingénieurs de Google ont évalué la durée d'attention de la génération des millennials, celle qui a grandi avec les écrans connectés : 9 secondes » (Bruno Patino, *La Civilisation du poisson rouge. Petit traité sur le marché de l'attention*, Grasset, 2019).
2. Mark Bauerlein, *The Dumbest Generation*, *op. cit.*, p. 167.

encouragés à « s'exprimer ». Sur des générations dont la subjectivité a déjà été flattée par l'éducation familiale et dont le narcissisme est amplifié par la mise en scène de soi sur les réseaux sociaux, les résultats de cette pédagogie sont désastreux. Au lieu d'ouvrir les jeunes au monde qui les entoure, en leur donnant les moyens d'y faire leur propre chemin, cette idéologie aboutit à les renvoyer à eux-mêmes. En les privant de modèles, elle les laisse désemparés. Le manque d'esprit réellement critique chez ces jeunes gens, pourtant formés à « problématiser » et à « déconstruire », est patent. Chez nombre d'entre eux, on constate que l'idéologie a pris la place de la réflexion personnelle : ils pensent par slogans. Aux termes des études, la connaissance des classiques de la pensée philosophique, sociologique et économique est souvent absente. De ce fait, l'outillage conceptuel dont ils permettent de s'équiper intellectuellement est rarement acquis.

La culture était censée, en outre, fournir un cadre de référence commun, à travers l'étude d'un certain nombre d'œuvres regroupées dans un corpus. Celui-ci n'était ni figé ni définitif. Il faisait l'objet de remaniements et de rajouts. Mais il fournissait aux générations des références partagées et un horizon de sens commun. Contrairement à ce qui a été dit, cette éducation ne négligeait pas la formation des sentiments ni des émotions. Mais au nom d'une insistance sur « l'estime de soi », d'une conception de l'élève comme d'emblée autosuffisant – et en raison de l'idéologie multiculturaliste –, toutes ces dimensions ont été abandonnées.

Pas étonnant que cette génération éprouve les plus grandes difficultés à sortir de l'adolescence. Le phénomène des jeunes célibataires ayant choisi de retourner vivre chez leurs parents, afin de « profiter d'une vie insouciante et confortable », a été repéré pour la première fois, au Japon, à la fin des années 1997, par le sociologue Masahiro Yamada. Il les a baptisés « *parasaito shinguru* » (« parasites célibataires »). En 2006, leur nombre était estimé à treize millions, soit 35 % de la population japonaise âgée de 20 à 30 ans[1].

De son côté, l'éditorialiste de *The Atlantic* Annie Lowrey a baptisé les millennials « la génération retardée[2] ». Elle remarque qu'ils se marient plus tard, achètent leur premier bien immobilier plus tard, ont des enfants également plus tard. En tous cas, fait-elle observer, en ce qui concerne ceux qui ont suivi un cursus d'études supérieures. Car elle a relevé un clivage très net au sein de cette génération entre les diplômés et ceux qui ne le sont pas ; chez ces derniers, au contraire, les femmes continuent à mettre au monde leurs premiers enfants entre 20 et 24 ans. Alors que beaucoup de femmes appartenant à l'élite sociale et poursuivant de brillantes carrières hésitent à procréer et le font parfois tardivement, au début de la quarantaine.

« Il y a de cela plusieurs générations, les années d'adolescence signifiaient se préparer pour un au-delà de l'adolescence, non pas le sentiment de son individualité, mais le travail sérieux, les devoirs civiques et les responsabilités familiales, par le contact avec des parents, des enseignants, des ministres du culte et des employeurs décidés à conduire et à entraîner les

1. Voir entrée « Célibataire parasite » sur le site Wikiwand : https://www.wikiwand.com/fr/C%C3%A9libataire_parasite

2. Annie Lowrey, « Why Millennials Can't Grow Up », *The Atlantic*, 13 mai 2021 ; https://www.theatlantic.com/ideas/archive/2021/05/millennial-grandparents-unequal-generation/618859/

teenagers[1]. » Aujourd'hui, certains individus restent adolescents jusqu'à 40 ans. Bauerlein les a qualifiés de « *twixters* » (« *between adolescence and adulthood* ») : bloqués entre l'adolescence et l'âge adulte, ils se montrent incapables de franchir le pas décisif vers la maturité et les responsabilités qui l'accompagnent. C'est un phénomène bien identifié dans la plupart des pays.

Nous avons fait connaissance, il y a deux décennies déjà, avec nos « Tanguy », infichus de renoncer aux sécurités du foyer parental. En 2007, le ministre italien Tommaso Padoa-Schioppa a fait scandale en les désignant du néologisme *bamboccioni* (« gros bébés », « fils à maman »). Les baby-boomers aspiraient à l'indépendance, parfois prématurément. Parce qu'ils attendaient tout du monde. Les millennials, eux, ne se sentent jamais assez prêts pour prendre le risque du large, parce qu'on leur a répété que le monde était un endroit dangereux. Le paradoxe de notre époque est qu'ils ont fait de leur prétendue vulnérabilité une arme politique. À l'ancien culte du héros, auquel on attribuait des droits spécifiques pour les services rendus à la cité, notre culture a substitué le pouvoir moral de la victime : avoir des motifs de plainte (le fameux mot *grievance*, très difficilement traduisible) donne depuis quelque temps des droits particuliers.

1. Mark Bauerlein, *The Dumbest Generation*, *op. cit.*, p. 168.

2

La culture victimaire

« Depuis que notre sensibilité nouvelle a décrété que la victime serait le héros, écrivait Robert Hughes en 1993, chacun revendique ce statut enviable. [Car] avoir sujet de plainte donne du pouvoir[1]. » Les germes des plantes vénéneuses qui se sont répandues depuis à travers les allées tordues de la nouvelle idéologie progressiste anglo-saxonne étaient déjà superbement présentés il y a près de trente ans par le critique d'art aujourd'hui disparu.

Il pressentait non seulement le nouveau paradigme du pouvoir – fondé non pas sur les vertus de l'héroïsme, mais sur les griefs de la victimisation –, mais aussi sa conséquence logique : la concurrence entre les victimes. Il prévoyait qu'elle entraînerait la balkanisation de la société en une multitude de « sectes, groupes et nodules de pouvoir », chacun luttant pour les intérêts liés à son « identité » propre au détriment du bien commun. Il relevait, pour s'en moquer, les tentatives ridicules, déjà à l'œuvre dans les cercles restreints de l'université et de l'art, tendant à modifier le langage usuel dans l'illusion de métamorphoser ainsi la société. Dès cette époque,

1. Robert Hughes, *Culture of Complaint*, Oxford University Press, 1993, p. 7 et 9.

on assistait à la féminisation des noms commençant par *man*, comme *chairman* et *mankind*, corrigés en *chairperson* et en *womankind*[1]. Il dénonçait l'euphémisation du langage usuel sous l'influence de la *political correctness* dans lequel il percevait une perte de contact avec la simple réalité : non, une personne sourde n'est pas « différemment entendante ». Elle n'entend pas, ou elle entend mal. Et ce n'est pas lui « manquer de respect » que de le constater. L'obésité est une maladie qu'il faut combattre dans l'intérêt des personnes qui en sont atteintes ; et non un état qu'il faut valoriser dans le cadre de la *body positivity*.

Et surtout, il annonçait les inévitables conséquences électorales qu'allaient entraîner, pour les partis de gauche, leurs concessions aux lubies d'une prétendue avant-garde, en rupture résolue avec le sens commun. « Les Américains de la classe ouvrière se méfient de "la gauche en limousine", avec sa fixation sur l'environnement, les droits des femmes, l'avortement, le *busing* et l'*affirmative action* », écrivait-il[2]. C'est exactement ce qui a provoqué le basculement de bastions démocrates ouvriers tels que le Michigan, l'Ohio, le Wisconsin et la Pennsylvanie dans l'escarcelle de Trump en 2016, lui permettant d'occuper quatre ans la Maison-Blanche

1. En 2021, un nouveau degré dans le ridicule a d'ailleurs été franchi par un élu démocrate à la Chambre des représentants. Emmanuel Cleaver, qui est également pasteur méthodiste, a ouvert, le vendredi 3 janvier 2020, le 117e Congrès américain avec une prière comme c'est la coutume. Mais en conclusion, il a ajouté au traditionnel « Amen » un « A-women » qui n'a strictement aucun sens, puisque *amen* est un mot hébreu signifiant « en vérité », que les chrétiens utilisent dans le sens « ainsi soit-il ». Va-t-on devoir ajouter le préfixe « wo- » au mot « menstruation » ?

2. Robert Hughes, *Culture of Complaint*, *op. cit.*, p. 33.

et d'y faire régner une atmosphère de folie vengeresse. Et c'est aussi ce qui risque de faire perdre leur courte majorité aux démocrates aux *midterms* de 2022.

Le politiquement correct

Aux États-Unis, où cet état d'esprit a conquis d'importantes positions au sein des élites dirigeantes, tant politiques que culturelles et même économiques, les sondages montrent que l'agenda de la *political correctness* se heurte à l'hostilité d'une écrasante majorité de l'électorat. Une étude menée fin 2018 par More in Common a montré un décalage saisissant entre l'hypersensibilité d'une étroite élite sociale et culturelle aux questions d'identité et la lassitude d'une majorité des sondés. Les supporters des *woke* ne représentent, en fait, que 8 % de l'opinion, 25 % sont conservateurs et les deux tiers se déclarent « fatigués par la tournure que prend le débat public » ; l'étude les qualifie de « majorité épuisée ». Les trois quarts des Africains-Américains sont hostiles à la *political correctness*[1].

Le politologue Yascha Mounk s'est livré à une expérience amusante. Il a demandé à ses *followers* sur Twitter de livrer leurs propres pronostics sur les résultats de cette enquête. Sans surprise, la majorité d'entre eux a considérablement surévalué le niveau du soutien à la *political correctness*. C'est l'opinion qu'ils partagent eux-mêmes. Sa conclusion : « Manifestement, mes *followers* sur Twitter ne constituent pas un échantillon représentatif de l'Amérique. Mais comme l'indiquent leurs sentiments largement favorables à la *political*

1. https://hiddentribes.us/

correctness, ils représentent une décente approximation du milieu intellectuel particulier auquel j'appartiens : politiquement engagé, hautement éduqué, penchant à gauche – le genre de personnes, en d'autres mots, qui dirigent les universités, les rédactions des journaux et les magazines les plus importants du pays, et conseillent les candidats démocrates durant leur campagne électorale[1]. »

Certes, comme l'avait pressenti en 1977 le politologue Ronald Inglehart dans son livre *The Silent Revolution*, il existe une « nouvelle classe » favorable à une version modérée de ces idées[2]. Née de certaines désillusions ressenties envers les « *radical sixties* » lors des années 1970, elle a fait, en effet, son chemin au sein du parti démocrate. Désormais, et comme l'ensemble des gauches occidentales, les valeurs dites « post-matérialistes », en particulier l'écologie, le féminisme, l'antiracisme, l'« identité », ont pris le pas sur les questions, bassement matérielles, telles que l'emploi, l'augmentation des revenus, l'ajustement de l'État-providence aux nouveaux défis sociaux... En termes marxistes, on dira que les systèmes de valeur ont progressivement pris le pas sur les rapports de production. Ou, comme on le pronostiquait en France à l'époque du gouvernement Jospin, que « le sociétal l'emporte dorénavant sur le social ». Mais c'est précisément ce qui a permis aux républicains, aux États-Unis, « de se présenter comme les porte-parole des

1. Yascha Mounk, « Americans Strongly Dislinke PC Culture », *The Atlantic*, 10 octobre 2018 ; https://www.theatlantic.com/ideas/archive/2018/10/large-majorities-dislike-political-correctness/572581/
2. Robert Inglehart, *The Silent Revolution. Changing Values and Political Styles Among Western Publics*, Princeton, 1977.

valeurs et des symboles dénigrés de ce centre qu'on ignore », mettait en garde Robert Hughes il y aura bientôt trente ans[1] ! Or, ce basculement des gauches occidentales a été largement le fait des nouvelles générations militantes.

Robert Hughes relevait déjà que le multiculturalisme, qui « aurait dû être une reconnaissance généreuse de la diversité des cultures », avait tourné à « un programme plein de symboles sans valeur, calfeutré de jargon lumpen-radical. [Et que] son rejeton est le séparatisme culturel [...] qui nie non seulement la valeur, mais la possibilité d'un tel dialogue. Parce qu'il rejette l'échange. C'est le multiculturalisme tourné à l'aigre, fermenté dans le désespoir et le ressentiment »[2]. Déjà, une idéologie qui s'était présentée sous les auspices de l'esprit d'ouverture tendait au séparatisme et à l'exclusivisme. Il n'était plus question de valoriser et d'encourager la diversité des cultures dans un esprit d'harmonie et d'échange, mais bien plutôt d'entretenir des mythologies, politiquement instrumentalisées par des lobbies identitaires, dans un esprit revanchard et concurrentiel. C'est exactement ce à quoi nous assistons en France, depuis quelque temps, avec le développement des courants « décoloniaux », « indigénistes » et autres...

Robert Hughes se moquait des programmes scolaires destinés à améliorer l'estime de soi (*self-esteem*) des élèves noirs en leur réservant des programmes spécialement consacrés à l'histoire des Noirs, à la culture des Noirs, aux problèmes des Noirs – au prix d'un renoncement au savoir universaliste et au profit de légendes

1. *Ibid.*, p. 33.
2. *Ibid.*, p. 83-84.

réputées réconfortantes. « Vous voulez que vos élèves s'aiment eux-mêmes ? Alors changez les programmes. Nourrissez-les d'inepties racistes selon lesquelles leur intelligence est fonction du niveau de mélanine de leur peau, les Africains étant les peuples du soleil, libres, ouverts et coopératifs, tandis que les Européens étaient des peuples de la glace, rodant blafards dans des grottes[1]. »

La guerre des cultures

Là aussi, les choses se sont aggravées sous l'effet de l'hypersensibilité des nouvelles générations, celle des « flocons de neige ». Deux professeurs de sociologie, Bradley Campbell, de la California State University, et Jason Manning, de la West Virginia University, ont cosigné, en 2018, un livre qui fait le point sur l'état actuel de la culture victimaire (*victimhood culture*) chez les millennials et la manière dont elle alimente la « guerre des cultures »[2]. Pour eux, ce qui distingue la nouvelle mouture de la culture victimaire, celle que nous avons aujourd'hui sous les yeux, c'est sa manière de combiner deux codes moraux historiquement distincts. Ils les baptisent la *culture de l'honneur* et la *culture de la dignité*.

La *culture de l'honneur* est caractéristique des sociétés traditionnelles fortement hiérarchisées. Elle a dominé, en Europe, aux époques prémodernes. On y est très sensible à tout ce qui peut être perçu comme un affront. Dans ce cadre, les hommes ont le devoir

1. *Ibid.*, p. 147.
2. Bradley Campbell et Jason Manning, *The Rise of Victimhood Culture: Microaggressions, Safe Spaces, and the New Culture Wars*, Palgrave Macmillan, 2018.

de défendre eux-mêmes et sur-le-champ leur réputation personnelle, l'honneur de leur famille, de leurs ancêtres, de leur lignée, de leur communauté, sitôt que celle-ci leur paraît bafouée. Elle valorise le sentiment de la dignité et le courage physique. Le symbole de cette morale chatouilleuse, c'est le duel. « J'ai des fourmis dans mon épée », lance Cyrano de Bergerac, chaque fois qu'il a l'impression que sa dignité est mise à l'épreuve. Et, comme on sait, le seuil d'irritabilité de telles personnalités est très bas.

La *culture de la dignité*, qui est celle des modernes, enseigne, au contraire, à supporter légèrement les insultes mineures, dans la mesure où toute personne se sait dotée de dignité, sans avoir besoin de le démontrer. C'est une culture égalitariste. Dans le deuxième tome de *De la démocratie en Amérique*, Tocqueville opposait ainsi les sociétés aristocrates, terriblement pointilleuses sur le « point d'honneur », parce qu'elles étaient à la fois stables et profondément inégalitaires, aux sociétés démocratiques où « l'honneur, étant mal défini, est nécessairement moins puissant ». Le sens de l'honneur est d'autant plus prononcé que la société est plus inégalitaire, expliquait-il, parce qu'il permet à chaque strate la composant de se distinguer. « Il existe, entre l'inégalité des conditions et ce que nous avons appelé l'honneur, un rapport étroit et nécessaire[1]. » À mesure que l'égalité se répand parmi l'humanité, s'imposent, en lieu et place de l'honneur, « les simples et générales notions du bien et du mal ».

Dans les sociétés démocratiques, on a suffisamment confiance en sa propre valeur pour ne pas éprouver la

1. Alexis de Tocqueville, *De la démocratie en Amérique*, tome II, Garnier Flammarion, 1981, p. 297.

nécessité de se venger des offenses, aussi les supporte-t-on avec indulgence. Jusqu'à une période récente, on enseignait aux enfants américains la fameuse maxime « *sticks and stones can break my bones, but words can never hurt me* » (« bâtons et pierres peuvent me briser les os, mais des mots ne peuvent jamais me blesser »). En cas de conflit interpersonnel d'une certaine intensité, on n'était pas supposé recourir à la violence, mais s'adresser aux autorités compétentes ; porter son affaire devant la justice. L'État étant réputé détenir le monopole de la violence, il était interdit de se faire justice soi-même.

La culture victimaire contemporaine combine, selon Campbell et Manning, certains aspects de ces deux cultures. Pour le pire. Elle associe la susceptibilité chatouilleuse de la *culture de l'honneur* et l'appel à l'autorité – et/ou à l'opinion publique – de la *culture de la dignité*. Cette combinaison pousse à exagérer sa propre vulnérabilité ainsi que la gravité supposée des offenses subies. L'expression « micro-agression » témoigne de cet abaissement du niveau de désagrément à partir duquel on peut légitimement prétendre se sentir « agressé ». Et se placer ainsi en position d'exiger la suppression de ce qui vous déplaît : un livre, une idée, un conférencier… « En insistant sur les micro-agressions, vous encouragez les gens à s'offusquer de choses mineures, à exagérer leurs expériences, à interpréter les intentions des autres de la manière la plus négative[1]. » Mais, si l'on suit Tocqueville, la montée en puissance d'un sentiment de l'honneur chatouilleux

1. Bradley Campbell, « On ne perd pas sa dignité du seul fait d'être insulté », interview par Corine Lesne dans *Le Monde* du 29 novembre 2018.

est aussi le signe de l'éclatement de la société américaine en communautés d'appartenance, cherchant à se distinguer par l'imposition, aux autres, de leurs codes particuliers.

« Les gens qui formulent des griefs vont avoir tendance à faire appel à des concepts tels que *désavantage*, *marginalité* ou *trauma*, et à présenter le conflit sous l'angle d'une oppression subie. Le résultat, c'est que cette culture privilégie aussi une source particulière de valeur morale : le fait d'être victime, la victimisation. Les identités victimaires y méritent un soin et une déférence particuliers[1]. » La culture victimaire accorde des statuts exceptionnels aux groupes victimes dits « victimisés », leur ouvrant des droits spéciaux. Le modèle multiculturaliste se rapprocherait ainsi, confirment Campbell et Manning, d'une structuration sociale telle qu'elle existe dans le système des castes dont certaines, considérées comme « sacrées », doivent être traitées avec une révérence spéciale. Avec cette différence majeure que dans l'Amérique postmoderne, ce sont les descendants de marginalisés et d'opprimés qui bénéficieraient de ce privilège, au nom des préjudices subis par leurs ancêtres ou devanciers.

La défaite du conservatisme n'avait pas attendu les millennials

Le sentiment, éprouvé par de nombreux millennials, d'avoir raté la bataille explique sans doute la virulence

1. Claire Lehmann, « Understanding Victimhood Culture: An Interview with Bradley Campbell and Jason Manning », Quillette, 17 mai 2018.

des militants appartenant à cette génération. L'observateur ayant connu les folles années contestataires a souvent l'impression d'assister à de mauvais remakes des luttes de cette époque – menées à contre-temps et avec une extraordinaire mauvaise foi.

Une « guerre culturelle » (*culture war*) contre les valeurs traditionnelles a bel et bien eu lieu. Mais c'était dans les années 1960. Et elle a été gagnée alors qu'ils n'étaient pas encore nés. Grâce à deux lois votées sous la présidence de Lyndon Johnson, le Civil Rights Act de 1964 et le Voting Rights Act de 1965, la discrimination raciale est devenue illégale aux États-Unis et le gouvernement fédéral a été invité à combattre les éléments de racisme institutionnel subsistant, en particulier, dans certains États du Sud. Certes, le chemin vers l'égalité réelle des droits allait être encore long. Mais les avocats, défenseurs des mouvements pour les droits civiques, avaient désormais la loi pour eux. Et le racisme était enfin compris, au plus haut niveau de responsabilité du pays, comme un fléau à éradiquer.

Par son arrêt *Roe v. Wade*, la Cour suprême a légalisé l'avortement dès 1973. Une révolution dans les mœurs, car elle donnait aux femmes la complète maîtrise de leur fécondité. Au cours des années 1970, la majorité des États des États-Unis votèrent également la légalisation de l'homosexualité. On n'a pas attendu les millennials pour normaliser le style de vie homosexuel. En 2013, par son arrêt *United States v. Windsor*, la Cour suprême ouvrait la voie au mariage homosexuel, en déclarant que l'article 3 du Defense of Marriage Act violait les droits reconnus au cinquième amendement. Ce qu'elle a confirmé, deux ans plus tard, par son arrêt *Obergefell v. Hodges*. Faire des États-Unis un enfer pour les minorités, nécessitant la rééducation de masse de la majorité, est une formidable imposture.

Quant au « style de vie bourgeois », caractérisé, selon le sociologue Daniel Bell, par le rationalisme et la sobriété, la modération, la décence et le sens commun, il avait déjà été sérieusement entamé lorsqu'il fut enfoncé par la contre-culture, comme le souligne notamment le sociologue britannique (né hongrois) Frank Furedi.

Dès les sixties, les élites conservatrices croyaient de moins en moins en la légitimité de leur propre autorité, estime Furedi. Lorsqu'elles firent l'objet d'une attaque en règle, elles n'avaient déjà plus guère d'autre programme intellectuel à offrir que la poursuite de la prospérité économique. Or non seulement « on ne tombe pas amoureux d'un taux de croissance », comme nous l'avons chanté en 1968, mais la crise pétrolière des années 1970 mit fin aux croissances miraculeuses des Trente Glorieuses : culturellement, la droite américaine n'avait plus grand-chose à vendre. Sinon la lutte contre « l'Empire du Mal » soviétique, qui permit à Reagan de l'emporter à deux reprises dans une conjoncture exceptionnelle. En France, le conservatisme avait perdu tout crédit depuis l'Occupation en raison de la compromission des maurrassiens avec la collaboration. Mais même aux États-Unis, où il avait constitué, comme en Grande-Bretagne, un courant intellectuel puissant, il était sur la défensive[1].

Ses représentants les plus lucides savaient qu'ils avaient perdu la partie. Dans un mémo au président

1. Voir l'ouvrage fondamental de Russell Kirk, pilier de cette pensée conservatrice d'après-guerre, *The Conservative Mind*, 1953.

Nixon, le penseur conservateur Daniel Moynihan écrivait en novembre 1970 : « Pas de doute, il y a dans ce pays une lutte en cours du genre que les Allemands appelaient un *Kulturkampf*. La culture de confrontation [*adversary culture*] qui domine presque tous les canaux d'information et façonne l'opinion n'a jamais été plus puissante et autant que je puisse dire, elle est parvenue à réduire au silence les représentants de l'Amérique traditionnelle. [...] Je ne sais pas ce qui me surprend le plus : l'émergence soudaine d'une critique néo-marxiste révolutionnaire de la société américaine, ou l'incapacité quasi totale des forces modérées ou conservatrices de lui opposer des arguments. La majorité silencieuse est silencieuse parce qu'elle n'a rien à dire[1]. »

La meilleure preuve de cette défaite du conservatisme est la rapidité avec laquelle la contre-culture s'est imposée. C'était chose faite dès les années 1980, comme le déplorait Allan Bloom dans son best-seller *The Closing of the American Mind*[2]. Paradoxalement, c'est durant les années Reagan que l'« *adversary culture* » est devenue la culture dominante de l'université et de l'intelligentsia américaines. La « culture jeune » constituait déjà une branche lucrative du marketing, tandis que les anciens contestataires acquéraient du pouvoir, d'abord dans les institutions culturelles et l'enseignement, puis en faisant, un peu partout en Occident, leur chemin dans les médias et la politique.

---

1. Voir « Memorandum to the President, November 13, 1970 » ; https://www.nixonlibrary.gov/sites/default/files/virtuallibrary/documents/jun09/111370_Moynihan.pdf
2. Traduit en français chez Julliard (*L'Âme désarmée*, 1987), réédition par Les Belles Lettres, 2018.

Il y eut, certes, des tentatives de relancer les valeurs de cette Amérique traditionnelle, avec le slogan « *back to the basics* » émaillant les deux campagnes présidentielles de Ronald Reagan (1980 et 1984). Mais ses opposants ont, de nouveau, gagné la bataille des idées : l'ère Thatcher-Reagan a vu le double triomphe des idées libérales en économie et des idées libertaires au plan sociétal. Comme l'écrit Christopher Caldwell : « À l'époque, on croyait que mélanger le capitalisme sans entraves (présumé "libéral") et la sexualité sans entraves (présumée "libertaire") était impossible. C'était une erreur[1]. »

Or, c'est aussi l'époque où le « politiquement correct » a commencé à gagner la partie sur les campus. Dès les années 1990, alors que Patrick Buchanan invitait le parti républicain à relancer la « guerre culturelle », précisément parce qu'il considérait que la première manche avait été perdue, « les élites traditionnelles avaient été plus ou moins marginalisées par leurs adversaires. Ayant conquis l'hégémonie, les membres de l'establishment contre-culturel ont de moins en moins peur d'imposer leurs propres valeurs au reste de la société », comme le constate Frank Furedi[2].

Quant à Donald Trump, vainqueur inattendu des primaires républicaines et de la présidentielle de 2016, il ne relève du conservatisme ni par son idéologie ni par son style de vie. C'est un populiste américain, dans la lignée d'Andrew Jackson, surfant sur une vague antiélitiste. Sa nomination lors de la Convention républicaine de Cleveland, en juillet 2016, a pu être

1. Christopher Caldwell, *The Age of Entitlement*, *op. cit.*, p. 100.
2. Frank Furedi, « The Birth of the Culture Wars », Spiked-online, 19 juin 2020.

analysée par bien des commentateurs, y compris son propre gendre, Jared Kushner, comme une « OPA hostile » sur le « Grand Old Party ». Les républicains sont favorables au libre-échange. Trump a mené une politique protectionniste. Ils sont favorables au business. Trump a cherché à privilégier les intérêts de la classe ouvrière en encourageant les relocalisations. Ils sont favorables à « la loi et l'ordre ». Trump a lancé ses partisans à l'assaut du Capitole... Rien de tout cela ne relève du conservatisme. C'est pourquoi, partir en guerre contre le conservatisme, aujourd'hui, en Occident, c'est rompre des lances contre des moulins à vent. Le vrai danger, c'est le populisme. Qu'il se prétende de gauche, ou qu'il soit de droite.

Le piège de l'*affirmative action*

De même, faire comme si les États-Unis d'aujourd'hui étaient un pays miné par le racisme est une imposture[1]. Il faut écouter la manière dont en parlent un certain nombre de vieux combattants des droits civiques, révoltés de voir le sens de leurs combats d'hier déformé par une nouvelle génération d'activistes. Ainsi l'éminente juriste noire Janice Rogers Brown (elle a notamment siégé à la Cour suprême de Californie), qui a grandi en Alabama, l'un des États les plus racistes du Sud, se souvient de l'époque où des fontaines, des toilettes et

1. « L'Amérique d'aujourd'hui utilise les mêmes mots pour parler de la société démocratique actuelle que pour parler de la société esclavagiste d'hier », relève le Québécois Mathieu Bock-Côté dans *La Révolution racialiste et autres virus idéologiques* (Les Presses de la Cité, 2021, p. 51).

des places de bus étaient « réservées aux Noirs » ; où les écoles étaient ségréguées. Elle a grandi « dans une famille aux valeurs de classe moyenne, où l'éthique du travail était extrêmement forte et où la volonté d'excellence était le mot d'ordre ». Et elle avoue avoir « flirté avec le radicalisme noir » durant ses études.

Mais, selon cette juriste conservatrice, le mouvement des droits civiques des années 1960 est resté constamment fidèle à la ligne fixée par Martin Luther King. Elle consistait à rappeler sans cesse l'Amérique à ses valeurs fondatrices pour faire avancer la cause des Noirs : l'égalité civique, l'égalité devant la loi, la poursuite de la prospérité et du bonheur à égalité avec les Blancs… « Je suis en colère contre une partie de mon pays, parce que l'accusation de racisme systémique, l'idée que l'esclavage est dans l'ADN de ce pays, et que celui-ci serait toujours en train de faire souffrir les Noirs, m'est apparue très dérangeante. Ce n'est pas seulement une distorsion de la réalité, c'est un immense mensonge formulé par des gens qui, je le soupçonne, ne comprennent pas ce qu'est le projet fondateur de l'Amérique. S'ils essayaient de comprendre ce que les Pères fondateurs avaient en tête, ils ne pourraient pas dire ce qu'ils affirment. Mais je ne suis pas sûre qu'ils soient très intéressés par la réalité. »

Comme beaucoup de personnalités de sa génération, quelle que soit leur couleur, Janice Rogers Brown est indignée par les destructions commises au nom de la « *cancel culture* ». « Ce qui m'a le plus mise en colère a été que des gens illettrés et ignorants considèrent qu'ils ont le droit de détruire notre histoire, parce qu'ils se considèrent comme autorisés à juger la vie de telle ou telle personne selon les critères d'aujourd'hui, au lieu de la considérer dans son contexte. Le plus grave est qu'ils se concentrent sur l'esclavage et le racisme pour tirer profit de l'autorité morale du combat noir et de la blessure du peuple noir. Oui, la souffrance a été terrible. Mais ces gens-là n'ont pas enduré cette période. Ils l'exploitent. Ils se drapent dans le manteau des droits civiques. Si vous suivez la logique de ce qu'ils proposent, c'est même une perversion de ce pour quoi nous nous sommes battus dans les années 1950 et 1960[1]. »

En réalité, les Afro-Américains, de même que les Hispaniques et les Amérindiens, bénéficient aux États-Unis d'un système préférentiel qui les avantage dans de très nombreux domaines, l'*affirmative action*, ou « discrimination positive ». Et celui-ci commence à poser de sérieux problèmes dans la mesure où il constitue une profonde rupture avec le principe d'égalité de droits entre tous les citoyens. Certes, l'origine de l'expression *affirmative action* remonte à un décret présidentiel de John F. Kennedy (n° 10-925 de 1961). Il visait à instaurer une égalité devant la loi et les opportunités d'emplois qui était loin d'être une réalité au début des années 1960. Il stipule que « des mesures positives doivent être prises pour que les différentes branches du gouvernement traitent leurs employés sans considération de race, de croyance, de couleur, ou d'origine nationale ». Il n'instaure donc pas de préférence, ou de traitement spécial envers un groupe ethnique particulier, mais exige au contraire l'application du même traitement à tous les citoyens américains.

1. Laure Mandeville, « Janice Rogers Brown : "Enseigner que l'Amérique est systémiquement raciste est un énorme mensonge" », *Le Figaro*, 1 juillet 2021 ; https://www.lefigaro.fr/vox/monde/janice-rogers-brown-enseigner-que-l-amerique-est-systemiquement-raciste-est-un-enorme-mensonge-20210701

Mais la logique de l'*affirmative action* a changé sous Lyndon Johnson, à la suite des émeutes raciales de Watts, en Californie. Le décret présidentiel n° 11-246 de 1965 stipule, en effet, la nécessité « d'augmenter la participation des minorités », sans fixer cependant de règles suffisamment claires pour y parvenir. Il s'accompagnait néanmoins de la création d'une administration fédérale chargée de mettre en œuvre cette politique, l'Equal Employment Opportunity Commission. Elle allait progressivement accroître ses responsabilités, recruter une importante bureaucratie, fixer des normes, acquérir un poids politique en utilisant les tribunaux.

Paradoxalement, c'est le républicain Richard Nixon qui, en 1969, a instauré des règles contraignantes réservant un certain pourcentage des marchés publics à des entreprises dirigées par des membres des minorités (le plan de Philadelphie). Ainsi était mis en place un système explicite de préférence raciale, destiné à compenser provisoirement les décennies de discrimination ayant visé en particulier les Noirs aux États-Unis. Un traitement préférentiel leur a été accordé depuis cette date dans la répartition d'un certain nombre de ressources : emplois, marchés publics, accès à l'enseignement supérieur. L'objectif était de refléter la diversité ethnique de la population américaine. Mais l'arbitrage entre ce principe – dit dorénavant d'équité – et la reconnaissance de la compétence personnelle que sous-tend le principe d'égalité d'accès s'avère concrètement problématique.

« Sous cette appellation de discrimination positive s'est en fait mis en place un système de préférence raciale assez pervers », souligne aujourd'hui Wenyuan Wu, directrice de California for Equal Rights[1]. Cette association a remporté une victoire politique très remarquée, en novembre 2020, lors du référendum sur la « proposition 16 » : 57 % des électeurs californiens (contre 42 %) l'ont suivie, en repoussant la réintroduction officielle de la discrimination positive dans leur État, comme ils l'avaient déjà fait lors du référendum de 1996 sur la « proposition 209 ». Cette victoire a surpris les observateurs, dans la mesure où la discrimination positive est un des marqueurs cruciaux du partage entre la droite (républicains), qui y est hostile, et la gauche (démocrates) qui y est plutôt favorable. Or, la Californie est un État très majoritairement acquis aux démocrates. En outre, l'association dirigée par Wenyuan Wu n'avait levé que cent cinquante mille dollars pour faire campagne, quand ses adversaires, la coalition Opportunities, en avait obtenu exactement cent fois plus, bénéficiant notamment du soutien de Steve Ballmer, l'ex-PDG de Microsoft, et de Patricia Ann Quillin, l'épouse du PDG de Netflix (un million de dollars chacun).

Wenyuan Wu estime que « la discrimination positive est un concept fondamentalement biaisé, qui prétend corriger les discriminations raciales en introduisant plus de discriminations. D'un point de vue de pure efficacité, c'est un échec. Le système ne fonctionne pas. Les résultats de cette politique dans les universités et l'enseignement supérieur ont été une faillite complète. Même le *New York Times*, qui défend pourtant systématiquement cette politique, a reconnu dans un article

1. Adrien Jaulmes, « Wenyuan Wu : "La France ne doit pas répéter nos erreurs sur la discrimination positive" », *Le Figaro*, 15 mars 2021 ; https://www.lefigaro.fr/vox/monde/wenyuan-wu-la-france-ne-doit-pas-repeter-nos-erreurs-sur-la-discrimination-positive-20210415

paru en 2017, qu'après trente-cinq ans de mise en œuvre de ce type de politiques, les minorités noires et hispaniques sont encore moins bien représentées dans les grandes universités qu'elles ne l'étaient auparavant. « Les étudiants admis dans des universités au titre de la discrimination positive ont de plus mauvais résultats et font face à plus de problèmes que ceux entrés normalement. Non seulement cela ne fonctionne pas, mais cela nuit à ceux qui sont censés en bénéficier. »

Et Wenyuan Wu met en accusation ce qu'elle appelle l'« industrie de la diversité », cet « ensemble d'intellectuels, de journalistes, d'avocats, de groupes de pression et de consultants qui répandent leur nouvelle obsession de la race ». « Tout débat sur le sujet est devenu quasiment impossible. Les défenseurs de cette politique de discrimination pratiquent une intimidation systématique et accusent de racisme quiconque ose la remettre en question. [...] C'est devenu une idéologie et dès que l'on cherche à la remettre en cause, on se heurte à tout un écosystème de consultants et de chercheurs qui s'est développé autour de ce thème. Ce sont des acteurs très puissants, prêts à tout pour défendre toute remise en cause de cette idéologie, qui heurterait aussi leurs intérêts, y compris financiers. Robin DiAngelo, la grande figure de ce mouvement, et auteur du livre *Fragilité blanche*, facture vingt mille dollars chacune de ses interventions contre le racisme... »

Wenyuan Wu a fait partie du groupe Students for Fair Admissions qui, en 2014, a attaqué l'université Harvard, l'accusant de discriminer les étudiants d'origine asiatique. Comme dans de nombreuses universités d'élite, Harvard utilise, en effet, un double critère pour sélectionner les étudiants admis à y étudier : les résultats obtenus au SAT (*Scholastic Assessment Test*), qui mesure les compétences générales ainsi que le niveau de mathématiques, et un dossier censé évaluer la personnalité des candidats.

« J'ai eu l'occasion de suivre ce procès de près, témoigne Paul May, professeur à l'université de Québec à Montréal, qui a également enseigné à Harvard de 2016 à 2019. Les plaignants ont mis en avant des données que personne ne conteste, pas même les partisans de la discrimination positive : les Afro-Américains, les Hispaniques et les Amérindiens admis dans cette université obtiennent des scores moyens au SAT nettement inférieurs à celui des Asiatiques américains. À la lumière de ces éléments, les plaignants ont soupçonné l'université de surnoter les étudiants afro-américains, hispaniques et amérindiens dans la partie “dossier” de l'évaluation, qui est forcément beaucoup plus subjective que le SAT[1]. »

La discrimination positive est, en effet, un jeu à somme nulle. La préférence dont bénéficient les postulants appartenant à certaines minorités leur est nécessairement accordée au détriment d'autres étudiants. Une analyse réalisée par l'université Harvard et qu'elle a été contrainte de communiquer aux juges chargés d'instruire ce dossier a révélé que si Harvard s'était limitée aux épreuves du SAT, les étudiants d'origine asiatique représenteraient 43 % des admis, alors qu'ils ne sont que 18 %. Le pourcentage des Blancs tomberait de 43 à 38 %. À Yale, selon le ministère de la Justice, les

1. Marine Carballet et Guillaume Perrault, « Paul May : “La discrimination positive, sujet majeur de conflit idéologique aux États-Unis” », *Le Figaro*, 23 août 2020 ; https://www.lefigaro.fr/vox/societe/paul-may-la-discrimination-positive-sujet-majeur-de-conflit-ideologique-aux-etats-unis-20200823

candidats blancs avaient quatre fois moins de chances d'être admis que les candidats afro-américains, et les candidats d'origine asiatique dix fois moins... Il est vrai qu'on était en 2020, et que le ministère était alors dirigé par le procureur général William P. Barr, nommé par Trump. Mais on ne peut contester la déclaration de son ministère selon laquelle « l'origine ethnique est le facteur déterminant de certaines admissions, chaque année ».

En réalité, les universités américaines utilisent les ambiguïtés du droit pour pratiquer une sélection basée sur un double critère : le niveau atteint à l'issue des études secondaires et l'origine ethnique des postulants.

Le fondement juridique de cette pratique est le fameux arrêt de la Cour suprême *Regents of the University of California v. Bakke* de 1978[1]. La Cour devait statuer sur le cas d'un ancien capitaine de marines, Allan Bakke, un Blanc de 35 ans qui avait posé sa candidature à l'école de médecine de l'université de Californie. Aux tests d'admission, le MCAT, il avait obtenu des notes nettement supérieures à la moyenne de celles des étudiants issus des minorités admis. Ceux-ci avaient donc manifestement bénéficié d'une préférence. Et pourtant sa candidature avait été rejetée à deux reprises. Il avait constaté que, d'une année sur l'autre, un contingent de 16 % des places de cette formation était réservé aux étudiants issus des minorités. Il attaqua cette décision devant plusieurs juridictions compétentes et l'affaire finit par remonter jusqu'à la plus haute instance du pays.

---

1. Adam Harris, « The Supreme Court justice Who Forever Changed Affirmative Action », *The Atlantic*, s.d. ; https://www.theatlantic.com/education/archive/2018/10/how-lewis-powell-changed-affirmative-action/572938/

Or, la Cour suprême se divisa : quatre juges contre quatre. Selon les uns, le quatorzième amendement, qui garantit l'« égale protection des lois » à tous les citoyens, était manifestement violé. C'était remettre en cause le fondement de l'*affirmative action.* Selon les autres, la logique même de l'*affirmative action*, qui fait partie du droit américain, exigeait la nécessité de tenir compte de l'origine ethnique des candidats, en rupture avec le principe d'égalité. Comme l'a déclaré l'un d'entre eux, Harry Blackmun : « Je soupçonne qu'il serait impossible d'arranger le programme d'*affirmative action* d'une manière neutre sur le plan racial. De manière à dépasser le racisme, il faut commencer par tenir compte de la race. Et de manière à traiter certaines personnes de manière égale, il faut les traiter de manière différente. » C'était une façon de justifier la politique de quotas raciaux, mise en œuvre officiellement, à cette époque, par de nombreuses universités.

La décision appartient, en pareil cas, au neuvième juge composant la Cour. En l'occurrence, le juge Lewis Powell. « Il existe une certaine dose d'injustice, admit-il alors, dans le fait de forcer une personne innocente (Bakke) à porter le fardeau de la réparation de torts dont elle n'est pas responsable. » Et il crut parvenir à une formule de compromis dans un texte qui ménageait à la fois l'idéal méritocratique (très largement majoritaire, à l'époque, dans le public) et la nécessité, invoquée non sans fondement par les universités, d'augmenter le contingent de leurs étudiants issus de minorités défavorisées. Tout en condamnant la fixation explicite de quotas par races, il reconnut en même temps aux jurys d'admission le droit de prendre en considération « de manière ponctuelle et individualisée, les caractéristiques raciales des candidats en tant qu'éléments susceptibles de contribuer à la diversité de la population étudiante ».

Et faisant preuve d'une certaine hypocrisie, le juge Powell invoquait la nécessité d'élargir cette diversité, en accueillant des étudiants dotés « d'expériences, de perspectives et d'idées différentes », en favorisant également les candidats issus du monde rural, comme « des fils de fermiers de l'Ohio ». C'était une diversion. Aucune université américaine n'a pris la peine de prendre en considération cette diversité géographique et les enfants de fermiers n'ont bénéficié dans aucune université d'un coup de pouce particulier. « On peut difficilement être plus clair : l'université qui prendra la précaution de dissimuler la rigidité de son programme d'*affirmative action* de manière suffisamment résolue se voit ainsi assurée par avance de la bienveillante passivité des organes judiciaires, écrit Daniel Sabbagh. La constitutionnalité des politiques de discrimination positive mises en œuvre dans le contexte universitaire est ainsi appelée à dépendre du caractère plus ou moins implicite de leurs modalités[1]. »

Les juges se sont prononcés non pas sur le principe d'une discrimination compensatoire basée sur la « race », mais sur la manière dont elle est appliquée. Ils ont écarté en théorie les politiques de recrutement s'appuyant sur des quotas explicites, mais en ont autorisé l'usage, au nom de la diversité, pour peu que celui-ci reste discret. Comme le dit Paul May, « pourtant, [à Harvard,] c'est bien le profil ethnique des candidats qui fait l'objet d'une attention particulière dans le processus de recrutement. La preuve en est qu'année après

1. Daniel Sabbagh, « La tentative de l'opacité : le juge américain et l'*affirmative action* dans l'enseignement supérieur », *Pouvoirs*, n° 11, 2004.

année, la proportion d'étudiants admis appartenant aux différents groupes ethniques reste sensiblement la même. Cette stabilité de la composition ethnique laisse imaginer l'existence de directives promulguées au niveau de la direction. [...] Cette affaire met donc en lumière l'ambiguïté de la législation sur cette question : des quotas sont prohibés, mais on devine néanmoins une politique interne fixant des objectifs à atteindre en matière de représentativité des différents groupes[1] ». En clair, les quotas raciaux d'étudiants admis sont interdits à Harvard, et pourtant ils constituent l'un des critères d'admission à l'entrée dans l'une des plus prestigieuses universités du pays.

Comme le souligne Christopher Caldwell, non seulement cette politique a été constamment impopulaire auprès d'une majorité d'électeurs (comme on l'a encore récemment constaté en Californie), mais elle a changé de sens. Destinée, il y a plus d'un demi-siècle, à réparer les injustices du passé raciste de l'Amérique, elle entend désormais « remédier à la discrimination présente ». Mais « la gamme des objections que soulève cette politique s'est élargie considérablement... Était-on libre, par exemple, de demander pourquoi des immigrés qui avaient passé leur prime enfance à tenter d'échapper aux Khmers rouges obtenaient de meilleurs résultats scolaires que des Noirs américains[2] ? »

Thomas Sowell, le plus célèbre économiste noir de son temps, avait expliqué, dans les années 1980,

---

1. Marine Carballet et Guillaume Perrault, « Paul May : “La discrimination positive...”, art. cit.

2. « Ben Shapiro at Yale University – Part of the Irving Brown Lecture », Series ; https://www.yaf.org/events/ben-shapiro-at-yale-university/ ; Christopher Caldwell, *op. cit.*, p. 147.

pourquoi il était opposé à ces politiques d'*affirmative action*. De tels programmes sont censés se donner des objectifs limités à atteindre au cours d'une période précise, relevait-il ; mais dans les faits, ils ne cessent de s'étendre à de nouvelles catégories de personnes et il devient très difficile d'y mettre un terme. En outre, ces programmes manquent leurs cibles : ils bénéficient essentiellement aux personnes situées vers le haut de l'échelle sociale en matière de revenus et de capital culturel, alors qu'ils devraient, au contraire, prendre en charge les plus démunis. Ils s'entourent de mystère parce que les bureaucraties qui en ont la charge les savent impopulaires ; ce qui tend à aggraver les soupçons qu'ils inspirent. Ils durcissent des catégories « raciales » largement artificielles dans un pays qui évolue vers le métissage. Enfin, en institutionnalisant « l'appartenance raciale », ils polarisent la société selon des lignes de clivage ethniques[1].

Aucune personne honnête ne saurait contester que les Noirs ont subi, durant plusieurs siècles, sur le sol des États-Unis, la violence et la discrimination. Leur marginalisation sociale a longtemps contraint ceux d'entre eux qui partageaient la passion de leurs compatriotes pour la réussite individuelle à mettre les bouchées doubles. Le témoignage de Janice Rogers Brown (née en 1949) est éloquent : « J'ai compris que j'aurai à travailler peut-être deux fois plus que les autres, mais que je pourrai exceller en m'appliquant de toutes mes forces. Plus tard, j'ai lu l'auteur de science-fiction Robert A. Heinlein et j'en ai retenu cette citation, longtemps accrochée au dessus de mon

1. Thomas Sowell, *The Economics and Politics of Race. An International Perspective*, William Morrow, 1983.

bureau : “Bien sûr que le jeu est truqué, mais que cela ne vous arrête pas ! Vous ne pourrez pas gagner si vous ne jouez pas !” » Mais la situation actuelle de cette minorité n’a rien à voir avec ce qu’elle endurait à l’époque des « lois Jim Crow », qui légalisèrent la ségrégation raciale dans le sud des États-Unis. Certains essayistes conservateurs accusent l’État fédéral de chercher à « remonter le temps » en s’imaginant corriger aujourd’hui les préjudices subis dans les années 1950 et 1960. Ils devraient méditer cette forte pensée de Raymond Aron : « Ce n’est pas réparer une faute que d’en commettre une autre en sens contraire[1]. »

Quant au « privilège blanc », il peut servir de prétexte commode pour justifier ses propres échecs. « Les Blancs ne naissent pas avec une prédisposition à faire ce qui est nécessaire, déclarait ainsi récemment le sulfureux animateur de radio Ben Shapiro à Yale. Le think-tank Brookings Institution, ajoutait-il, a identifié les trois facteurs qui garantissent tout citoyen américain contre le risque de la pauvreté : obtenir un diplôme de l’enseignement supérieur, prendre un job, ne pas faire d’enfant avant le mariage. [...] Le seul vrai privilège, en Amérique, c’est d’être né dans une famille comportant deux parents. Et cela n’a rien à voir avec la race[2]. »

Répéter aux jeunes Noirs que le système est vicié en leur défaveur et que les États-Unis demeurent régis par la « suprématie blanche » est un mensonge, écrit David Bernstein, fondateur du Jewish Institute for

1. Raymond Aron, « Lettre ouverte d’un jeune Français à l’Allemagne », *Esprit*, février 1933.
2. « Ben Shapiro at Yale University – Part of the Irving Brown Lecture » ; https://www.yaf.org/events/ben-shapiro-at-yale-university/

Liberal Values. Et cela risque, en outre, de pousser de nombreux jeunes à ne rien tenter pour améliorer la situation d'ensemble, et la leur en particulier. « Beaucoup disent simplement : le système m'enfonce, à quoi bon essayer de réussir[1]. » Ils feraient mieux de se souvenir du discours prononcé par l'ancien président Obama devant la promotion de diplômés de l'université Howard (« la Harvard noire ») en 2016 : « Si vous aviez à choisir le moment de l'histoire où vous seriez né, vous ne choisiriez certainement pas de vous retrouver il y a cent ans, non, vous choisiriez maintenant. » Mais les activistes de campus ont intérêt à faire croire que rien n'a vraiment changé depuis les lois Jim Crow et que les États-Unis sont demeurés, en réalité, un pays profondément raciste.

Mark Lilla a raison : « Il serait avisé pour nous d'admettre – et même de célébrer – le fait que sur certaines questions qui nous tiennent à cœur, les choses se sont améliorées grâce à nos efforts : l'émergence d'une classe moyenne noire instruite, de meilleurs débouchés professionnels pour les femmes, l'acceptation de l'homosexualité dans la société et ainsi de suite. Nous devrions nous servir des progrès déjà accomplis pour nous motiver à poursuivre le travail plutôt que de prétendre que les choses n'ont jamais été aussi mauvaises et les Américains aussi moralement corrompus[2]. »

1. David Bernstein, « America Is Not a White Supremacist Nation », *Areo*, 9 août 2021 ; https://areomagazine.com/2021/06/09/america-is-not-a-white-supremacist-nation/
2. Mark Lilla, *La Gauche identitaire. L'Amérique en miettes*, Stock, 2018, p. 128, note 1.

Quand la paranoïa s'empare des campus américains

La nouvelle gauche radicale prétend que les campus universitaires, en particulier, constituent des lieux « dangereux » (*unsafe*) pour les étudiantes et les étudiants appartenant aux minorités ethniques et sexuelles. C'est une extraordinaire fumisterie. Non seulement les *colleges* et les universités nord-américains sont probablement aujourd'hui les endroits de la terre où le racisme et le sexisme sont le plus introuvables, mais l'appartenance à ces minorités y ouvre, au contraire, comme on l'a vu, l'accès à de très authentiques privilèges au titre de l'*affirmative action*. Toutefois, l'idéologie régnante feint de croire que les choses s'aggravent d'une manière épouvantable.

C'est ce que Lukianoff et Haidt ont nommé la « catastrophisation » (*catrastrophization*). En réalité, comme l'écrit Robby Soave sur le site Reason, ces derniers temps, se sont multipliées les fausses alertes. Elles provenaient « d'étudiants faisant démonstration de progressisme (alors qu'ils jouissent de privilèges considérables), et portant de fausses accusations de sexisme et de racisme, afin de punir des personnes ordinaires et innocentes qui les ont irrités. » C'est une tactique qui est passée des *colleges* d'élite aux institutions médiatiques.

Il commentait ainsi une affaire qui a défrayé la chronique, lorsqu'elle a été éclaircie, au début de l'année 2021. Fin juillet 2018, Oumou Kanoute, une étudiante noire du Smith College (établissement d'enseignement supérieur d'élite réservé aux femmes et installé dans le Massachusetts), poste sur Facebook la photo d'un concierge et d'une employée de la cafétéria du *college* qu'elle accuse de racisme. L'employée, qui lui a donné son plateau-repas, lui aurait refusé l'usage de la cafétéria. Et le concierge qui l'a aperçue mangeant son déjeuner dans l'entrée d'un dortoir, où elle avait dû se réfugier, l'aurait « prise pour un homme » (« *misgendered her* »), lui demandant ce qu'elle faisait là avant d'appeler un garde pour vérifier son identité. Elle s'est sentie, écrit-elle, « menacée dans son existence par un homme probablement armé ». Le post devient viral. La puissante association de défense des libertés civiles American Civil Liberties Union prend en charge sa cause et la popularise sous le slogan, terriblement efficace « *eating lunch while being black* » : impossible de déjeuner tranquille pour le simple fait d'être noire…

Le *New York Times* et le *Washington Post* (de gauche) couvrent l'événement. À leurs yeux, il témoigne du racisme qui perdure parmi le personnel des universités du pays. La présidente du *college*, Kathleen McCartney, présente ses excuses : « Cet incident pénible nous rappelle la persistance du legs du racisme, par lequel des personnes de couleur sont visées dans les circonstances les plus ordinaires de leur vie. » Elle rend obligatoire, dès la rentrée, des stages de sensibilisation à la diversité pour tous le personnel administratif du *college*.

La vérité sur l'incident a mis plus de deux ans à émerger dans la presse, alors même qu'elle était connue trois mois plus tard par la présidente McCartney. Celle-ci avait en effet chargé une firme d'avocats spécialisée d'enquêter sur l'incident, comme il est dorénavant d'usage en pareil cas. De son rapport, il ressort que l'employée de la cafétéria n'avait fait que respecter la consigne qui lui avait été donnée : le restaurant était exclusivement destiné aux enfants d'une colonie de vacances, occupant les lieux durant les vacances d'été. Elle a cependant accepté de donner son plateau-repas à l'étudiante en lui demandant gentiment d'aller le consommer ailleurs. Le dortoir où elle s'est rendue ensuite était officiellement fermé pour la durée des vacances. Le concierge qui l'y a aperçue, un homme âgé qui ne pouvait la reconnaître dans la pénombre où elle se trouvait, n'a fait qu'appliquer le règlement en appelant un agent de sécurité : le dortoir était officiellement fermé. Et ce concierge n'était pas celui qu'Oumou Kanoute a mis nommément en accusation sur Facebook ; ce dernier n'était pas présent sur le campus à ce moment-là. Elle s'est trompée de personne. Mais le vieil employé a cependant dû démissionner. Il a subi depuis de nombreuses menaces, trouvant notamment sur le pare-brise de sa voiture cet avertissement : « Sale raciste, tu mérites de mourir. » L'agent de sécurité a reconnu l'étudiante et il a fait preuve envers elle de politesse, s'excusant de l'avoir dérangée – comme le montre la vidéo qu'elle a enregistrée elle-même lors de l'incident.

« En clair, il semble que Kanoute était déterminée à trouver des affronts là où il n'y en avait pas, et à y répondre non seulement avec exagération, mais aussi sans scrupules », écrit Matthew Stewart, professeur à la Boston University[1].

Comme l'écrit Randall Kennedy, un fameux professeur de droit noir, enseignant à Harvard et spécialiste des questions raciales : « Être du côté de l'antiracisme

1. Matthew Stewart, « Smith College and the Racist Incident That Wasn't », *Spiked*, 4 mars 2021 ; https://www.spiked-online.com/2021/03/04/smith-college-and-the-racist-incident-that-wasnt/

ne vaccine pas contre les erreurs. Une accusation de racisme systémique lancée contre une université est une charge sérieuse. Si l'allégation est fondée, elle doit être l'occasion d'une rectification de ce qui y dysfonctionne. Si l'allégation est fragile ou dépourvue de fondement, cependant, il faut le reconnaître. Participer au militantisme antiraciste, tâche urgente, devrait entraîner qu'on s'abstienne de porter de fausses accusations. Elles provoquent des préjudices injustifiés, elles exacerbent la confusion, elles sèment la méfiance qui affaiblit la lutte. On pourrait se demander pourquoi il est nécessaire de faire des observations aussi évidentes. Le fait est que ce moment de protestations dignes de louanges a été obscurci par la complaisance et l'opportunisme. [...] Certains plaignants ne se préoccupent ni de recherche des faits ni d'analyse. Et certains proposent des politiques coercitives qui restreindraient de manière désastreuse les libertés académiques[1]. »

Parallèlement à la rumeur d'une « montée du racisme » sur les campus que rien ne permet de corroborer, celle d'une extraordinaire dangerosité pour les étudiantes mérite, elle aussi, qu'on s'y attarde. En 1972, le Congrès avait voté une loi, dont l'article IX interdisait au gouvernement des États-Unis de subventionner les établissements d'enseignement supérieur pratiquant une discrimination entre filles et garçons[2]. Elle était

---

1. Randall Kennedy, « How Racist Are Universities, Really? », *The Chronicle of Higher Education*, 12 août 2020 ; https://www.chronicle.com/article/how-racist-are-universities-really
2. « Titre IX » est le nom usuel de l'amendement Title IX of the Education Amendments of 1972 voté en 1972 aux États-Unis qui interdit toute discrimination sur la base du sexe dans les programmes d'éducation soutenus par l'État.

destinée, en particulier, à favoriser les athlètes féminines, jusqu'alors souvent négligées par les *colleges* et les universités. Cette loi est à l'origine de l'excellence ultérieure constatée des athlètes américaines.

Mais en 2011, par un de ces coups de force juridiques dont les institutions américaines sont coutumières, le ministère de l'Éducation des États-Unis s'est servi de ce que l'on appelle dorénavant couramment le « titre IX » pour lancer une campagne contre les « atteintes sexuelles » en en donnant une définition si vague qu'elle peut être interprétée de manière tout à fait discrétionnaire. Elle a créé un tel climat de méfiance que nombre d'enseignants mâles refusent désormais de servir de tuteurs à leurs étudiantes, de peur de voir engager contre eux des procédures pour harcèlement sexuel. Toute une bureaucratie a alors été recrutée par les *colleges* et les universités pour enquêter sur les éventuelles « infractions au titre IX ». Cet appareil, recruté sur des bases plus que contestables et qui ne cesse de proliférer, a besoin de démontrer son utilité. En situation de rivalité avec un corps enseignant qu'il intimide au besoin, il tente de justifier son existence en multipliant les incriminations. Des simulacres de procès sont alors ouverts, souvent interminables et kafkaïens, pour des délits parfois aussi bénins que la lecture en classe d'anglais d'un poème érotique.

Dans le roman qu'il a consacré à ce sujet, *La Tache*, Philip Roth démonte un cas de ce genre. Coleman Silk, professeur de littérature anglaise, ancienne gloire de son université, tombe de son piédestal, mis en accusation puis envoyé à la retraite pour avoir dit à propos de deux étudiants, une jeune femme et un jeune homme, qui séchaient régulièrement son séminaire : « Est-ce qu'ils existent ou est-ce que ce sont des zombies[1] ? » Or, le mot qu'a employé le professeur, *spook*, « spectre », a été un temps utilisé en argot pour dénigrer les Noirs ; c'est l'équivalent de « bamboula ». Et les deux étudiants en question se révèlent être noirs... Et « les connotations injurieuses et racistes » leur permettent de l'attaquer. L'étudiante noire prétend « qu'elle avait échoué parce qu'elle était trop intimidée par le racisme émanant de ses professeurs blancs pour assister au cours. Ce racisme même que [le professeur] aurai[t] exprimé dans [son] choix de terme[2]... »

Dans la suite du roman, Coleman Silk, déchu de toute sa gloire universitaire, veuf de son épouse qui n'a pas supporté cette situation, devient l'amant d'une employée de son ancienne université, Faunia Farley, agent d'entretien, illettrée, séparée de son mari violent. Aux yeux de sa persécutrice, Delphine Roux, Silk cumule ainsi les deux « péchés américains » les plus répugnants. Il ajoute au racisme le sexisme. Et par une lettre anonyme, elle menace de le dénoncer de nouveau. « Puisqu'il n'avait plus de petites étudiantes, remettant en question ses préjugés, à intimider, plus de jeunes Noires en mal de nourritures spirituelles à ridiculiser, plus de jeunes collègues femmes menaçant son hégémonie à snober et à insulter, il avait réussi à exhumer des bas-fonds de la fac une candidate à l'asservissement qui était le type même de la vulnérabilité féminine : une femme battue dans toute sa splendeur[3]. »

Mais le pire, c'est que comme d'autres systèmes mis en place sous prétexte de punir les comportements

---

1. Philip Roth, *La Tache* (Gallimard, 2002) dans *L'Amérique de Philip Roth*, Gallimard, 2013, p. 585.
2. *Ibid.*, p. 593.
3. *Ibid.*, p. 724.

« inappropriés », de manière à dissuader le racisme et le harcèlement sexuel – ce qui est parfaitement légitime –, celui-ci est de plus en utilisé pour dissuader les dissidents de mettre en cause ce système inquisitorial lui-même. Sous prétexte de lutter contre le harcèlement, on parvient à mettre au pas enseignants ou étudiants qui laissent percevoir les doutes que leur inspire le catéchisme de la *political correctness*. « Le titre IX a été changé en 2011, dans le but de traiter des affaires de conduite fautive à l'intérieur des universités, écrit Robert Frodeman, ancien responsable du département de philosophie et de religion à l'université du Nord-Texas. Mais en cherchant à corriger ces inconduites, le titre IX a ouvert la porte aux manipulations des fanatiques et il a été exploité par des opportunistes afin d'intimider les collègues[1]. »

L'un des grands paradoxes de notre époque, c'est que sous prétexte de protéger les plus vulnérables (femmes, minorités ethniques, homosexuels, handicapés, personnes souffrant de troubles psychiques, obèses, etc.), les divers pouvoirs que la génération du baby-boom était parvenue à écarter, afin de libérer de nouvelles capacités d'action individuelles (*agency*), ont non seulement reconquis tout le terrain perdu, mais en ont occupé beaucoup de nouveaux. Au nom d'une certaine conception du « bien commun », d'un finalisme social défini par elle et dont elles se prétendent les agents providentiels – l'antiracisme, la mémoire de l'esclavage, les droits des femmes, ceux des homosexuels, etc. –, toutes sortes d'institutions ouvertement répressives ont fait leur apparition. Et leur tendance naturelle est à l'extension constante de leurs domaines d'intervention.

1. Robert Frodeman, « Ordeal by Title IX », Quillette, 13 août 2020.

De nombreux universitaires ont vu ainsi leur carrière brisée par des bureaucraties s'autorisant des procédures qui ne seraient tolérées d'aucun tribunal dans un État démocratique. Les cas les plus connus parce qu'ils ont été rendus publics ont concerné Nick Wolfinger, Sarah Viren, Marta Tecedor et Peter Ludlow. C'est pour défendre ce dernier, qui était alors encore son collègue (professeur de philosophie, il a été accusé de harcèlement par deux de ses étudiantes) qu'a pris la plume une professeure d'études des médias à la prestigieuse université de Northwestern, proche de Chicago, Laura Kipnis.

L'article de fond qu'elle a publié dans *The Chronicle of Higher Education*[1], et le livre qui en a découlé, *Le Sexe polémique. Quand la paranoïa s'empare des campus américains*[2], ont fait l'effet d'une bombe dans le milieu universitaire. Et bien entendu, ils ont déclenché le lancement contre leur auteure d'une « procédure du titre IX », par une étudiante qui s'est dite « terrifiée » par la lecture du premier. « Ma génération [elle est née en 1956] fut assez heureuse, écrit Laura Kipnis, pour accéder à la maturité dans l'intervalle trop court séparant la révolution sexuelle et l'époque où le SIDA a transformé le sexe en scène de crime, remplie de malfaiteurs et de victimes – l'époque où le sexe, même quand cela n'était pas formidable et où l'on pouvait en souffrir sur le plan sentimental, faisait partie des expériences de la vie. Je ne veux pas dire que je n'ai pas eu mon lot d'erreurs, ni que j'ai toujours

1. Laura Kipnis, « Sexual Paranoia Strikes Academe », *The Chronicle of Higher Education*, 27 février 2015.
2. *Id.*, *Le Sexe polémique. Quand la paranoïa s'empare des campus américains*, Liber, 2019.

agi avec intelligence, mais c'était embarrassant et non pas traumatisant. »

Et Laura Kipnis pointe les causes d'une évolution qu'elle déplore, dans la mesure où elle a instauré « un abîme », « des douves pleines de requins », selon son expression, entre les professeurs et les étudiants.

D'abord le mythe du professeur tout-puissant. La nouvelle génération d'universitaires est tant obsédée par les rapports de pouvoir qu'elle ne connaît plus d'autre manière d'évaluer les dissymétries entre les acteurs sociaux, les rapports entre les sexes. « Peut-être que je vois les choses ainsi parce que je n'ai pas été éduquée dans l'idée que les détenteurs de pouvoir institutionnel étaient si redoutables, ni que les institutions elles-mêmes étaient si puissantes. » Mais c'est aussi, relève-t-elle, que ces institutions ne manifestaient pas, à l'époque de sa jeunesse, la même tendance à régenter la vie privée des usagers des campus.

Elle décrit l'une des séances de « sensibilisation aux comportements inappropriés » auxquelles elle a accepté de se joindre dans le cadre de son université (les subir fait désormais partie des obligations imposées aux enseignants). Ligne de conduite n° 1, indique-t-on aux participants : « ne faites pas d'avances sexuelles non désirées ». Ce qui lui a inspiré la question évidente : « mais comment savoir si elles ne sont pas désirées, avant d'avoir essayé ? » – à laquelle elle n'a pas obtenu de réponse, mais qui a provoqué un embarras manifeste chez l'animateur du stage. C'est pourtant la question la plus fondamentale et la plus sensée.

Qu'une étudiante ait eu une liaison avec le professeur Peter Ludlow ne peut signifier qu'une chose, aux yeux de la « commission du titre IX » de son université, écrit Laura Kipnis : elle ne peut être que « sous l'emprise » de cet enseignant, quand bien même les quelque deux mille mails échangés par les deux amants et qu'elle a consultés démontrent le contraire. Et Laura Kipnis, elle-même « féministe contrariante », comme elle se définit, pointe la responsabilité d'un néo-féminisme victimaire et paternaliste, « digne du XIXe siècle », qui enferme les femmes dans un rôle d'éternelles martyres incapables de se défendre et de remettre un homme à sa place, tandis que les mâles sont eux-mêmes réduits à un rôle de dangereux prédateurs sexuels. Ce qui ne correspond pas à sa propre expérience des rapports entre les sexes. Dans ce cadre, écrit-elle, les étudiants sont « encouragés à se considérer eux-mêmes comme des créatures si exquisément délicates, qu'une remarque incidente en cours pourrait perturber leur éducation, telles des fleurs de serre chaude chez qui une blague marrante pourrait créer un traumatisme persistant ».

Mais, poursuit-elle, « à quoi doit-on s'attendre d'étudiants, qu'on est bien parvenu à couver en les protégeant des sentiments déplaisants, une fois qu'ils auront quitté le sanctuaire de l'université et accosté les terres désolées et grossières de la vraie vie ? Que deviendront des étudiants tellement engagés dans leur propre vulnérabilité, conditionnés à imaginer qu'ils n'ont aucune capacité d'action propre et protégés contre les inégalités de pouvoir qui caractérisent la vie sentimentale ? »

Et elle illustre cette fragilité en citant le cas de deux étudiants, une fille et un garçon, précise-t-elle, qui sont venus la trouver séparément pour lui indiquer qu'ils ne pouvaient pas supporter la projection d'un film qu'elle avait mis au programme de son cours. La raison invoquée pour ce « *trigger* » ? Il y était question de fascisme et de racisme. Or, quoique n'appartenant pas à la minorité persécutée en question (on devine qu'il s'agissait de la Shoah), ces étudiants estimaient que ce film risquait de réveiller en eux des traumas, puisqu'ils avaient eux-mêmes souffert du racisme.

L'une de ces deux étudiants désirait faire carrière dans l'industrie du cinéma. « Je me la suis imaginée à une réunion avec un groupe de producteurs, leur expliquant qu'elle se considérait comme “trop fragile” pour assister à une préprojection », ajoute Kipnis.

Elle s'est aussi indignée du vocabulaire utilisé dans le cadre de ces campagnes anti-harcèlement : les femmes qui se plaignent de harcèlement sexuel sont dénommées « survivantes » : « Le terme approprié ne devrait-il pas être “accusatrices”, tant que des preuves et des témoignages probants ne sont pas venus corroborer leurs accusations ? [...] C'est une horrible perversion du langage par des gens qui devraient savoir le manier mieux », écrit-elle, par référence aux membres de sa propre famille qui ont survécu aux camps nazis.

Le mythe de la « culture du viol »

« Culture du viol » est un terme utilisé par les militants pour signifier que le viol, en particulier sur les campus universitaires, fait partie de la routine et qu'il serait tacitement accepté. Les féministes prétendent que le nombre d'agressions sexuelles s'y accroît sans cesse dans le cadre d'une « guerre lancée par les hommes contre les femmes[1] ». Or, c'est l'inverse. D'après les statistiques officielles, le nombre de viols déclaré pour cent mille habitants a culminé en 1992 à 42,8, a atteint

1. Marilyn French, *The War Against Women*, Hamilton, 1992.

son seuil le plus faible en 2013 avec 25,9, avant d'amorcer une remontée. Il était de 30,7 en 2017, derniers chiffres connus. On est loin de la condition effrayante qui est infligée aux femmes pakistanaises, sri-lankaises, ou afghanes, sur laquelle nos féministes occidentales font preuve d'une bien étrange discrétion. Quiconque a pu observer les incroyables précautions que se sentent obligés de prendre les hommes en Amérique du Nord, lorsqu'ils se retrouvent seuls en présence d'une femme, ne peut qu'être interloqué.

Pourtant, à la consultation du site du National Sexual Violence Resource Center, il y aurait de quoi être effaré. À la rubrique « Sexual Violence and College Campuses », on lit en effet « qu'une étudiante *undergraduate* (premier cycle universitaire) sur quatre est victime d'agression sexuelle aux États-Unis ». Ce chiffre a été allégué en 1985 par le magazine *Ms*. Et depuis, il n'a plus jamais été contesté, ni remis à jour. Pour faire face à cette épidémie a été mise en place, depuis le début des années 1990 et à coups de millions de dollars, une véritable « industrie du viol sur campus[1] » – selon l'essayiste conservatrice Heather Mac Donald. Rien qu'à Harvard, à côté de l'Office of Sexual Assault Prevention and Response et des « coordinateurs de l'article IX », a été récemment créé un Office for Sexual and Gender Based Dispute Resolution. Dans la plupart des *colleges* et des universités existent à présent des hot-lines, à l'écoute jour et nuit, afin de recueillir les plaintes des étudiantes victimes d'une éventuelle agression sexuelle. Mais pour

1. Heather Mac Donald, *The Diversity Delusion. How Race and Gender Pandering Corrupt the University and Undermine Our Culture*, St Martin's Press, 2018, p. 117.

un résultat si désespérément pitoyable que toute cette bureaucratie avoue manquer de travail…

Les cas de viols rapportés demeurent, en effet, si terriblement bas qu'en 2011, l'Office of Civil Rights du ministère de l'Éducation a envoyé à toutes les institutions d'enseignement supérieur une directive, désignée depuis comme la « Lettre au cher collègue » (*Dear Colleague Letter*), menaçant leurs dirigeants de leur couper certains financements s'ils ne se décidaient pas à signaler davantage de cas de viols. Comme l'écrit Heather Mac Donald, « le message était clair : révisez vos signalements de cas de viols, sinon vous vous exposez à une enquête fédérale[1] ». Multiplier artificiellement le nombre de délits et de crimes, afin de respecter des pourcentages fixés par des bureaucraties, est paradoxal. Toutes proportions gardées, cela rappelle les lettres envoyées par Staline aux responsables régionaux du parti bolchevique pour qu'ils atteignent leurs quotas « d'espions et de saboteurs » à arrêter.

Afin d'obtenir de « bons résultats », les bureaucraties dédiées au harcèlement sexuel ont été avisées de s'inspirer des « approches centrées sur la victime » (*victim-centered practices*), en vertu desquelles c'est à l'étudiant ou à l'enseignant accusé de viol qu'il convient de prouver son innocence et non à son accusatrice de démontrer sa culpabilité. Le principe récent, selon lequel il faut « tenir compte des traumatismes » (*trauma-informed*), enseigne, par ailleurs, que le caractère apparemment incohérent des termes dans lesquels une plainte est déposée témoigne en réalité de l'état de confusion où se trouve la victime. Les contradictions éventuelles contenues dans sa déposition jouent

---

1. *Ibid.*

ainsi en sa faveur. Du reste, les bureaux sont avisés de « croire de manière inconditionnelle » les accusatrices, en vertu d'une supposée « règle des 2 % », selon laquelle « seules 2 % des plaintes de viol déposées sont fausses ». Une règle posée par la féministe radicale Susan Brownmiller, dans sa brochure Against Our Will[1] de 1975, sans qu'aucune base scientifique soit jamais venue l'étayer.

Malgré toutes ces mesures, destinées à « améliorer » les statistiques, l'American Association of University Women se plaignait en 2017 que le nombre de cas de viols recensé demeurait encore beaucoup trop faible : 73 % des *colleges* et universités ne recensaient, en effet, « aucun cas de viol en 2015 ». Une catastrophe, apparemment... Rapportant cette donnée à l'absurde théorie des « 20 % d'étudiantes victimes d'agressions sexuelles », l'association en conclut que « les statistiques collectées par les *colleges* et universités ne disent pas toute la vérité[2] ». Ainsi lorsque les faits constatés contredisent les théories, on ne change pas de théorie, mais la pertinence de la mesure des faits. Les bureaucraties dédiées s'en désolent, parce qu'elles ont bien davantage intérêt à entretenir les problèmes qu'à les résoudre. Ne serait-ce que dans le but de prolonger leur existence et d'obtenir l'accroissement régulier de leurs effectifs et de leurs budgets.

---

1. Susan Brownmiller, *Against Our Will: Men, Women and Rape*. Elle y défend l'idée que « le viol est un processus d'intimidation conscient, par lequel *tous les hommes* tiennent *toutes les femmes* dans un état de peur ».
2. American Association of University Women, « 89 Percent of Colleges Reported Zero Incidents of Rape in 2015 », Save, 10 mai 2017 ; https://www.saveservices.org/2020/04/89-percent-of-colleges-reported-zero-incidents-of-rape-in-2015-2/

Mac Donald n'a pas de mal à expliquer le caractère manifestement aberrant des statistiques de viols sur les campus. Une étudiante sur quatre (ou sur cinq, selon les versions) violée ou victime de violences sexuelles ? La ville la plus violente des États-Unis est Detroit. En 2016, on y a enregistré deux mille cas de meurtres, de viols, de cambriolages et de violences physiques pour cent mille habitants, soit un taux de 2 %. Si un quart ou un cinquième des étudiantes américaines étaient victimes de violences sexuelles lors de leurs études, il faudrait, poursuit Mac Donald, « proclamer l'état d'urgence sur tout le territoire américain ». En réalité, les chiffres officiels sont gonflés de manière artificielle, affirme-t-elle. Une spécialiste de santé publique, Mary Koss, a été commissionnée par la revue *Ms.* afin d'enquêter sur les cas de viols rapportés par plusieurs universités. Au terme de son enquête, il apparaît que 73 % des femmes réputées « avoir subi des violences sexuelles » selon leur université estimaient que tel n'était pas le cas.

« Alors qu'y a-t-il en réalité derrière l'industrie du viol de campus ? Une culture du coup d'une nuit, ou parfois d'un bout de nuit, alimentée à la gnôle[1] », explique Heather Mac Donald. Dans les années 1960, les étudiants et étudiantes ont exigé le droit de se rendre librement dans les chambres des uns et des autres. « Nous sommes adultes, criaient-ils, si nous voulons avoir des membres du sexe opposé dans nos chambres à toute heure du jour ou de la nuit, c'est notre droit. » Mais « c'était ouvrir une boîte de Pandore à des comportements qui, en effet, se sont révélés de plus en plus bestiaux avec les années, poursuit-elle. Les étudiantes de *colleges* se saoulent jusqu'au stade de quasi-perte

1. Heather Mac Donald, *The Diversity Delusion*, *op. cit.*, p. 125.

de conscience avant et pendant les *parties*. » Un rituel connu sous le nom de *binge drinking*, ou « ivresse éclair ». « Cette prise de boisson a souvent un but précis, suggère Karin Agness, diplômée de l'université de Virginie, elle libère la buveuse de sa responsabilité et lui procure une excuse pour s'engager dans un comportement qui ne serait pas le sien de manière ordinaire[1]. »

Ce rite, sinistre et dangereux, aboutit, au réveil, à une réaction qui a trouvé son expression adéquate sur les campus : « *the roll and scream* », se retourner et hurler... en découvrant l'identité du garçon avec lequel on a passé la nuit. Et cela suffit à justifier le dépôt d'une plainte pour viol, reçue au bureau compétent. Le garçon est réputé avoir abusé de la situation de confusion mentale où était cette fille pour la traîner jusqu'à sa chambre. La règle est, en effet, dorénavant, « *regret equals rape* » : une fille qui regrette un rapport sexuel consenti peut dénoncer son partenaire comme « violeur ». *A fortiori* si elle peut démontrer qu'elle n'était pas dans son état normal.

Mais pourquoi, questionne Heather Mac Donald, les autorités universitaires absolvent-elles la plaignante de toute responsabilité dans l'état de passivité dans laquelle elle s'est mise elle-même ? « L'idéologie du viol, sur les campus, soutient que l'état d'ébriété dépouille les femmes de leur responsabilité, mais que ce n'est pas le cas des mâles, non seulement en ce qui concerne leurs propres actes, mais aussi ceux de leur partenaire. Ainsi fait-on des hommes, encore une fois, les gardiens du bien-être des femmes[2]. » Ce qui n'est guère féministe.

1. *Ibid.*, p. 125.
2. *Ibid.*, p. 127.

Comme l'a écrit la théoricienne féministe Camille Paglia, « malgré une propagande hystérique sur notre “culture du viol”, la majorité des incidents sur campus qui se voient négligemment décrits comme des agressions sexuelles [...] sont plutôt des mélodrames de baise imbéciles, naissant de signaux contradictoires et d'imprudence de part et d'autre[1] ». Les militantes féministes des années 1960 et 1970 se sont battues contre le stéréotype de la femme « faible et victime », objet manipulable du désir et du pouvoir masculins. Mais la nouvelle doxa féministe paraît avoir renoué avec ce mythe. D'après elle, les femmes seraient à peine capables d'exercer leur libre arbitre dans le choix de leurs partenaires sexuels.

Régulièrement, des accusations de viols sur les campus sont cependant signalées par les médias. Beaucoup d'écho leur est donné. Dans un certain nombre de cas, une enquête approfondie démontre que la plaignante avait fabulé. Mais ces démentis reçoivent une moindre publicité.

En novembre 2014, le magazine *Rolling Stone* a publié une longue enquête, fourmillant de détails, sur le viol collectif que se plaignait d'avoir subi, à l'université de Virginie, à Charlottesville, une étudiante identifiée par son seul prénom, Jackie. Elle racontait avoir été entraînée dans la chambre d'un étudiant appartenant à la fraternité « Phi Kappa Psi » et avoir été violée par plusieurs membres de la fraternité en question dans le cadre d'un bizutage odieux. La fraternité fut aussitôt suspendue.

Mais l'enquête policière menée sur place révéla que Jackie Coakley avait menti par dépit amoureux. Les

1. Camille Paglia, *Femmes libres, hommes libres. Sexe, genre, féminisme*, Presses de l'université Laval, 2019, p. 341.

nombreux détails donnés par la prétendue victime s'étaient tous révélés inventés et ne coïncidaient ni avec les lieux ni avec les personnes auxquelles elle avait fait référence dans ses dépositions. Des témoins affirmèrent l'avoir croisée cette nuit-là, à plusieurs reprises, et l'avoir trouvée dans son état normal. Il s'avéra que la journaliste auteure de l'article, Sabrina Erdely, n'avait même pas cherché à recueillir les témoignages des étudiants nommément mis en cause. *Believe the victim…*

Et le 5 avril 2015, *Rolling Stone* dut publier ses excuses, expliquant qu'il retirait l'article de son site – ce qui ne mit pas fin aux poursuites pour diffamation intentées contre le magazine par les étudiants accusés à tort.

Une trahison des idéaux des sixties

Si la génération du baby-boom a promu des idées quelque peu libertaires, c'est d'avoir dû affronter des interdits et des limites, incarnés, en sa jeunesse, par de robustes institutions. Dans bien des domaines, il existait, dans les années 1960, un ordre établi contre lequel se rebeller. À présent, les autorités s'empressent de mettre des moyens matériels à la disposition des rebelles proclamés. Mais, comme l'écrit le journaliste britannique Ed West, « ne vous racontez pas d'histoire, nous ne sommes pas en 1968[1] ». À présent, toutes les institutions d'élite soutiennent les activistes : les autorités universitaires les récompensent en leur distribuant des gratifications ; des médias complaisants se hâtent

1. Ed West, « Don't Kid Yourself – This Isn't 1968 », edwest.co.uk, 8 juin 2020 ; http://www.edwest.co.uk/uncategorized/dont-kid-yourself-this-isnt-1968/

de transformer la moindre sottise en une révélation, pourvu qu'elle émane d'un protestataire ; les responsables politiques, abusés par ces mêmes médias, se veulent à l'écoute des pseudo-rebelles et tentent de leur donner satisfaction sans jamais y parvenir ; les vedettes de la chanson et surtout du cinéma « s'engagent » bruyamment aux côtés des protestataires.

Aux États-Unis, lors du mandat de Donald Trump, chaque cérémonie organisée par les vedettes trop payées du show-business a donné lieu à une tapageuse dénonciation du président en exercice. Certains ultra-privilégiés se donnent ainsi bonne conscience en surjouant des rébellions d'opérette qui ne comportent aucun risque personnel. Mais le combat a changé de sens et s'est radicalisé. « Ce ne sont pas des jeunes gens qui protestent contre les normes et les valeurs de la société », conclut Ed West. « Ce qu'ils exigent, c'est que la société adopte davantage de leurs normes à eux, plus rigoureusement, et qu'elle punisse ceux qui leur désobéissent. » La preuve : « mettez en question la nouvelle orthodoxie, et vous perdez votre job »... La contestation s'est muée en doxa ; le vieux combat pour le pluralisme d'opinion et la liberté d'expression a été détourné en catéchisme ânonné et en slogans incantatoires.

Todd Gitlin, ancien président du SDS[1], est l'un des meilleurs témoins et l'un des plus fins analystes de

1. La Students for a Democratic Society, qu'on peut comparer à ce qu'a été l'Unef en France, a été, dans les années 1960, le grand mouvement unitaire des étudiants de la gauche radicale aux États-Unis. Avant d'être détournée – et achevée – par les extrémistes mabouls et terroristes « Weathermen », comme je l'ai raconté dans *1969. Année fatidique* (*op. cit.*).

cette sinistre dégénérescence. Il l'a prouvé dans son livre consacré aux années 1960, *The Sixties. Years of Hope, Days of Rage*, où il mêle souvenirs personnels, analyses politiques et critique culturelle. Devenu, comme bon nombre d'anciens responsables politiques du mouvement des sixties, professeur dans l'enseignement supérieur (à Berkeley, en sociologie, puis en journalisme), il a été l'un des premiers à exprimer, dans son livre de 1995, *The Twilight of Common Dreams*[1], le sentiment de désarroi et d'incompréhension ressenti par nombre de militants des sixties devant la tournure prise par les événements sur les campus américains. La vieille gauche universitaire, rationaliste et universaliste, dont il avait été l'une des figures les plus emblématiques, s'est, en effet, retrouvée mise elle-même en accusation par une nouvelle génération de militants estudiantins à laquelle elle avait eu l'illusion de transmettre un flambeau[2].

Des « exigences égalitaristes », qui avaient « été formulées dans le langage des Lumières, celui des "droits universels", changeaient soudain d'aspect »[3], observe Gitlin, alors même que ceux qui les avaient présentées avaient conquis des positions de pouvoir au sein du système éducatif. Assimilés à l'« eurocentrisme », et dénoncés en tant qu'« idéologie des Blancs », les idéaux émancipateurs de l'universalisme furent révoqués

1. Todd Gitlin, *The Twilight of Common Dreams. Why America is Wracked by Culture Wars*, Metropolitan Books, 1995.
2. « Imaginez la tristesse et la désorientation de découvrir qu'on a été mis au rencart, que l'attirail de la libération a été libéré par de jeunes arrivistes, révélant que les ci-devant radicaux ne sont rien que des *conservateurs* nostalgiques… » (*ibid.*, p. 203).
3. *Ibid.*, p. 211.

en bloc par les tenants d'un « *Afrocentric know-nothings*[1] ». Les juifs comme lui, jusqu'alors reconnus comme des alliés fidèles dans le combat antiraciste, se sont retrouvés assignés au camp des oppresseurs. Tandis que se forgeait le mythe des « juifs, trafiquants d'esclaves » – inspiré, en réalité, par les nécessités tactiques de la solidarité avec le combat palestinien –, ils devenaient des « super-Blancs » en raison de leur supposée réussite sociale[2].

C'est alors que prit son envol la désastreuse « politique des identités ». On assista au prévisible retour des « Américains à traits d'union » : Italo-Américains et juifs-Américains hier, Afro-Américains aujourd'hui... Une formule autrefois dénoncée par la gauche rooseveltienne, comme contraire au concept du « creuset » américain dans lequel les identités d'origine étaient, au contraire, appelées à se fondre[3].

Sur cette base, le contenu des manuels d'histoire fut soumis aux impératifs psychologiques de l'« estime de soi » des enfants des minorités ; un « *feel-good exercise* » destiné à « rendre chacun fier des hauts faits de son groupe d'appartenance ethnique, « comme si

1. *Ibid.*, p. 1.

2. « Quand les militants noirs, avec qui ils avaient œuvré pour les droits civiques, prirent parti pour les Palestiniens dans le prolongement de la guerre des Six Jours de 1967 et déclarèrent que le sionisme était un ennemi principal de la "troisième révolution mondiale", les juifs ressentirent le choc éprouvé par des amants repoussés, les juifs de New York, le groupe le plus important et le plus influent des juifs américains, furent alors traumatisés par l'antisémitisme noir, qui fit surface durant la longue grève des enseignants de 1968-1969, quand les professeurs juifs se retrouvèrent opposés aux parents noirs » (*ibid.*, p. 137).

3. *Ibid.*, p. 54.

les historiens avaient pour mission de distribuer des cotillons »[1]. Il devint interdit de décrire les États-Unis comme une « nation d'immigrants », dans la mesure où c'était insulter les descendants d'esclaves, qui n'avaient, eux, nullement choisi d'« immigrer » en Amérique. De même, attribuer à Christophe Colomb la « découverte » de l'Amérique devint péché d'eurocentrisme. Les Indiens, primo-habitants, n'ayant nullement besoin d'être « découverts ».

Face à cette « obsession de la différence », quelle place restait-il pour l'idée d'un « savoir commun et partagé[2] ? » soulignait Gitlin, qui fut aussi l'un des premiers à comprendre le lien entre « la sécession intellectuelle et culturelle » produite par la doxa multiculturaliste d'une part et le « flagrant mépris pour la vérité » des nouveaux militants identitaires[3] d'autre part. Qu'est-ce qu'une « vérité » qui ne serait bonne que pour une seule « communauté » ? Par définition, la vérité est universellement valide, ou elle n'est pas.

C'est ainsi que le mouvement des droits civiques, qui se voulait unificateur (on disait « *the movement* »), a éclaté en une kyrielle de chapelles vouées à l'autocélébration victimaire et ombrageuse, et mutuellement suspicieuses. « Le résultat [fut] la généralisation des attitudes défensives, un ressentiment général, [...] une cacophonie sans beaucoup d'écoute réciproque[4]. »

Cette attitude défensive a coïncidé, relevait-il, avec la disparition de l'« irrévérence égalitariste », caractéristique de l'ancienne contre-culture des sixties, en vertu

1. *Ibid.*, p. 20.
2. *Ibid.*, p. 32-33.
3. *Ibid.*, p. 34.
4. *Ibid.*, p. 67.

de laquelle « personne n'était assez important pour être au-dessus de l'examen critique[1] ». La culture des sixties prétendait ne respecter aucun tabou, n'épargner aucune autorité. Et faire un large usage de l'humour. Au contraire, chaque minorité se bat désormais pour que le contenu de ses propres mythologies soit considéré par les autres comme des vaches sacrées. Fini de rire ! On comprend mieux la réaction de la nouvelle gauche anglo-saxonne à l'esprit *Charlie*. Ce n'est pas seulement le second degré qui est en cause, mais l'ironie démystificatrice elle-même ; la nouvelle militance entend en bannir l'usage qu'elle juge « inapproprié » et « irrespectueux ». L'ancienne gauche appelait à briser les idoles et à faire preuve d'un irrespect général. La nouvelle exige qu'on célèbre et qu'on honore ses vaches sacrées.

Gitlin pointait également la différence essentielle qui existe entre dénoncer la lenteur avec laquelle une société, historiquement raciste, parvient à mettre en œuvre l'idéal individualiste et méritocratique américain – qui a été celui des militants de gauche dans les sixties – et rejeter en bloc ce même idéal, « comme raciste et impérialiste », comme c'est le cas aujourd'hui.

Il constatait aussi avec consternation l'incroyable chassé-croisé idéologique survenu, depuis les années 1960, entre droite et gauche. La première croyait historiquement en « l'existence de différences essentielles entre les classes, les nations et les races » ; à présent, elle « parle le langage des similitudes ». Au contraire, la gauche qui proclamait l'unité du genre humain et se battait pour la suppression des classes sociales ainsi que l'effacement de l'idée de race

1. *Ibid.*, p. 43.

proclame à présent que les différences de races et de classes sont « hautement significatives[1] ». Et c'est ainsi, relevait-il, qu'une guerre symbolique, menée contre les incarnations du « *pouvoir blanc* », s'est substituée aux anciens combats de la gauche pour l'émancipation individuelle.

Des mouvements, qui avaient à l'origine des revendications légitimes, telles que la lutte contre les violences sexuelles et l'antiracisme, et qui pouvaient se vanter d'avoir obtenu de réels succès, lui apparaissaient avoir alors basculé dans une « dynamique séparatiste qui n'était plus seulement réactive[2] ». Tandis que les homosexuels transformaient leur mouvement revendicatif en « une sorte d'ethnicité, avec ses propres codes de reconnaissance, ses rituels, ses défilés, ses jours de commémoration sacrés et même son propre drapeau au motif arc-en-ciel [...], les femmes essayaient de créer un monde à part des hommes. [...] Les réformateurs parvenaient ainsi à convertir leurs doléances [*grievances*] personnelles en des problèmes "politiques"[3]. » Et c'est bien sûr dans les universités que cette « culture de la séparation commença à se solidifier dans des enclaves fortifiées » : *women's studies*, *Black studies*, *gay studies*, *queer studies*, faisant dégénérer l'université en une « multiversité », selon l'expression d'un ancien président de l'université de Californie, Clark Kerr.

Les analystes divergent considérablement lorsqu'il s'agit de dater le basculement, le moment charnière où les idéaux des sixties ont été trahis, où l'universalisme

1. *Ibid.*, p. 83. Voir aussi p. 210, la référence au « lignage anti-Lumières » de la nouvelle gauche identitariste.
2. *Ibid.*, p. 142.
3. *Ibid.*, p. 142-143.

a fait place à un particularisme identitaire, où l'horizon épistémologique rationaliste a cédé la place aux « visions du monde », où « le mouvement » a éclaté en chapelles rivales vouées à l'autocélébration narcissique et victimaire, où l'ironie démystificatrice a été abandonnée au nom du « respect » dû à telle ou telle minorité. Mais tout le monde s'accorde sur un fait : c'est dans les universités américaines que s'est produit ce désastre dont nous subissons les lointaines conséquences à présent en Europe. Todd Gitlin, lui, est formel : le mauvais chemin a été emprunté au milieu des années 1970. « Dès 1975, déplore-t-il, la gauche universaliste fut complètement défaite, pulvérisée en fait[1] ».

Et il montre très bien comment les premiers animateurs des *cultural studies*, des enseignants qui, provenant, pour l'essentiel, des réseaux militants des sixties, avaient conservé les principes universalistes de la génération du baby-boom, ont été progressivement débordés et marginalisés par leurs propres recrues. C'est parmi leurs anciens étudiants, politisés d'une tout autre manière, qu'allaient émerger leurs successeurs aux postes d'enseignement dans des « départements » devenus des espaces plus militants que réellement dévolus aux études (*studies*).

Comme l'écrit l'universitaire Harold Fromm : « Le révolutionnaire d'université est un imposteur. Il a la garantie d'un emploi à vie, par le système des *tenures*, indépendamment de ses performances ultérieures. Soutenu par les chèques mensuels d'une bureaucratie qu'il prétend mépriser, soulagé des multiples anxiétés liées à la mortalité par le biais d'une assurance-santé et d'une

1. *Ibid.*, p. 146.

retraite, il dépend autant que n'importe qui – sinon davantage – de la corne d'abondance du capitalisme. Le révolutionnaire d'université n'est pas un révolutionnaire du tout[1]. » Plusieurs analystes, comme Joanna Williams, attribuent cette politisation outrancière des universités aux échecs de la gauche dans les classes populaires.

À mesure que la classe ouvrière, reconnue encore par la majorité des militants des sixties comme destinée à renverser le capitalisme, manifestait son peu d'appétit pour la révolution, la tentation de se retrancher dans les universités est devenue puissante. « Ce fut l'échec de la gauche et sa frustration envers la classe ouvrière qui la vit faire retraite dans les universités. Des activistes politiques désillusionnés trouvèrent plus facile de persuader des étudiants de la classe moyenne et des maîtres-assistants de leur cause – et, en retour, de prendre en charge les perspectives et les problèmes de l'élite intellectuelle[2]. » Mais ce décrochage stratégique des luttes sociales de terrain vers les débats purement intellectuels s'est payé d'un prix élevé pour la gauche américaine : non seulement les « cols bleus » ont poursuivi leur décrochage face à une gauche qui leur apparaissait comme de plus en plus élitiste et byzantine, mais ces militants de campus ont surinvesti le domaine du langage. Ils ont imaginé provoquer une révolution sociale en changeant le sens des mots.

Des batailles puériles, destinées à transformer le vocabulaire selon des codes extravagants, ont pris le

---

1. Harold Fromm, « Oppositional Opposition », dans Daphne Patai et Wilfrido H. Corral (dir.), *Theory's Empire. An Anthology of Dissent*, Columbia University Press, 2005, p. 455.
2. Joanna Williams, « How Wokeness Conquered The Academy », *Spiked*, 22 août 2020 ; https://www.spiked-online.com/2020/08/28/how-wokeness-conquered-the-academy/

pas sur la lutte politique effective contre les causes des discriminations et des inégalités[1]. C'est un constat qui a été fait par de nombreux universitaires marxistes, aux États-Unis : un vocabulaire abusant des mots et expressions tels que « démystification », « transgression », « subversion », « sujet décentré », « violence épistémique », etc. trahit de simples postures. La scène universitaire est sans risques. Vingt après « le gauchisme de Park Avenue » dont s'était moqué Tom Wolfe en 1970, on découvrait les « gauchistes titulaires[2] » de Roger Kimball.

Le syndrome de saint Georges à la retraite

Le paradoxe de la situation actuelle, c'est que la culture de cette nouvelle gauche américaine, longtemps confinée aux campus, où elle passait pour une bizarrerie de la vie locale, s'est échappée de ces serres chaudes pour se répandre dans les médias, envahir le parti démocrate, contaminer les administrations et les grandes entreprises. Elle traque le mot de travers, l'allusion inconsciente, les mauvaises pensées, le racisme inconscient. Il lui faut sans cesse du grain à moudre. Lorsqu'elle n'en trouve pas, elle s'invente des motifs d'indignation afin d'entretenir l'animosité dans ses

1. *Ibid.*, p. 29.
2. Allusion à « Radical Chic », reportage paru en janvier 1970 dans le *New York Magazine*, qui décrivait une *party* « militante » en faveur des Black Panthers à laquelle il avait assisté dans le somptueux appartement de Leonard Bernstein et publié en français sous le titre *Le Gauchisme de Park Avenue* (devenu hélas introuvable). Et à l'ouvrage de Roger Kimball, *Tenured Radicals. How Politics Has Corrupted Our Higher Education*, HarperPerennial, 1990.

rangs. Elle a besoin de croire et de faire croire que le pays n'a pas changé depuis les « lois Jim Crow » et le modèle familial patriarcal de l'époque Eisenhower.

C'est ce que feu Kenneth Minogue, éminent penseur conservateur australien, avait nommé le « syndrome de saint Georges à la retraite ». Après avoir vaincu le dragon du Mal, en lui tranchant toutes ses têtes, le saint chevalier erre de-ci de-là, à la recherche de nouvelles têtes à trancher. Au risque, tel Don Quichotte, de dangereuses confusions...

Mais les luttes des sixties, en se radicalisant, ont changé de sens. Comme l'écrit l'essayiste britannique Douglas Murray, « juste au moment où le train semblait avoir atteint la destination désirée, il a soudain accéléré, quitté les rails avec fracas et foncé dans le décor. Ce qui jusque-là ne prêtait pas à controverse est devenu subitement un motif suffisant pour détruire la vie de quelqu'un. Des carrières ont été pulvérisées et répandues aux quatre vents, tandis que le train poursuivait sa route. [...] Mais une fois encore, en arrivant au but, tout a brusquement viré à l'aigre. Alors que la situation semblait s'être considérablement améliorée, la rhétorique militante s'est mise à marteler le contraire : la situation n'a jamais été aussi mauvaise[1] ».

Ainsi, nos étudiants « si extraordinairement fragiles, blessés par la moindre collusion avec la vie[2] », sont à l'origine d'un concept juridique nouveau, mis en œuvre par les tribunaux américains, le « principe de la vulnérabilité de la victime » (*eggshell plaintiff doctrine*). S'appuyant sur une très ancienne décision de la Cour

1. Douglas Murray, *La Grande Déraison. Race, genre, identité*, Éditions L'Artilleur, 2020, p. 22-23.
2. Heather Mac Donald, *The Diversity Delusion*, *op. cit.*, p. 63.

suprême du Connecticut (*Flood v. Smith*, 1940), il s'agissait, à l'origine, de tenir pour responsable de la détérioration d'un état préexistant, physique ou moral, une personne ayant causé une aggravation de cet état préexistant, alors même qu'elle l'ignorait. Les bureaucraties universitaires chargées de mettre en œuvre « la diversité » en font un large usage. À leurs yeux, les étudiants appartenant aux minorités ethniques reconnues (bizarrement, les Asiatiques de l'Est et les juifs n'en font pas partie, comme s'ils n'avaient jamais eu à souffrir d'un racisme allant, à une époque pas si lointaine, jusqu'au *numerus clausus*...) sont essentiellement vulnérables : *eggshell* renvoie à la fragilité extraordinaire des coquilles d'œuf. La notion de « micro-agression » s'appuie sur ce concept juridique. L'étudiant(e) qui s'est senti(e) agressé(e) est d'emblée réputé(e) psychologiquement fragile. Les intentions de la personne qu'il/elle accuse ne comptent pas. C'est ce qu'il/elle a ressenti qui est déterminant. Quitte à ruiner des carrières.

Heather Mac Donald cite le cas d'un pionnier du multiculturalisme, Val Rust, professeur en sciences de l'éducation de l'université de Californie. Au printemps 2013, son département célèbre en grande pompe sa longue carrière, sa disponibilité et sa gentillesse envers les étudiants. En novembre de la même année, un groupe d'étudiants fait irruption dans son cours, l'entoure en vociférant des slogans, l'accusant de racisme et d'insensibilité. Son crime ? Avoir insisté sur l'importance du respect de la grammaire de l'anglais dans les devoirs et, en particulier, avoir corrigé une faute sur le qualificatif « *indigenous* », orthographié avec une majuscule sur la première lettre par un étudiant, alors que la grammaire commande de l'écrire en minuscule... Or, comme le constate un professeur, « corriger la grammaire et la prononciation des étudiants est assimilé au racisme[1] ».

Les étudiants lisent alors une proclamation, intitulée *The Day of Action Statement* (la Déclaration de la journée d'action). Elle est elle-même bourrée de fautes de grammaire et d'incohérences sémantiques, mais bien dans le style de ces harangues. « Ceci est au maximum anodin, déloyal envers les prochaines générations d'Universitaires de Couleur, de ne pas chercher des changements matériels et systémiques dans ce département. C'est un environnement toxique, dangereux, et intellectuellement étouffant à son pire courant. » Etc. « Une pure explosion de narcissisme victimaire », constate Mac Donald. L'organisateur de ces protestations, l'étudiant Kenjus Watson, fait circuler une pétition, exigeant que Val Rust présente ses excuses pour avoir « créé dans la salle de classe un environnement hostile dans lequel se sont manifestés les effets de la suprématie blanche, du patriarcat, de l'hétéronormativité et d'autres formes d'oppression institutionnalisées ».

Or, l'université a pris fait et cause pour les protestataires, abandonnant son enseignant en rase campagne, le poussant à prendre sa retraite pour avoir la paix. « L'administration a sacrifié l'honneur de Rust et ses propres sentiments, sans parler de la vérité, afin de ne pas jeter de l'huile sur le feu. » Quant à Kenjus Watson, il a été nommé, par l'administration de l'université, à la tête d'une commission d'enquête sur les événements qu'il avait lui-même contribué à organiser. Dans son rapport, il rend hommage au « courage » des étudiants qui avaient osé défier leur professeur.

---

1. *Ibid.*, p. 66.

L'année suivante, il a été recruté pour codiriger un « programme de dialogue intergroupes » à Los Angeles, puis à animer des cours de « dialogue intergroupes » à la Penn State University de Saint-Louis. Prendre la tête de manifestations étudiantes dans les années 1960, c'était s'exposer au risque d'éviction de l'université. À présent, c'est un excellent moyen d'entamer une carrière dans les agences spécialisées dans la correction des conduites déviantes et des mauvaises pensées.

Un climat d'intimidation, basé sur une obsession de la race

Le journaliste Christopher F. Rufo, qui travaille pour la revue libérale-conservatrice *City Journal*, s'est spécialisé dans la dénonciation des affaires illustrant le nouveau terrorisme intellectuel affectant les établissements nord-américains d'enseignement, primaire, secondaire et supérieur. En voici un échantillon.

Comme beaucoup d'autres à travers les États-Unis, les professeurs du secteur public éducatif du Wake County, en Caroline du Nord, ont dû participer en 2020 à une conférence obligatoire consacrée à l'antiracisme, aux « micro-agressions » et à la « blanchitude » (*whiteness*), organisée par un organisme privé, le Wake County Public School System, doté d'un budget annuel d'un million de dollars. La première session était intitulée « Blanchitude en espaces éducatifs ». On y incite les enseignants à « rompre avec les valeurs culturelles blanches » qui incluent « le déni, la peur, le blâme, le contrôle, la punition, la rareté et la pensée unidimensionnelle ». Puisqu'il est acquis que « la blanchitude perpétue le système d'injustice », les professeurs sont encouragés à « défier l'idéologie dominante de la blanchitude » et à « perturber la culture blanche à travers une série d'interventions transformationnelles ». Certains enseignants se plaignant que des parents d'élèves blancs contestent l'orientation idéologique donnée à l'enseignement de leurs enfants, les animateurs du stage leur répondent qu'il ne faut en tenir aucun compte : en effet, en tant que « bénéficiaires du système », il est logique qu'ils se rebiffent. Il est donc nécessaire « d'ignorer les inquiétudes des parents » en ce qui concerne l'endoctrinement à l'antiracisme tel qu'il est dorénavant compris[1].

Plutôt que de s'attaquer de manière obsessionnelle au racisme, estime Rufo, les responsables locaux des établissements d'enseignement primaire et secondaire feraient mieux de se pencher sur les facteurs qui ont provoqué le décrochage scolaire des enfants des classes populaires, toutes couleurs confondues, dont les récents travaux de Sean Reardon ont démontré l'effondrement des résultats au cours des dernières décennies[2].

Le fossé des performances ne sépare plus tant les élèves du secondaire en fonction de leur race que de la classe sociale à laquelle appartiennent leurs parents. Or ce fossé s'est élargi de manière significative et préoccupante. Mais il est plus facile de dénoncer « la blanchitude » que de mettre en œuvre les moyens pédagogiques susceptibles de combler la formidable inégalité

---

1. Christopher F. Rufo, « Subversive Education », City Journal, 17 mars 2021 ; https://www.city-journal.org/critical-race-theory-in-wake-county-nc-schools
2. « The Geography of Racial/Ethnic Test Score Gaps », Stanford CEPA ; https://cepa.stanford.edu/content/geography-racialethnic-test-score-gaps

de traitement entre élèves issus de familles riches et pauvres, quelle que soit la couleur de leur peau.

« Au lieu de se concentrer sur les moyens d'améliorer le niveau de réussite scolaire, écrit-il, les responsables pédagogiques locaux préfèrent inciter les enseignants à adopter de nouvelles pédagogies, telles que "l'enseignement culturellement responsable", "la pédagogie de la libération", "les stratégies instructionnelles basées sur l'équité" (sic) ou "le programme émancipateur" »... Sous prétexte d'innovations pédagogiques, c'est l'endoctrinement idéologique qui est imposé aux enseignants, au détriment des matières de base. Avec pour conséquence une chute des performances des élèves, attribuée au supposé racisme de l'institution et justifiant ainsi un redoublement des programmes de rééducation idéologique. Un cercle sans fin...

Autre cas cité par Rufo, celui de Buffalo, sur les rives du lac Érié, à l'ouest de l'État de New York. Une « tsarine de la diversité », Fatima Morrell, y a été nommée directrice du Bureau des initiatives culturellement et linguistiquement responsable. Se réclamant d'une « politique radicale », elle menace de représailles professionnelles les enseignants qui contesteraient sa ligne politique.

Lors des séminaires obligatoires qu'elle anime, elle se livre, au nom de l'« antiracisme » et sous couvert de jeux de rôle humiliants, à des manipulations psychologiques d'une grande perversité. Elle a construit un programme basé explicitement sur « les principes de Black Lives Matter ». Ce qui inclut « le démantèlement du privilège cisgenre », « la création de réseaux d'affirmation *queer*, dans lesquels n'existe plus d'hétéronormativité » et « l'accélération de la disruption des dynamiques de la famille nucléaire occidentale ». Dès l'école primaire, les instituteurs sont requis d'enseigner le rôle joué par le « racisme systémique » dans « l'appauvrissement des gens de couleur et l'enrichissement des Blancs ». Dans le secondaire, les collégiens blancs seront tenus d'être « confrontés en classe à leur blanchitude » et les professeurs devront exiger d'eux qu'ils se repentent de leur « privilège blanc »[1].

Dans la revue *The Atlantic* (centre gauche), le journaliste Conor Friedersdorf a publié les échanges qu'il a eus avec Anastasia Higginbotham[2], l'auteure d'une série de livres destinés aux jeunes enfants dans lesquels elle évoque les problèmes de société contemporains les plus sérieux, tels que le divorce des parents, le décès d'un membre de la famille, etc. Ses livres sont largement utilisés dans les petites classes du primaire. Le dernier en date, *Not My Idea: A Book About Whiteness*, est destiné à sensibiliser les enfants au racisme. Elle y critique en particulier la tendance des parents à vouloir épargner à leurs enfants la vision de meurtres de Noirs par des policiers blancs, tels que celui de George Floyd par Derek Chauvin, au motif que cela pourrait les traumatiser. Au contraire, pour elle, dès leur plus jeune âge et même au jardin d'enfants, il faut apprendre aux enfants à « identifier la blanchitude comme source de l'injustice raciale, de manière à ce qu'ils rejettent le racisme omniprésent qu'autrement

1. Christopher F. Rufo, « Failure Factory », City Journal, 23 février 2021 ; https://www.city-journal.org/buffalo-public-schools-critical-race-theory-curriculum
2. Conor Friedersdorf, « Nobody Wants White Kids to Feel Bad About Their Race », *The Atlantic*, 5 juin 2021 ; https://www.theatlantic.com/ideas/archive/2021/06/anastasia-higginbotham-not-my-idea-children-police-killings/619087/

ils personnifieraient eux-mêmes ». Et donc leur projeter la vidéo où Chauvin étouffe George Floyd.

Lors de la conversation, Higginbotham indique à Friedersdorf qu'elle a eu la révélation de son propre racisme lors d'un séminaire, organisé pour les parents, à l'école fréquentée par ses enfants. Elle y a pris conscience que « nous pouvons nous égarer lorsque nous nous préoccupons de défaire le racisme ». « Avant, j'étais furieuse et triste à propos du racisme, mais j'en étais aliénée, comme si cela se passait ailleurs, que cela concernait quelqu'un d'autre. C'est devenu quelque chose que je comprends de l'intérieur, une conscience corporelle du racisme en moi. Et qui n'était pas une défaillance morale, mais une faute d'inattention, une incapacité à remarquer sa présence et ses racines en moi, choix après choix. Et j'ai pensé, les petits enfants comprendront cela. Ils comprendront que le jeu est truqué et ils ne voudront pas y prendre part. Plus tôt nous le leur disons, plus tôt ils peuvent choisir comment ils veulent être. [...] C'est notre responsabilité d'aider les enfants à se confronter à la vie exactement comme elle est et à grandir au cours de ce processus. Qu'il s'agisse du divorce, de la mort, de la sexualité, ou de la suprématie violente blanche qui est enchâssée à l'intérieur de tous nos systèmes. »

Et lorsque Friedersdorf lui répond que tous les Blancs ne sont pas des suprématistes, ni des racistes, et qu'il existe de nombreuses institutions américaines, telles que le service postal ou la bibliothèque publique de Brooklyn qui, non seulement ne sont pas racistes, mais combattent officiellement cette perversion, Higginbotham lui rétorque : « Mais c'est exactement ainsi que fonctionne la blanchitude. Tout endroit où se trouvent des Blancs a la violence suprématiste blanche incrustée en lui, parce que c'est incrusté en nous. Aussi longtemps que nous donnons un espace au sein de nos corps et de nos esprits aux mensonges et aux déformations de la blanchitude, nous en sommes les hôtes. Nous l'apportons dans chaque pièce, toute interaction, en salle de classe. Et les enfants que nous éduquons ne sont pas préparés à la remettre en question. » Comme le lui rétorque Friedersdorf, c'est faire de la race blanche ni plus ni moins qu'un équivalent du péché originel.

3

Aux origines du *woke* : la *déconstruction* à l'assaut de l'université

Dans l'introduction à leur ouvrage essentiel, *Cynical Theories*[1], les chercheurs Helen Pluckrose et James Lindsay décrivent la situation du monde universitaire anglo-saxon de la manière suivante : au cours des deux dernières décennies, le consensus sur les valeurs de base qu'on identifiait au libéralisme a été mis en question. Les droits de l'homme, l'égalité devant la loi, la liberté d'expression, le respect des faits, la raison – bref tout ce qu'on associe aux Lumières et qui avait été longtemps associé à la gauche avant de devenir un socle commun à toutes les personnes sensées – sont l'objet d'attaques croisées.

D'un côté, le populisme de droite prétend donner de la réalité la version qui l'arrange et imposer une « réalité alternative » lorsque les événements ne correspondent pas à ce que ses leaders en attendaient. Dans le pire des cas, ce mépris du réel débouche sur le « grand complot des maîtres du monde » et les

1. Helen Pluckrose et James Lindsay, *Cynical Theories. How Activist Scholarship Made Everything about Race, Gender and Identity – and Why This Harms Everybody*, Swift Press, 2020. Helen Pluckrose, britannique, est la rédactrice en chef du magazine *Areo*. James Lindsay (né en 1979) est un mathématicien américain.

« puces » inoculées avec les vaccins afin de suivre les individus à la trace...

De l'autre, le postmodernisme rejette l'idée de vérité objective, en laquelle il voit une preuve de naïveté, ou encore d'arrogance occidentale. Développé dans des franges relativement marginales du monde universitaire dès les années 1960, il a muté, se transformant en une véritable force politique : les « *woke* » (« éveillés »), les « *social justice warriors* » (« guerriers de la justice sociale »). C'est une espèce de virus qui s'attaque à la liberté d'expression et s'est répandu à une grande vitesse depuis qu'il s'est échappé du monde, relativement clos, des universités. « Ils sont obsédés par le pouvoir, le langage, le savoir et les relations existant entre eux. Ils interprètent le monde à travers une lentille qui détecte les dynamiques de pouvoir dans chaque interaction, parole prononcée, création culturelle[1]. » Ils sont dangereux, car ils proposent de refaçonner entièrement la société d'après leurs lubies. Toute une histoire intellectuelle est à reconstituer pour comprendre comment on en est arrivé là.

La French Theory dans le texte

Selon une légende bien établie, dans l'avion qui menait à l'université Johns Hopkins, à Baltimore dans le Maryland, en 1966, une poignée d'intellectuels français à la mode (Roland Barthes, Jacques Derrida, Lucien Goldmann et Jacques Lacan), à l'invitation de René Girard, Lacan aurait repris à son compte le fameux avertissement lancé par Freud à Ferenczi,

1. *Ibid.*, p. 15.

sur le bateau qui menait les deux hommes à New York en 1909 : « Nous allons leur apporter la peste. » Freud voulait parler de la psychanalyse. À quoi Lacan aurait-il fait allusion ?

Selon une autre version, c'est Girard lui-même qui, après le départ de cette cohorte tumultueuse du campus de l'université américaine où il avait trouvé refuge, aurait réalisé avoir ainsi introduit « la peste » dans les universités américaines.

Quoi qu'il en soit, il est établi aujourd'hui que c'est sous l'influence de la « French Theory » que les départements d'études littéraires et de sciences humaines des universités américaines se sont convertis à la « déconstruction », puis aux « trois posts » – postmodernisme, poststructuralisme et postcolonialisme, ou « POMO, POSTO et POCO, dont les noms ressemblent à ceux de personnages de Samuel Beckett[1] », comme s'en amuse le professeur de littérature australien Graham Good. Les dégâts intellectuels ainsi provoqués sur deux générations d'étudiants sont devenus aussi évidents que préoccupants. Et notre problème à nous, c'est que la « French Theory », devenue folle sur les campus nord-américains, nous revient à la manière d'un boomerang dévastateur, sous forme d'études « postcoloniales », d'« intersectionnalité », d'« études de genre », de « racialisation » et d'« indigénisme ».

Significativement, dans le roman déjà cité que Philip Roth a consacré aux ravages du politiquement correct à l'université, *La Tache*, c'est une jeune universitaire française, ancienne élève de l'École normale supérieure, puis étudiante en postdoc à Yale, Delphine Roux, qui

1. Graham Good, « Presentism », dans Daphne Patai et Wilfrido H. Corral (dir.), *Theory's Empire*, *op. cit.*, p. 289.

incarne l'irruption des théories à la mode dans l'université imaginaire d'Athena. Elle deviendra, significativement, la persécutrice du héros de ce roman, le vieux professeur Coleman Silk, qui l'avait lui-même embauchée alors qu'il était doyen de cette université. Peut-être parce qu'il la trouvait à son goût...

Lors de son entretien d'embauche, la jeune normalienne débite, face à Coleman Silk, en croyant l'impressionner, tout le galimatias à la mode à Paris. « Structure narrative et temporalité. Les contradictions internes de l'œuvre d'art. Rousseau s'avance masqué, mais sa rhétorique le trahit. La voix du critique n'a pas moins de légitimité que celle d'Hérodote. Narratologie. Diégétique. La différence entre diégésis et mimésis. La qualité proleptique du texte. Coleman n'a pas besoin de lui demander ce que ce jargon veut dire. Il le sait dans l'original grec, ce que les mots de Yale veulent dire, ce que les mots de l'École normale supérieure veulent dire[1]. »

Première caractéristique de la « French Theory » : elle s'exprimait à l'aide d'une phraséologie prétentieuse et alambiquée, dont seuls ses initiés connaissaient le fonctionnement. Mais c'est ainsi qu'elle s'est imposée. Elle prétendait occuper la situation surplombante du sérieux scientifique face à un humanisme à l'ancienne, dont elle dénonçait la « naïveté ». Mais derrière ce jargon affecté de précieuses ridicules, il y avait un appareil idéologique cohérent et redoutable. Et il vise à la « déconstruction » de l'héritage culturel humaniste occidental tout entier, à sa mise en procès.

George Orwell avait mis en garde contre « le style prétentieux [...] utilisé pour déguiser des réflexions

1. Philippe Roth, *op. cit.*, p. 720-721.

banales et donner une allure d'impartialité scientifique à des jugements partisans » ; contre « le langage politique » qui n'a « pour fonction que de donner à ce qui n'est que du vent une apparence de consistance » ; contre les expressions stéréotypées, tellement rabâchées que la langue se met à « penser à notre place », en nous imposant les idées désirées par leurs promoteurs[1]. La « déconstruction », si elle s'est d'abord drapée dans le style prétentieux d'une pseudo-scientificité, inspirée du structuralisme – l'école de pensée à la mode, en France, dans les années 1960 –, a vite prétendu dépasser ce courant. D'où, la vogue du « post ».

Dans le livre qu'elle a consacré à démystifier les théories de Judith Butler, la philosophe Sabine Prokhoris a bien mis en lumière ce qu'elle nomme « les logiques du galimatias » : « Plus le style est amphigourique, plus il sera "radical" – un mantra du discours butlérien – et censé subvertir les "normes". » L'inintelligibilité et la complication rhétorique maximale, le tout bardé d'un habillage « conceptuel » le plus intimidant possible, comme preuves de la puissance critique ; comme dirait le Devin Plombier dans *Les Shadocks* : « Je dis des choses tellement intelligentes que, le plus souvent, je ne comprends pas ce que je dis[2]. » « Pitoyable dessein de créer un langage "théorique" abscons à des fins affichées de subversion des normes, mais dont l'effet est à la fois de brouillage de la pensée et d'exclusion du lecteur rétif à la novlangue péniblement usinée[3]. »

1. George Orwell, *Tels, tels étaient nos plaisirs et autres essais (1944-1949)*, Éditions Ivrea, 2005, p. 146 et 160.
2. Sabine Prokhoris, *Au bon plaisir des « docteurs graves ». À propos de Judith Butler*, PUF, 2016, p. 55.
3. *Ibid.*, p. 62.

Dans un premier temps, il a été beaucoup question de « relire », de « réécrire », de « réévaluer », de « requalifier » des œuvres et des pensées, afin de leur faire avouer les préjugés qui auraient été ceux de leurs auteurs et de leurs époques. Tous se révélaient invariablement *in fine* avoir été misogynes, homophobes, colonialistes et racistes. C'était précisément ce qu'on cherchait à leur faire dire. « Réduire une grille interprétative à un seul paramètre, ou même à deux ou trois (le genre, la race, la classe...), c'est se condamner à ne voir dans la réalité observée que ce qu'on y a injecté d'entrée de jeu : soit l'inverse de la démarche scientifique[1] », écrit Nathalie Heinich. La logique de la Théorie est circulaire : au terme de la recherche, on découvre la confirmation des thèses au nom desquelles elle avait été entreprise. Des étudiants semi-incultes se permettaient ainsi de passer en jugement les plus remarquables auteurs du passé sur la base d'un code de procédure réduit à trois ou quatre articles.

Deuxième caractéristique : c'est une affaire générationnelle. Dans le roman de Roth déjà cité, *La Tache*, le professeur Coleman Silk est âgé. Spécialiste de langues anciennes, il est proche de la retraite. Delphine Roux, sa persécutrice, est une jeune ambitieuse, venue faire carrière dans l'université américaine. Silk évolue dans la tradition des humanités, dans lesquelles il a été formé et qu'il enseigne. Roux incarne la transition des études littéraires vers une forme de pseudo-scientificité ainsi que leur politisation. L'enseignement de Silk est apolitique. Roux prône une critique féministe des tragédies d'Euripide – « une profonde niaiserie » aux yeux

1. Nathalie Heinich, *Ce que le militantisme fait à la recherche*, Gallimard, 2021, p. 31.

de Silk. Car c'est la preuve que la « Théorie », tout en prêchant la compréhension empathique de « l'Autre », se révèle incapable de comprendre ses propres ancêtres comme ils se comprenaient eux-mêmes.

Troisième caractéristique : la « Théorie » est justicière et elle pratique l'anachronisme. Elle prétend traduire en justice tout le passé culturel de l'Occident – et de lui seul – au filtre des marottes idéologiques du moment. Elle considère toute l'histoire culturelle de l'Occident comme datée et périmée. En ignorant qu'elle était elle-même vouée à une rapide obsolescence...

Déconstruire la culture occidentale

Il y a dans l'air une « culture de la répudiation ». Elle a pour origine un certain nombre de penseurs se réclamant de « la Théorie », constatait le philosophe conservateur britannique Roger Scruton en 2007, dans son livre *Culture Counts*[1]. Ils ont laissé entendre qu'ils s'attaquaient à un état de culture dépassé, car marqué par l'expérience (masculine et blanche) des Européens. Et que, grâce à leur travail de déblayage, une nouvelle culture allait émerger, enfin débarrassée des préjugés racistes, sexistes et homophobes, et en phase avec le nouvel état d'une société, plus diverse et moins élitiste.

Mais, poursuivait Scruton, ces attaques contre le dépôt de la culture prennent le risque de liquider l'expérience humaine qui s'y était accumulée au fil des siècles. Contrairement à leurs prétentions, ces lectures hypercritiques n'émanent pas d'une quelconque position surplombante, apte à juger et à dépasser, mais d'une

1. Roger Scruton, *Culture Counts*, *op. cit.*, p. 70.

vulgaire idéologie. Et comme toutes les idéologies, elles ne visent pas à constituer une forme de savoir : elles dissimulent une lutte pour le pouvoir. Ainsi, lorsque Edward Saïd a lancé le thème, archi-rebattu depuis, de l'Orient comme « l'Autre » de la culture occidentale, il a appelé les étudiants à « juger les autres cultures dans leurs propres termes, tout en jugeant la culture occidentale d'un point de vue extérieur[1] ».

En réalité, la culture européenne s'est montrée, au contraire, l'une des seules à s'intéresser sincèrement à celle des autres, à pratiquer, dès le Grec Hérodote, les enquêtes de terrain chez les peuples voisins et à essayer de les comprendre. À partir de Montaigne et de la Renaissance, cette même culture a été capable de remettre en question ses propres fondements en découvrant l'existence d'autres façons de penser le rapport de l'homme avec le monde, d'autres mœurs, d'autres civilisations. Et à les proposer pour modèles. C'est la raison pour laquelle, comme le soulignait le philosophe polonais Leszek Kołakowski, c'est au sein de la culture occidentale et non d'une autre qu'ont émergé l'ethnologie et l'anthropologie[2].

C'est aux États-Unis qu'a démarré la radicale remise en question de la culture occidentale. En janvier 1987, le

---

1. *Ibid.*, p. 80.

2. « Et quoiqu'il soit vrai que toutes les sciences, naturelles et humaines, ou bien sont nées, ou bien ont atteint leur maturité (relative, bien sûr) à l'intérieur de la culture européenne, il y en a une qui est européenne par excellence, par son contenu même, et c'est l'anthropologie, c'est-à-dire le travail qui présuppose la suspension de ses propres normes, jugements et habitudes mentales, morales et esthétiques, pour pénétrer le plus possible dans le champ de vision d'autrui, pour s'assimiler sa manière de percevoir » (Leszek Kołakowki, *Le Village introuvable*, Éditions Complexe, 1986, p. 107).

leader noir Jesse Jackson organisa une manifestation sur le campus de l'université Stanford, en Californie, pour protester contre le cours de culture occidentale obligatoire pour les étudiants de premier cycle. La connaissance de Platon, de saint Augustin, de Rousseau et de John Stuart Mill figurait au programme. Dans cette université, où les étudiants non blancs représentaient déjà près d'un tiers des effectifs, Jesse Jackson prétendit que cette surreprésentation d'auteurs européens était discriminatoire. Ces auteurs étaient dénoncés comme véhiculant des « stéréotypes sexistes et racistes ». Ils avaient surtout le tort d'être des « hommes blancs morts » (*white dead men*). Le slogan, chanté par les étudiants au cours de cette manifestation, allait être repris dans un grand nombre d'universités nord-américaines : « *Hey hey, ho ho, Western Culture got to go*[1]*!* »

L'année suivante, la direction de Stanford prenait fait et cause pour les protestataires. Le cours obligatoire de culture occidentale était supprimé et remplacé par un cours intitulé « *Cultures, ideas and values* ». On promettait d'y introduire, parallèlement à l'étude de textes émanant d'auteurs occidentaux, des œuvres provenant d'auteurs femmes, d'écrivains appartenant aux minorités, de productions culturelles extra-occidentales.

Selon le professeur Mark Bauerlein, cette attaque était menée sur la base d'une falsification historique[2]. Si l'on

1. Richard Bernstein, « In Dispute on Bias, Stanford Is Likely To Alter Western Culture Program », *The New York Times*, 19 janvier 1988 ; https://www.nytimes.com/1988/01/19/us/in-dispute-on-bias-stanford-is-likely-to-alter-western-culture-program.html

2. Mark Bauerlein, « What Took the Place of Western Civ ? », *Inside Higer ED*, 19 février 2020 ; https://www.insidehighered.com/views/2020/02/19/how-revision-western-civ-curriculum-resulted-no-curriculum-all-opinion

en croit ses promoteurs, des responsables politiques américains auraient imaginé, dans les années 1910, la création *ex nihilo* d'un « mythe de la civilisation occidentale », afin d'intégrer des vagues d'immigrants venus d'un peu partout en Europe ; et également de justifier l'impérialisme américain naissant. Or cette thèse, quoique omniprésente dans les milieux universitaires américains, n'a aucun fondement historique. Elle est introuvable dans les documents d'époque. C'est une pure invention.

Mais la lutte entre occidentalistes et multiculturalistes, dont ces derniers sont aujourd'hui, trente ans plus tard, les vainqueurs absolus, posait aux Américains une question décisive, celle de leur propre identité. Comme l'écrit Mark Bauerlein : « Sommes-nous une nation occidentale ? Y a-t-il un *unum* dans notre *pluribus*[1] ? » Et sa réponse est que les nouveaux cours de diversité culturelle manquent précisément d'un « fil central ». On y « picore ici ou là » dans toutes sortes de productions culturelles, sans étalon commun de mesure. C'est un « repas sans plat principal ». « Les éducateurs ont démantelé la civilisation occidentale, mais l'obsession de la diversité les a empêchés d'élaborer quelque chose qui en tienne lieu. »

Et le résultat, c'est que les générations d'étudiants sortis des universités américaines depuis les années 1990 sont sans autre boussole intellectuelle que celle de la « diversité » et de la « justice sociale ». Le type de culture qu'apportaient les humanités, la boîte à idées

1. Mark Bauerlein, «What Took the Place of Western Civ?», Inside Higher Ed, 19 février 2020 ; https://www.insidehighered.com/views/2020/02/19/how-revision-western-civ-curriculum-resulted-no-curriculum-all-opinion

conceptuelles qui permet l'épanouissement de l'esprit authentiquement critique leur font défaut. Au prétexte d'élargir leur vision du monde et de flatter la perception qu'ils se font d'eux-mêmes, on les a privés des moyens intellectuels effectifs de penser leur propre rapport au monde et leur place dans la société. Ils sont de moins en moins aptes à distinguer les faits et le savoir authentique des opinions et des croyances. On en a fait des protestataires grégaires. Des proies rêvées pour les idéologues et les entrepreneurs identitaires.

Le témoignage de l'Australienne Bella d'Abrera, à l'époque directrice du Ramsay Centre for Western Civilisation, est éloquent. Paul Ramsay, fondateur de la compagnie australienne Ramsay Health Care, qui avait fait fortune dans l'industrie pharmaceutique, a légué à sa mort une somme considérable pour aider à la création de chaires de civilisation européenne et subventionner les études d'universitaires consacrées à l'art et à la culture occidentales. Dans le monde anglo-saxon, de telles démarches sont absolument courantes[1]. Mais le Centre de civilisation occidentale de Bella d'Abrera s'est heurté à des refus indignés de la plupart des universités australiennes.

Elle explique pourquoi dans un article publié sur le site Quillette. La création de chaires, de diplômes et de bourses de civilisation occidentale a été rejetée « sous le prétexte absurde que quiconque veut étudier la civilisation occidentale doit être nécessairement un

1. Pour ne parler que de ce que je connais, le Saint Antony's College d'Oxford, où j'ai étudié, compte un Nissan Institute of Japanese Studies et son European Studies Center a été créé grâce à une importante dotation de la compagnie Volkswagen, comme l'atteste une plaque fixée sur le bâtiment qui l'abrite.

suprématiste blanc. Dans certains cercles universitaires, la civilisation occidentale est tenue responsable de tous les maux du monde, passés, présents et futurs[1] ». Du point de vue des tenants de la « Théorie », ajoutait-elle, l'enseignement ne doit plus se fixer pour objectif de rechercher la vérité, mais la « justice sociale » dans un sens très particulier : « parvenir à l'égalité parfaite en détruisant les institutions "oppressives" et en réaménageant la société ». En sociologie, les tenants de la « Théorie » étaient dominants depuis longtemps. Mais les départements d'histoire sont à leur tour soumis à l'idéologie réparatrice : en 2017, sur les sept cent quarante-six sujets étudiés dans les universités australiennes, deux cent quarante-quatre étaient entièrement consacrés aux thèmes de la classe, du genre et de la race. « Beaucoup étaient de simples pastiches de la politique des identités, dans lesquels l'étonnante complexité du passé était réduite à un nombre très limité de thèmes. [...] Cette approche n'est pas seulement ennuyeuse et répétitive, elle est fondamentalement anti-intellectuelle. »

Comme l'écrit cet autre Australien, Graham Good, « c'est toute la tradition occidentale qui est mise en procès et jugée coupable. Le postcolonialisme se combine au présentisme pour inculper le passé à défaut d'essayer de le comprendre. Le passé est coupable – coupable de ne pas être le présent. L'histoire est réduite à un magasin de griefs [...]. Les étudiants se font l'idée que la culture occidentale et elle seule est de bout en bout coupable. Coupable de racisme, de

1. Bella d'Abrera, « Western Civilisation "Not Welcome Here" », Quillette, 27 septembre 2018 ; https://quillette.com/2018/09/27/western-civilisation-not-welcome-here/

sexisme, d'homophobie, d'écocide et d'impérialisme. [...] Une espèce d'eurocentrisme négatif[1]. »

Par un paradoxe maintes fois souligné, cette manière de rendre les Occidentaux, et eux seuls, responsables de tous les maux de l'histoire est une nouvelle manière de faire de l'Europe le centre du monde. Pascal Bruckner a fort bien analysé ce qu'il a nommé « l'ambiguïté du masochisme occidental » : « Être les pires, tel est notre narcissisme maladif, écrit-il. Il y a cent ans, dans un poème célèbre, Rudyard Kipling exhortait l'homme blanc à porter son fardeau de civilisateur pour le plus grand bien du genre humain. Aujourd'hui, nous portons avec orgueil notre fardeau de péché, prenons tous les torts à notre compte sans laisser aux autres la place d'avoir les leurs. Or cette intempérance dans l'injure portée contre soi a quelque chose d'ambigu. Si nous nous appliquons les plus larges superlatifs dans le vil, le sordide, le méprisable, c'est que la critique de soi cache mal une glorification détournée : rois de l'inique, princes de l'infâme, nous demeurons encore à la cime de l'histoire. [...] Double prestige : on avoue sa faute et l'on tire une vanité puérile d'être à la source de toute l'horreur du monde[2]. »

1. Daphne Patai et Wilfrido H. Corral (dir.), *Theory's Empire*, *op. cit.*, p. 293.
2. Pascal Bruckner, *Le Sanglot de l'homme blanc*, Le Seuil, 1983, p. 216-217.

Lyotard, Foucault et Derrida, à l'origine du *post-modernism* américain

Dans son article « How French "Intellectuals" Ruined the West: Postmodernism and Its Impact, Explained », Helen Pluckrose rend responsables du désastre intellectuel « postmoderniste » non pas Barthes, Goldmann et Lacan, qui n'ont guère été lus aux États-Unis, mais Derrida et deux autres de nos grands philosophes de la deuxième moitié du XXe siècle : Lyotard et Foucault[1]. Une thèse qu'elle reprend et développe dans l'ouvrage qu'elle vient de cosigner avec James Lindsay, *Cynical Theories*, en y ajoutant Jean Baudrillard[2].

Le premier, Jean-François Lyotard, aurait introduit un régime de relativisme épistémique, en réduisant la science à l'un des « grands récits » auxquels des sociétés, revenues des illusions idéologiques d'hier, ne peuvent plus adhérer sans réserve. Il ne faut attendre un monde meilleur ni du communisme ni de la science. Sous prétexte de bazarder le marxisme de sa jeunesse, Lyotard aurait ainsi miné le socle rationaliste sur lequel la culture occidentale était bâtie ; le privilège accordé, par la pensée moderne, à la science, en particulier.

Sa pensée a été utilisée aux États-Unis pour substituer, à l'ancien consensus universaliste en vigueur, l'idée selon laquelle les « points de vue » particuliers

1. Helen Pluckrose, « How French "Intellectuals" Ruined the West : Postmodernism and Its Impact, Explained », *Areo*, 27 mars 2017 ; https://areomagazine.com/2017/03/27/how-french-intellectuals-ruined-the-west-postmodernism-and-its-impact-explained/
2. Helen Pluckrose et James Lindsay, *Cynical Theories*, *op. cit.*

des différentes cultures présentes simultanément ont la même valeur d'élucidation que n'importe quelle tentative rationnelle de tirer des lois générales de faits particuliers. Et que la démocratie libérale n'est qu'un des régimes politiques possibles, sans qu'elle puisse se targuer de procéder d'une histoire orientée vers la liberté – comme le conçoivent les pensées progressistes, qu'elles soient libérales ou marxistes –, ni qu'on puisse lui attribuer une quelconque supériorité sur les autres formes de gouvernement, qu'ils soient libéraux ou autoritaires.

Il faudrait, en effet, oublier deux illusions fondatrices de la modernité occidentale : il n'y a, à l'œuvre dans l'histoire, ni émancipation du sujet autonome et rationnel à la Kant, ni révélation à soi-même de l'Esprit universel à la Hegel. Souvent ainsi, les anciens idéologues marxistes, désillusionnés par la résistance des faits, basculent-ils ainsi d'une croyance excessive dans « le sens de l'histoire » à l'idée que l'histoire n'est « qu'un récit plein de fureur, raconté par un idiot, et qui ne signifie rien ». Mais il y a une grande différence entre abandonner l'idée selon laquelle l'histoire humaine se dirigerait vers un but, désigné d'avance (comme « la société sans classe »), et abandonner purement et simplement l'idée d'une intelligibilité possible de l'aventure humaine.

Aux États-Unis, la « leçon » lyotardienne tombait sur un terreau bien préparé à la recevoir. *La Condition postmoderne. Rapport sur le savoir* de Lyotard a, en effet, été publié en 1979. Or, treize ans plus tôt, Peter L. Berger et Thomas Luckmann, deux Américains originaires d'Europe centrale, avaient publié *The Social Construction of Reality. A Treatise in the Sociology of Knowledge.* Cet essai peut légitimement être considéré comme une bombe à fragmentation de la vie intellectuelle anglo-saxonne. Car ses effets, s'ils se sont produits avec retard, ont eu tendance à se radicaliser en s'étendant à des objets sociaux de plus en plus éloignés de son cœur de cible[1]. Ces auteurs soutenaient que le monde social n'est perçu comme une réalité objective que par le fait d'une « routinisation », acquise dès l'enfance ; à travers la manière de les nommer, nous serions amenés à percevoir des institutions sociales ayant fait l'objet d'une « construction sociale » antérieure, comme tenant à la nature même des choses, « ayant toujours été là » – « naturelles », en somme. C'est pourquoi ces « constructions sociales » doivent être interrogées. Premier pas vers leur « déconstruction ».

Comme le fait observer la sociologue Nathalie Heinich, « la propension à clamer qu'un phénomène est "socialement construit" va de pair avec sa disqualification, prélude à sa modification : ce qui a été construit devrait pouvoir se déconstruire. [...] Mais ce qui a été construit l'a été pour certaines raisons, proprement humaines certes, mais qu'il serait peut-être intelligent d'interroger avant de faire comme si elles étaient sans nécessité parce qu'elles sont sans naturalité. Misère de la critique[2]... »

Le constructivisme social, parti de la sociologie et de l'ethnologie, a conquis des territoires de plus en plus étendus. Tout en proclamant le caractère artificiel des distinctions entre disciplines, il s'est progressivement

1. Une traduction en français n'a été publiée que vingt ans plus tard chez Méridiens-Klincksieck.
2. Nathalie Heinich, « Construction sociale », *Le Débat*, n° 160, mai-juin 2010.

étendu aux sciences politiques et à l'histoire, et a fini par s'attaquer aux sciences dures. Dans sa « version forte », il en arrive, en effet, à proclamer qu'on ne peut créditer aucun savoir d'être porteur de vérité, puisque tous sont « socialement construits ».

Certes, tout savoir nous est transmis dans un langage, et tout langage, dans la mesure où il est le produit d'une « construction sociale », reflète, d'une certaine manière, l'état d'une société donnée au moment où il y a été produit. Mais faire des lois de la gravitation, par exemple, une « construction sociale » et, singulièrement, le pur reflet des rapports sociaux en Grande-Bretagne, au tournant des XVIIe et XVIIIe siècles, serait autrement réducteur. Car le savoir acquis transcende les conditions de son origine. Pourtant, la « Théorie », dans son obsession de dévoiler le caractère artificiel de toutes les intuitions relevant du sens commun et de traquer l'origine coupable (masculine, blanche, etc.) de tout texte afin de le disqualifier, a fait du constructivisme un usage redoutable.

Le deuxième penseur français, mis en cause par Helen Pluckrose, est Michel Foucault. Le reproche qui lui est généralement adressé est d'avoir fait de la vérité une simple affaire de « discours », produits presque automatiquement et sans auteur véritable (son obsession), par l'état des rapports de force sociopolitiques à un moment donné d'une société. Là encore, ces discours – qui prétendent à la vérité, alors qu'ils n'en comportent pas particulièrement – se vaudraient tous. Ceux qui ont le dessus à un moment donné sont simplement ceux qu'autorise un pouvoir dont ils confortent l'autorité. Les conditions de possibilité de l'émergence d'un savoir déterminent donc entièrement ce prétendu « savoir ». En réalité, pour Foucault,

« le savoir est du pouvoir déguisé[1] ». Il y a « un lien circulaire entre régimes de vérité et régimes de pouvoir[2] ». Et c'est pourquoi la science et la rationalité ne doivent bénéficier d'aucun privilège particulier. Au contraire, ce sont les voix marginales, celles qui, à toutes les époques, ont dénoncé les mensonges et les faux-semblants du pouvoir-savoir qu'il faut savoir entendre, alors même qu'elles ont été présentées, à leur époque, comme « déraisonnables », le fait de « pervers », de « fous » ou de « criminels ». Car, à ses yeux, l'état actuel de notre rapport au savoir est l'héritage de l'espèce de coup de force qu'aurait constitué l'exclusion de la folie de l'espace intellectuel – et des fous de l'espace public, au début du XVIIe siècle.

Dans ces conditions, les Lumières elles-mêmes – que Foucault, fort significativement, ne distingue pas de ce qu'il nomme « l'âge classique » (mêlant ainsi stratégiquement les XVIIe et XVIIIe siècles européens) – ne bénéficient, dans sa pensée, d'aucun privilège particulier. Au contraire, comme l'a montré Stéphanie Roza, dans le prolongement d'une série de penseurs comme Adorno et Horkheimer, mais surtout Heidegger, il réduit la raison émancipatrice à une fonction instrumentale, ou pire, à une fonction normative : la raison, pour Foucault, est précisément au service de la société disciplinaire[3].

1. Stephen Adam Schwartz, « Everyman an Übermensch. The Culture of Cultural Studies », Daphne Patai et Wilfrido H. Corral (dir.), *Theory's Empire, op. cit.*, p. 366.
2. Arnold I. Davidson, préface à Michel Foucault, *Philosophie – Anthologie*, Gallimard, 2004, p. 391.
3. Stéphanie Roza, *La Gauche contre les Lumières ?*, Fayard, 2020, p. 41.

Il est le philosophe français le plus connu et le plus commenté aux États-Unis et dans le monde anglo-saxon, mais il demeure encore aujourd'hui la bête noire de la pensée conservatrice. Si en 1993, Roger Kimball, le directeur de la revue *The New Criterion*, écrivait « la célébration des perversions intellectuelles de Foucault par des universitaires continue à constituer un scandale public », tout récemment la ministre britannique des Femmes et des Égalités, Liz Truss, rendait le philosophe français responsable du fait que, selon elle, depuis les années 1980, « les écoles ne font plus de place à l'idée d'apporter des preuves ». Parce qu'elles enseignent des idées « dont les soubassements se trouvent dans la philosophie postmoderniste – dont Foucault fut le pionnier », et dont le cœur est que « la vérité et la moralité sont relatives »[1].

Mais, comme le relève aussi Helen Pluckrose, c'est probablement Jacques Derrida qui, au sein de la « French Theory », a exercé la plus grande fascination sur les universitaires américains. Sans doute parce que c'est le plus obscur – même pour ses lecteurs français... Une des idées identifiables de Derrida est que les discours ne sont pas transparents, qu'entre le monde objectif et la représentation que nous nous en faisons, entre la parole et l'écriture aussi, il existerait un temps de latence, une différence, une *différance*... En outre, Derrida enseignait à lire, dans les marges des grands textes et entre leurs lignes, un autre texte, contredisant

1. Charlotte Lydia Riley, « Liz Truss Doesn't Know About Foucault, But She Also Doesn't Care », *The Guardian*, 19 décembre 2020 ; https://www.theguardian.com/commentisfree/2020/dec/19/liz-truss-foucault-rightwing-zombie-postmodernism

ce que prétend dire le premier, et nécessitant une lecture qu'il appelle précisément « déconstruction ».

Dans un ouvrage de l'universitaire britannique Francis O'Gorman *La Mémoire perdue*, on trouve l'une des meilleures synthèses de ce que le public cultivé anglo-saxon a cru comprendre de Derrida. « Les poststructuralistes aspiraient à démontrer à peu près la même chose : tout ce qui a l'apparence du sens, ce qui ressemble à un énoncé solide ou à une position argumentative claire, se trahit toujours d'une façon ou d'une autre au beau milieu de sa construction et s'effondre. Dans la perspective de ce qu'on en est venu à désigner comme le “déconstructivisme”, pleinement développé par Jacques Derrida (1930-2004), tout type de texte, chaque tentative que fait un individu pour produire du sens à travers du discours aboutit à une forme spécifique (et en même temps identique) d'échec. [...] L'affaire du critique, la tâche de l'intellectuel est de montrer comment survient le malentendu, à quel moment et de quelle façon il fait irruption, et, ainsi, de confirmer la perspective poststructuraliste selon laquelle les mots sont saturés de sens à un tel degré qu'aucune énonciation ne peut le déterminer précisément[1]. »

Ce que le courant de la « déconstruction » a retenu de Derrida, c'est « qu'il n'y a rien d'extérieur au texte », que les mots ne renvoient pas aux choses, qu'il n'y a que des contextes, mais nulle centralité à partir de laquelle construire un système de sens stable. La théorie, bien plus ancienne, de « l'arbitraire du signe », venue de la linguistique de Ferdinand de Saussure, était

1. Francis O'Gorman, *La Mémoire perdue*, Éditions du Rocher, 2020, p. 181.

arrivée peu de temps auparavant dans les départements d'études littéraires. Les partisans de la « Théorie », en en faisant un usage abusif, virent dans Derrida et dans Foucault un moyen de redoubler l'effet de cette découverte. Ils décrétèrent que le concept de vérité objective était un mythe oppressif, créé à son propre usage, par le pouvoir mâle, occidental, hétérosexuel. Et que la détermination du sens d'un texte était une affaire de « pouvoir ». Ce qui a pour conséquence une survalorisation des effets politiques attribués au langage en tant que moyen de transformer la société.

Comme on le lit dans la préface de l'ouvrage collectif et fondateur *Cultural Studies*, « dans presque toutes les traditions des *cultural studies*, ses praticiens n'y voient pas qu'une simple chronique du changement culturel, mais un moyen d'y intervenir pour des participants politiquement engagés » en modifiant les « vérités fonctionnantes », afin d'influencer la vie politique elle-même à travers la culture et le langage[1]. Si c'est « le langage qui crée la réalité », comme le clame la nouvelle gauche de campus, il faut renverser la logique marxiste et commencer par métamorphoser cette « superstructure » culturelle, afin de changer les rapports sociaux. « Pour les nouveaux théoriciens, c'est la représentation qui produit la réalité, et non l'inverse : un marxisme inversé[2]. » On comprend pourquoi Gramsci reste l'un des rares théoriciens marxistes encore étudié aux États-Unis et en Grande-Bretagne. Sa théorie de la « lutte pour l'hégémonie culturelle »

---

1. Lawrence Grossberg, Cary Nelson et Paula Treichler (dir.), *Cultural Studies*, Routledge, 1992, p. 5.
2. Joanna Williams, *Academic Freedom in an Age of Conformity. Confronting the Fear of Knowledge*, Palgrave Macmillan, 2016, p. 156.

comme préalable nécessaire à la révolution communiste a fourni le jalon intellectuel qui manquait.

Mais des théoriciennes comme Judith Butler ont aussi trouvé chez Derrida autre chose : l'idée selon laquelle, afin de se « déprendre du logocentrisme occidental », il y a nécessité de démanteler les oppositions binaires, telles que présence/absence, dedans/dehors, essence/apparence, science/art, faits/fictions et surtout masculin/féminin, sous prétexte qu'aucune notion n'est équivoque.

L'effet le plus immédiat et le plus visible de la « déconstruction » des savoirs universitaires, aux États-Unis, a toutefois été ressenti du côté des départements d'études littéraires. Le mouvement a pu démarrer, aussitôt Derrida reparti à Paris, à l'université Yale, du côté de la littérature comparée, un département que dirigeait alors Paul de Man[1].

La réalité ? Quelle réalité ?

Paul de Man avait fait partie du public ayant accueilli Derrida à Johns Hopkins, en 1966. Une grande amitié se noua entre les deux hommes, basée sur une profonde convergence intellectuelle. De Man devint rapidement le saint Jean-Baptiste du messie déconstructiviste français. « Il n'y a pas de hors-texte », prêchait-il. Ce qui, en anglais, sonne beaucoup moins bien (*There is nothing outside the text*). Qu'est-ce que cela signifie pour lui ? Que le sens des mots étant complètement

---

1. C'est la thèse soutenue dans cet article de la *Boston Review* : Gregory Jones-Katz, « Deconstruction : An American Tale », *Boston Review*, 30 septembre 2016 ; http://bostonreview.net/books-ideas/gregory-jones-katz-deconstruction-america

arbitraire, la réalité elle-même n'existe pas en dehors des mots qui, tout en prétendant l'appréhender, sont cependant condamnés à échouer. On doit en conclure que ce sont les mots eux-mêmes qui créent la réalité. Un come-back nominaliste sur fond nietzschéen, pour faire court. De Man se consacrait à la littérature parce que, pour lui, c'était le domaine par excellence où « le signe et le sens ne peuvent jamais coïncider ». La littérature, enseignait-il, « à la différence du langage quotidien, commence à l'autre bout du savoir ; c'est la seule forme de langage libérée de l'imposture de l'expression non médiatisée ». Par le fait qu'elle est « empiriquement séparée de la réalité », elle constitue l'essence même du langage, qui est de diverger de la réalité[1].

Des révélations bien embarrassantes sur le passé de l'auteur sont venues, depuis, jeter une lueur troublante sur ce nihilisme savant. En 1987, soit quatre ans après la mort de Paul de Man, ont été exhumés ses écrits dans la presse de collaboration belge, durant l'Occupation. Paul de Man y avait signé des articles qui auraient entraîné la mise à bas immédiate de sa statue s'il avait été de droite. Analysant la situation « des juifs dans la littérature actuelle », de Man écrivait sans détour « notre antisémitisme est d'ordre racial[2] ». Étudiant les « jeunes écrivains français », il ne citait que des collaborateurs : Brasillach, Drieu la Rochelle, Chardonne, Jouhandeau, Fabre-Luce, Benoist-Méchin... Son article sur *Les Décombres* du fasciste Rebatet est des plus élogieux. Derrida aura beau s'indigner qu'on « juge et condamne le travail d'un homme sur la base

---

1. Paul de Man, « Criticism and Crisis », dans Daphne Patai et Wilfrido H. Corral (dir.), *Theory's Empire*, *op. cit.*, p. 638.
2. *Le Soir*, 4 mars 1941.

d'un bref épisode, qu'on appelle à le refermer, ce qui revient, au moins figurativement, à censurer et à brûler ses livres[1]... », il n'était pas difficile de comprendre pourquoi la « déconstruction » avait pu tant séduire un intellectuel lesté d'un passé aussi écrasant. « Le désespoir, écrit Leszek Kołakowski, c'est la chute fréquente de ceux qui, une fois, avaient cru dans une solution parfaite et ultime et qui ont perdu leur certitude[2]. »

En prêchant la « déconstruction », Paul de Man réglait, en réalité, des comptes avec sa propre jeunesse fasciste. Mais les générations d'Américains frottés de ces théories, alors qu'elles avaient largement débordé des départements de littérature pour envahir la philosophie, les sciences humaines, le droit – et même les *business schools* ! –, n'avaient rien fait, eux, pour mériter ça... Pour Paul de Man, comme l'a bien compris Roger Kimball, il s'agissait de passer d'un extrémisme politique à l'autre. « La déconstruction, écrit ce dernier, promet à ses adhérents non seulement une émancipation des responsabilités de la vérité, mais aussi la perspective d'un engagement dans une espèce d'activisme radical. Un coup porté à la légitimité du langage est en même temps un coup contre la légitimité d'une tradition dans laquelle le langage vit et a son sens. En minant l'idée de vérité, le déconstructionniste mine aussi l'idée de valeur, y compris les valeurs sociales, morales et politiques établies[3]. »

---

1. Jacques Derrida, « Like the Sound of the Sea Deep Within a Shell: Paul de Man's War », *Critical Inquiry*, vol. 14, n° 3, printemps 1988.
2. Leszek Kołakowski, *Comment être socialiste + conservateur + libéral*, Les Belles Lettres, 2017, p. 86.
3. Roger Kimball, « Derrida and the Meaninglessness of Meaning », *Wall Street Journal*, 12 octobre 2004.

À force de répéter, après Foucault, que toute réalité est réductible à des « formations discursives », et que tout texte fait référence à d'autres textes avec Derrida, la réalité elle-même fait l'objet d'une sorte d'évidement, de retranchement.

De leur côté, l'autonomie individuelle, la continuité de l'identité personnelle à travers le temps, la liberté et la responsabilité individuelles sont moquées comme des « naïvetés », produites par l'« aliénation » et correspondant à l'idéologie du « néolibéralisme ». Ce qu'il reste ? La subjectivité du lecteur, appelé à projeter son « identité » sur le texte. Chaque identité – pourvu qu'elle puisse se targuer d'être minoritaire et souffrante – exigeant un égal respect, un relativisme intégral est la seule manière d'assurer leur coexistence. Et il n'existe plus aucune base communément acceptée, pour déterminer si une opinion est préférable à une autre.

Comme le fait remarquer Stephen Adam Schwartz, il n'y a pas de place, dans ces modes de pensée, pour un point de vue considéré comme juste ou légitime. Ces notions elles-mêmes sont considérées comme reflétant le système de domination qu'il s'agit précisément de « déconstruire ». Or si tout discours n'a d'autre enjeu que la « question du pouvoir », il faut donc chercher à « devenir puissant et à gagner de l'autorité pour soi-même[1] ». Selon le postmodernisme, tous les points de vue ont la même valeur épistémologique. Toutefois, certains doivent être privilégiés pour des raisons morales : ceux qui émanent des minorités. Il leur faut s'imposer en devenant puissante. C'est l'un des sens du mot *empowerment*.

---

1. Daphne Patai et Wilfrido H. Corral (dir.), *Theory's Empire*, *op. cit.*, p. 369.

Comme le disent Pluckrose et Lindsay, le scepticisme radical de la « Théorie » (première manière) pouvait difficilement servir à autre chose qu'à « déconstruire, perturber et problématiser », mais « sans fournir aucun moyen de reconstruire »[1]. C'est pourquoi l'on s'accorde à reconnaître que le « postmodernisme » était mort dans les universités dès la fin des années 1980. Ironique et nihiliste, il fut également mis en cause pour son origine : des auteurs mâles blancs et européens. En outre, son caractère ludique et désabusé, sa frivolité ne s'accordaient pas avec l'état d'esprit de la nouvelle génération estudiantine – les millennials, tel que nous l'avons décrit précédemment.

Les ravages du perspectivisme

Dans *Cynical Theories*, Pluckrose et Lindsay résument les arguments du postmodernisme (ou de la « déconstruction ») à quatre thèmes essentiels. Primo, on relève une espèce d'obsession pour le brouillage des frontières : les distinctions traditionnellement tenues pour acquises par la pensée occidentale – par exemple entre vérité et croyance, objectif et subjectif, masculin et féminin, humanité et animalité, haute et basse culture – sont déclarées caduques.

Deuxio, ce type de pensée fait une fixation sur le caractère stratégique du langage, dans la mesure où il est conçu, à partir de Foucault, comme un concentré de pouvoir censé régir l'organisation de la société. Puisque, comme l'enseignait Derrida, il n'y a « rien en dehors du langage » et que « le texte renvoie au

1. Helen Pluckrose et James Lindsay, *Cynical Theories*, *op. cit.*, p. 43.

texte », changer la société implique de mettre le langage sous surveillance et même de le modifier afin de modifier la société elle-même. D'où la manie des « *speech codes* » universitaires.

Tertio, cette école de pensée postule un relativisme culturel qui dénie toute légitimité aux critiques portant sur les éléments constitutifs d'une société non occidentale. Chaque culture étant réputée opérer à partir d'un appareil conceptuel qui lui est propre, l'idée de valeurs universellement valables témoigne de l'arrogance de l'Occident et de sa propension à s'imposer de manière colonialiste.

Quarto, le postmodernisme professe le double refus des catégories d'humanité et d'individualité, considérées comme des mythes complémentaires destinés à écraser celle de communautés (ethniques, de genre, sexuelles, etc.). L'idée d'humanité est dénoncée comme un refus de prendre en considération les différences et d'imposer aux minorités le point de vue de la majorité. L'universalisme est désormais considéré comme une « valeur réactionnaire », puisqu'il émane des Lumières, elles-mêmes produites par les Occidentaux dans le but de légitimer leur pillage de la planète et l'asservissement des « autres ».

Il y a là une révolution conceptuelle au sein de la gauche, souvent mal perçue dans notre pays. Traditionnellement, en effet, les Lumières ont été considérées par la pensée progressiste comme un jalon essentiel des politiques d'émancipation. Tel n'est plus du tout le cas du côté de la nouvelle gauche anglo-saxonne. Ainsi, l'universalisme est « la manière dont se travestissent les valeurs hégémoniques », prétend le critique littéraire marxiste Terry Eagleton. Pour les tenants de la Théorie, invoquer l'universalité est une escroquerie, destinée à imposer des notions telles que l'objectivité et la neutralité, qu'ils écrivent systématiquement entre guillemets. Car « le neutre », réputé « travaillé par les déterminants de race, de genre, de classe », ne serait que le « masque du dominant »...

Le concept d'individu autonome, libre de ses choix et responsable de ses actes, avait déjà été mis à mal par la théorie de l'aliénation, promue par Marcuse dès les années 1960. À présent, le concept même d'individu est généralement renvoyé au « néolibéralisme », qui chercherait à attribuer aux personnes infériorisées ou en situation d'échec la responsabilité de leur sort, alors qu'il faudrait mettre en cause l'organisation de la société et les discriminations dont elle est coupable. Selon le philosophe John Fiske, il faut « absolument écarter » ce concept d'autonomie individuelle, car il « apporte avec lui tout le bagage de l'anhistoricisme, le libre arbitre, le rationalisme des Lumières et tout le reste[1]... » Dans la mesure où l'individu est conçu comme une illusion, le simple « point d'intersection des fils que la société a filés avant lui » et « le résultat d'influences sociales » – selon la définition que donnait le sociologue Georg Simmel de « l'illusion sociologiste » –, l'idée de responsabilité individuelle perd toute pertinence.

D'autre part, l'idée que toute forme de connaissance peut être réduite à une certaine « construction sociale » a entraîné, au sein même des anciens temples du savoir, l'instauration d'une ère de soupçon généralisé envers le savoir universitaire lui-même. Les enseignants, y compris ceux du primaire et du secondaire, sont incités à

1. John Fiske, « Cultural Studies and the Culture of Everyday Life », dans Lawrence Grossberg, Cary Nelson et Paula Treichler (dir.), *Cultural Studies*, *op. cit.*, p. 172.

enseigner un « savoir antihégémonique » – dont on se demande bien quel peut en être le contenu effectif. Le nouveau conformisme académique en a déduit la nécessité de substituer à l'ancienne transmission des connaissances une pédagogie basée sur la valorisation des perspectives individuelles, le « perspectivisme » (*standpoint theory*).

« Il s'agit essentiellement d'affirmer que la neutralité en science, comme dans tout autre domaine, est impossible. Il faut donc accepter l'idée que nous occupions toujours un point de vue particulier, c'est-à-dire une position culturelle et politique. Ainsi, toutes les connaissances et tous les projets sont toujours *intéressés* puisqu'ils sont menés par des individus.

Ce changement d'attitude à l'égard de la pratique de la science et du statut de ses résultats ouvre la porte à une critique sévère de cette dernière. Principalement, ce changement introduit l'idée qu'elle est soumise à un ensemble de relations de pouvoir qui orientent et même déforment non seulement sa pratique mais aussi ses résultats. Sur cette base les féministes ajoutent alors que la science, puisqu'elle est à l'image de la force dominante de la société actuelle (l'homme blanc hétérosexuel) de par son organisation, son financement, etc., non seulement reconduit la structure de domination des femmes mais participe activement à la mise en place et au maintien de cette structure. Essentiellement, la science contribue à faire croire, au groupe dominant comme au groupe dominé, que la subordination des femmes est un principe d'ordre naturel, normal et inévitable[1]. »

---

1. Christian Larivée, « Le standpoint theory : en faveur d'une nouvelle méthode épistémologique », *Ithaque*, n° 13, 2013.

La *standpoint theory* brouille ainsi les différences, autrefois reconnues, entre les faits, les savoirs et les valeurs ; entre la science et l'idéologie. Les notions communément acceptées ont été « questionnées » au point de ne plus figurer dans la boîte à outils des étudiants. Mieux : toute une nouvelle gauche prétend dorénavant que des concepts comme ceux de vérité et d'objectivité reflètent les postulats particuliers d'un « groupe privilégié » : les Blancs, mâles, hétérosexuels, appartenant à la bourgeoise – et qu'il s'agit donc de les « déconstruire » dans le cadre des études[1]. Or, si tout discours ayant pour prétention d'élucider, d'une manière objective, une forme de réalité quelconque peut être récusé comme « autoritaire et répressif », s'il est renvoyé *a priori* à la subjectivité du locuteur et à son positionnement idéologique, lui-même surdéterminé par sa propre situation sociale, que peut-on bien faire dans les universités ? Réponse : de l'activisme politique. Les universités américaines sont d'autant plus politisées qu'on y apprend moins. Mais retraçons l'historique de ce désastre intellectuel.

Cultural studies

Les « *cultural studies* » n'étaient pas une nouveauté dans le monde anglo-saxon, à l'époque où elles ont été renouvelées par la « Théorie » importée de France. Elles avaient fait leur apparition dès 1964, à l'université de Birmingham, en Grande-Bretagne, sous l'impulsion de l'ethnographe Richard Hoggart. Mais elles y

1. Joanna Williams, *Academic Freedom in an Age of Conformity*, *op. cit.*

prirent véritablement leur envol, en 1968, sous l'impulsion du sociologue Stuart Hall (surnommé « le Pierre Bourdieu britannique », tant ses travaux sont centrés sur la question de la « domination »). À cette époque, le mot culture a changé de sens en anglais, avant de contaminer aussi son usage en français. Il avait cessé de désigner les grandes œuvres de l'esprit – celles auxquelles les gauches des années d'après-guerre voulaient justement donner accès au public populaire. Il avait pris le sens qu'il a en anthropologie, « ce tout complexe qui comprend la connaissance, les croyances, l'art, la morale, le droit, les coutumes et les autres capacités ou habitudes acquises par l'homme en tant que membre de la société[1] ». Bref, toute activité humaine s'inscrivant dans un cadre collectif. Mais avec un privilège attribué, d'emblée, à l'expérience des « dominés ».

Les nouvelles « *studies* » ont bénéficié d'une tendance d'époque, qu'elles ont aggravée : l'interdisciplinarité, qui commençait à être à la mode à la fin des années 1960. Dans le recueil déjà cité, *Cultural Studies*, il est indiqué qu'il ne s'agit pas seulement d'être interdisciplinaire, mais « souvent activement antidisciplinaire » et même « antiméthodologique ». Ce serait une manière de « résister » et donc en soi une forme de politique. Mais la segmentation des sciences humaines en disciplines séparées, telles que la philosophie, l'histoire, la sociologie, la critique littéraire, la linguistique ou l'économie n'est pas absolument arbitraire. Non seulement chacune d'entre elles s'est constituée, au fil du temps, un champ d'études précis, mais elles se sont également dotées de méthodologies spécifiques, elles

1. Sir Edward Burnett Tylor, cité dans *Dictionnaire de sociologie*, Le Robert / Le Seuil, 1999, p. 126.

ont constitué un corpus de travaux fondateurs et ont établi des critères de vérification. Pourtant, dès la fin des années 1960, les disciplines spécialisées firent l'objet d'une critique qui les dépeignait comme des « silos » arbitrairement isolés les uns des autres.

Les nouvelles « *studies* » ont donc imaginé révolutionner les pratiques universitaires en s'affranchissant de toute méthodologie, au nom de la spécificité et de la radicale nouveauté des domaines qu'elles prétendaient ouvrir à l'investigation intellectuelle. Pour justifier un tel choix, on y citait de manière assez systématique la sentence forgée par la poétesse et essayiste Audre Lorde, militante lesbienne noire, « les outils du maître ne démonteront jamais la maison du maître[1]. »

Ainsi, les outils conceptuels traditionnels de l'analyse sociologique ou de l'anthropologie eux-mêmes étaient la plupart du temps récusés en tant que contaminés par l'idéologie dominante. « Un des problèmes posés par de telles études interdisciplinaires, c'est qu'en l'absence d'une base particulière de connaissances, de postulats collectivement acceptés, d'approches méthodologiques, elles pouvaient aisément devenir intellectuellement vides – et ce vide, comblé par les idéologies politiques de leurs adeptes[2]. »

De fait, ces *studies* sont rapidement devenues des « écoles », chacune tombant sous la domination de leurs fondateurs, certains se muant en véritables gourous de quasi-sectes. C'est le phénomène connu sous le nom de « *groupthink* ». Renonçant à produire un

1. Audre Lorde, *Sister Oustsider. Essays and Speeches*, The Crossing Press, 1984, p. 110.
2. Joanna Williams, *Academic Freedom in an Age of Conformity*, *op. cit.*, p. 123.

savoir quelconque, elles se sont mises au service des « doléances » (*grievance*) de leurs étudiants, se contentant de les enregistrer pour les légitimer.

Il y règne un conformisme pesant. Les étudiants y sont ramenés sans cesse à leurs expériences personnelles, privés d'un accès à une forme authentique de savoir. Ils en ressortent dépourvus d'esprit critique – des proies faciles pour les idéologues qui recrutent au nom de la « communauté » afin de lui donner « du pouvoir ». On trouve une formidable illustration de ce phénomène dans le roman de Jonathan Franzen, *Les Corrections*, où l'un des principaux personnages, Chip Lambert, est au départ un jeune enseignant en sémiologie, qui s'évertue à « déconstruire » pour ses étudiants des films publicitaires, afin de leur enseigner la haine de la consommation, de l'entreprise et du capitalisme. S'étonnant du peu de réactions de ses étudiants à la fin d'un cours, il s'attire cette réponse sans équivoque :

« — Comme si aucun de nos avis vous importait, à moins qu'il ne coïncide avec le vôtre.

— Il ne s'agit pas d'avis, dit Chip. Il s'agit d'apprendre à appliquer les méthodes critiques aux artefacts textuels. C'est ce que je suis censé vous enseigner.

— Je ne crois pas que ce soit le cas, pourtant, dit Melissa. Je crois que vous êtes censé nous apprendre à haïr les mêmes choses que vous. Je veux dire, quoi, vous haïssez ces pubs, non ? Je l'entends dans chaque mot que vous prononcez[1]. »

1. Jonathan Franzen, *Les Corrections*, L'Olivier, 2002, p. 59.

Women's studies

Le premier département d'études féministes a été créé à l'université Cornell en 1969. Se développant au cours des années 1970, et parallèlement aux *Black studies*, les études féministes ont servi de modèles à toutes sortes de nouvelles pseudo-disciplines universitaires axées sur l'exploration d'une identité, promue comme source d'une « culture » particulière – à condition qu'elle puisse se targuer d'une marginalité ou d'une oppression subie. Une révolution conceptuelle, en vérité. Là où l'enseignement encourageait une tension vers l'universalité, l'objectif et le conceptuel, les nouvelles *studies* d'exploration personnelle valorisaient, au contraire, le particulier, le subjectif. Elles encourageaient le témoignage à la première personne.

L'évolution des *women's studies* est emblématique de celle constatée dans le cadre des autres départements d'études spécialisées dans l'exploration des identités. Elles ont commencé avec l'idée, somme toute assez légitime, de rééquilibrer le corpus des œuvres étudiées en faveur des auteurs de sexe féminin. Le duo Sandra Gilbert et Susan Gubar a joué, à cet égard, un rôle fondateur. En 1979, elles ont publié une première réhabilitation d'auteures du XIXe siècle, *The Madwoman in the Attic*, suivie en 1988 d'un ouvrage consacré aux auteures du XXe siècle, *No Man's Land: The Place of the Woman Writer in the Twentieth Century*.

Une polémique intéressante les a opposées à Harold Bloom, professeur à Yale, considéré, à cette époque, comme le grand manitou des études littéraires aux États-Unis. Il est notamment l'auteur d'un livre devenu rapidement classique, *The Western Canon. The Books and School of the Ages* (1994) dans lequel il étudiait les auteurs qu'il considérait comme les plus importants de l'histoire littéraire occidentale. Sur vingt-six auteurs bénéficiant d'un chapitre particulier, quatre seulement sont des femmes (Jane Austen, Emily Dickinson, George Eliot et Virginia Woolf). On lui a reproché ce déséquilibre. Mais ce n'était pas l'essentiel.

Dès 1973, dans son étude portant sur la poésie, Harold Bloom avait mis en avant, comme fil conducteur de sa propre méthode en histoire littéraire, ce qu'il appelle l'« angoisse de l'influence[1] ». Pour lui, la plupart des grandes œuvres, celles qui méritent, en tous cas, de figurer dans le « canon » à étudier dans les universités, sont nées du désir de leur auteur de rivaliser avec l'un ou l'autre de ses précurseurs. Pour Bloom, ce désir mimétique, s'il paralyse les médiocres, galvanise au contraire la puissance créatrice des meilleurs. La « tradition », dans son idée, n'est donc nullement un passage de relais, comme le veulent les conservateurs, mais la marque d'un conflit, émanant de l'envie de se différencier et de surpasser un modèle. Dans bien des cas, remarque-t-il, avec malice, l'œuvre importante est partie d'une lecture fautive de celle du devancier.

Or, c'est une idée qui a été vigoureusement contestée par Gilbert et Gubar au nom d'une prétendue spécificité féminine. Harold Bloom s'en amusait dans la préface de *The Western Canon.* « Moi, qui ai formulé le concept critique "d'angoisse de l'influence", j'ai apprécié l'insistance de l'école du ressentiment à proclamer qu'une telle idée ne saurait s'appliquer qu'aux hommes européens, blancs et morts ; et pas aux femmes, ni

1. Harold Bloom, *The Anxiety of Influence: A Theory of Poetry*, Oxford University Press, 1973.

à ceux qu'on nomme bizarrement "les multiculturalistes". Ainsi les majorettes féministes prétendent que les femmes écrivains coopèrent amoureusement entre elles comme des couseuses de patchwork, tandis que les activistes africains-américains et chicanos vont encore plus loin en affirmant leur émancipation envers quelque angoisse de contamination que ce soit : chacun d'entre eux est l'Adam du premier matin. Ils ne connaissent pas d'époque où ils n'étaient pas déjà ce qu'ils sont maintenant : autocréés, autoengendrés, leur puissance n'appartenant qu'à eux[1]. »

L'idée que les auteures femmes ainsi que les auteurs noirs échapperaient à la loi de Bloom, selon laquelle l'excellence naît de la rivalité, est très révélatrice. Les *women's studies* et les *Black studies* essentialisent les identités féminines et africaines-américaines : les femmes sont réputées « naturellement coopératives » et les Noirs « naturellement créatifs », se moque Bloom. D'un côté, ce type d'études prétend lutter contre les stéréotypes de genre et de race, de l'autre, il en propage d'autres, tout aussi risibles, en attribuant des caractéristiques psychologiques collectives aux individus en fonction de leur sexe ou de leur couleur de peau. Les généralisations abusives, attribuées au sexisme et au racisme, sont ainsi remises en usage, les contenus dénigrants étant simplement retournés de manière positive. En renvoyant le sujet autonome du côté « masculiniste » et en attribuant aux femmes une « épistémologie » (le mot fourre-tout de ces « *studies* ») fondée sur leur subjectivité, les *women's studies* renouent avec un vieux fond argumentatif typiquement misogyne :

1. Harold Bloom, *The Western Canon. The Books and Schools of the Ages*, Riverhead Books, 1994, p. 7.

les hommes sont du côté de la raison et de la culture, les femmes du côté des sentiments et de la nature... Et le vice de pensée, consistant à catégoriser, qui est au cœur de la pensée raciste, perdure.

Ainsi, les *women's studies,* en s'appuyant sur le postmodernisme, en sont arrivées à enseigner une « manière de construire la connaissance » différente selon le genre : l'expérience sociale accumulée par les femmes ouvrirait leur esprit à des réalités non perçues par les hommes. Tandis que l'« épistémologie masculine » est réputée quantitative, rationnelle, objective, celle des femmes est qualifiée de « qualitative, émotionnelle et subjective[1] ». Les normes qui organisent la « construction du savoir universitaire », prétend ainsi Judith Butler, sont essentiellement « patriarcales ». Il faudrait s'en affranchir, au profit d'une littérature de témoignage personnel, émanant de personnes émancipées des catégories de sexe et de genre. Dans la mesure où l'idée de vérité objective est assimilée à un simple « point de vue », celui des mâles hétérosexuels blancs dominants, c'est l'expérience vécue qui constitue la seule réalité accessible : « *identity-based experiences* ».

Mais comme l'écrit Nathalie Heinich, « la mise en avant de la subjectivité comme critère de vérité contrevient aux critères de rigueur épistémique : le ressenti, le vécu deviennent les garants de la vérité du discours – d'où la présence de plus en plus fréquente du mot "autobiographie" dans les titres des travaux (universitaires). Pire, l'expérience individuelle est érigée en garant de la justesse du discours tenu sur le groupe auquel on appartient ou proclame appartenir :

1. Joanna Williams, *Academic Freedom in an Age of Conformity*, *op. cit.*, p. 164.

il faudrait être lesbienne pour parler de l'homosexualité féminine, noire pour traduire une poétesse afro-américaine et arabe pour étudier le racisme (au fait, de quoi a-t-on le droit de parler lorsqu'on est issu d'un mariage mixte ?)[1]. »

Harold Bloom avait fort bien compris pourquoi, après avoir simplement réclamé l'élargissement du « canon » aux œuvres de davantage de femmes et d'écrivains issus des minorités, les *cultural studies* en avaient après le canon lui-même. Au nom d'un programme « idéaliste », « d'harmonie sociale et de réparation des injustices historiques », écrit-il, les *cultural studies* veulent mettre fin à toute hiérarchie entre les œuvres littéraires. Les auteurs qu'elles privilégient ne sont pas nécessairement les meilleurs, elles l'admettent volontiers, mais ceux et celles qui manifestent du « ressentiment » et « l'ont développé en tant qu'identité ». Bref, toute forme littéraire susceptible d'être mise au service du projet politique qui sous-tend ce genre d'études et se confond avec lui.

Très vite, en effet, les *women's studies* ont abandonné le simple rééquilibrage du canon des œuvres étudiées et les études portant sur le rôle, trop longtemps négligé, joué par les femmes dans l'histoire, pour se muer en vecteur d'un projet politique assumé : « la tentative explicite et revendiquée de combiner une approche du savoir avec l'impératif de provoquer un changement d'ordre politique[2] ». On y prétendait à la fois ouvrir un nouveau champ de savoir et modifier

---

1. Nathalie Heinich, *Ce que le militantisme fait à la recherche*, *op. cit.*, p. 14.
2. Joanna Williams, *Academic Freedom in an Age of Conformity*, *op. cit.*, p. 160.

la position des femmes dans la société. La confusion y est à son comble entre l'étude – qui implique « l'établissement des faits et la détermination des réalités[1] », comme disait Weber – et le projet politique assumé, entre « l'ordre de la science » et « l'ordre des valeurs » (Weber). « La théorie postmoderne ne cherche pas ce qui est factuellement exact, mais ce qui est stratégiquement utile : de manière à faire aboutir ses propres objectifs – moralement vertueux et politiquement utiles, d'après ses propres définitions[2]. »

La « théorie du genre »

C'est au sein des *women's studies* que s'est développée, dans les années 1980, la théorie du genre. Elle réfute l'idée, admise depuis de nombreux millénaires, selon laquelle l'identité sexuelle est conditionnée par le sexe biologique. Pour cette théorie, le « genre » n'est en rien conditionné par la biologie ou la physiologie ; il est le produit d'une construction sociale qui a conduit à l'oppression des femmes, à travers une distribution inéquitable des rôles sociaux – « la division, socialement imposée des sexes », selon la formule de Gayle Rubin. La « différenciation sexuée » elle-même est un mythe patriarcal ayant pour fonction de maintenir l'inégalité entre hommes et femmes. Elle n'est pas naturelle, mais fonctionnelle, et destinée à enfermer les femmes dans le « travail reproductif », afin de permettre aux hommes d'accaparer le « travail productif ». Quant à l'idée de complémentarité entre

1. Max Weber, *Le Savant et le Politique*, 10/18, 2002, p. 102.
2. Helen Pluckrose et James Lindsay, *Cynical Theories*, *op. cit.*, p. 39.

les sexes, elle procède d'une idéologie machiste qu'il y a urgence à déconstruire.

Il est intéressant de relever que le texte fondateur, à cet égard, « "Gender": A Useful Category of Historical Analysis »[1], de Joan W. Scott (1985) se soit présenté comme une triple réfutation. Une critique du féminisme en cours, auquel l'auteure reprochait de faire l'impasse sur la dimension historique du genre – dans les années qui suivirent, on vit se multiplier les études prétendant faire l'histoire des relations de genre, afin de démontrer que celles-ci étaient dictées par un certain état de société. Mais Joan W. Scott s'attaquait également aux études marxistes, qui auraient pourtant pu prétendre à une certaine antériorité dans le domaine de l'étude des rapports entre hommes et femmes. De ce côté, le reproche était celui, classique, de privilégier l'« infrastructure » (les rapports de production) au détriment des « superstructures » (la construction des genres). Enfin, elle s'en prenait à l'un des champs du savoir qui s'est montré longtemps très réticent face à la « théorie du genre » : la psychanalyse. Selon les fondateurs de celle-ci, la répartition du genre humain en femmes et hommes est au fondement de toute anthropologie. Mieux : le principe de réalité lui-même est dérivé de la prise de conscience de cette réalité.

La théorie du genre apparaît ainsi comme la formule la plus achevée du « constructivisme ». Elle récuse les limites et les oppositions binaires et elle a évolué progressivement vers l'idée que les genres ne peuvent être réduits à seulement deux, mais qu'il en existe toute

1. Joan W. Scott, « "Gender": A Useful Category of Historical Analysis », dans *Feminism and History*, Oxford University Press, 1996, p. 165.

une variété. « Le but final de la révolution féministe ne doit pas se limiter à l'élimination du privilège mâle, mais à celle de la distinction de sexe elle-même : les différences génitales entre êtres humains n'ayant plus aucune signification culturelle[1] », selon Shulamith Firestone, considérée comme précurseur.

Queer theory

La première essayiste à avoir mis le mot *queer* en circulation dans le milieu universitaire est une professeure d'études cinématographiques italienne, installée aux États-Unis, Teresa de Lauretis. Elle en avait remarqué l'usage dans certaines communautés homosexuelles de New York qu'elle avait étudiées. Elle le proposa dans une conférence prononcée, à l'université de Californie, en 1990. Il s'agissait, dit-elle, de « questionner l'expression gay et lesbienne » et de repenser les liens entre les deux mouvements, au sein desquels les secondes se plaignaient d'être marginalisées par les premiers. Dans le langage hypercomplexe, qui est devenu l'un des marqueurs de la théorie *queer*, elle appelait à « défaire les modes de subjectivisation dominants, afin d'ouvrir la voie à de nouveaux sujets sexuels », et à la formation d'un « sujet excentrique [...] constitué au travers d'un processus de lutte et d'interprétation, d'une réécriture de soi [...], une position que l'on atteint par des pratiques de déplacements politiques et personnels, en traversant les frontières et les identités socio-sexuelles et les communautés, entre les corps et les discours ». Le « sujet du féminisme »

1. Shulamith Firestone, *The Dialectic of Sex*, Bantham Books, 1970.

devait ainsi être repensé comme « mobile » dans la mesure où il est décrit comme « constitué à travers différents axes de différence[1] ».

Il n'est pas anodin que ce soit une personne dont la langue maternelle est l'italien qui ait fondé la *queer theory*. L'étymologie du mot renvoie, en effet, au latin *torquere*, qui signifie « déformer en tordant ». « *Queer* » désigne donc quelque chose de singulier et d'excentrique, comme « tordu ». À l'origine, ce mot a été utilisé en tant qu'insulte à l'encontre des homosexuels, qu'il stigmatisait comme « déviants ». Et, par un mécanisme classique de retournement du stigmate, il a été par la suite repris à leur propre compte par des militants gays. Ce que Judith Butler appelle un processus de « resignification », consistant à « s'approprier les termes mêmes par lesquels on a été insulté, afin de les vider de leur charge d'humiliation et d'en tirer une affirmation ».

Mais il a également été utilisé par certains pour se démarquer d'une identité gay décrite comme repliée sur la différence homosexuelle et devenue à son tour « normative », et par d'autres pour dénoncer une identité féminine « essentialisée » par certains courants du féminisme. Pour la théorie *queer*, en effet, et c'est l'un de ses aspects essentiels, il n'y a pas d'identité stable, mais seulement des « identités de position », issues de « performances répétées ».

On peut considérer que la théorie *queer* est largement le produit d'une rupture intervenue, au tournant des années 1980-1990, à l'intérieur du courant féministe, principalement à l'initiative de la philosophe

---

1. Teresa de Lauretis, « Feminist Theory and Historical Consciousness », *Feminist Studies*, vol. 16, n° 1, 1990.

Judith Butler. La deuxième vague féministe, née à la fin des années 1960, avait développé la théorie du genre, en posant que le sexe était une réalité biologique, mais que le genre, lui, relevait d'une construction sociale. Comme la plupart des mammifères, les humains diffèrent par leurs chromosomes sexuels, XX pour les femmes ou XY pour les hommes, mais l'organisation des rôles sociaux échappe dans une large mesure à ce déterminisme initial. Aux yeux de ces théoriciennes, il était donc admis que le sexe était une donnée naturelle irréductible, tandis que le genre, distinct du sexe, devait être tenu pour socialement construit. Dans ces conditions, l'identité sexuelle, déliée du sexe biologique, peut faire l'objet des remaniements nécessaires à la liquidation du patriarcat et de la domination masculine, objectifs des féministes de cette génération.

La révolution conceptuelle introduite par Judith Butler a consisté à faire du sexe également une construction sociale, culturelle et politique. Les *women's studies* doivent, estime-t-elle, s'émanciper du système binaire sur lequel elles étaient fondées. Il n'existe rien qui puisse être défini comme « le masculin » ou « le féminin » préalablement à leur construction. Pas même du côté de l'anatomie. Puisque le corps lui-même est « structuré par des normes culturelles » et n'a pas d'autre réalité. Il est difficile de nier absolument la réalité des données anatomiques, mais ce qui importe réellement, aux yeux de Butler, c'est leur interprétation sociale et culturelle. Et celle-ci s'impose y compris au sujet qui habite ce corps.

« On pourrait penser, écrit-elle, que l'expérience vécue du corps est première, et que les diverses façons dont la culture marque le physique affectent, par la suite, la manière dont nous vivons directement notre corps. Je tiens le contraire pour vrai. Il n'est pas possible d'avoir une expérience directe et vécue du corps sans passer par les structures culturelles qui le rendent intelligible. [...] Ce n'est pas dire que le corps de chacun lui est propre, déterminé et singulier, pour être ensuite aliéné dans ou par le biais de certaines constructions culturelles, mais que l'aliénation dans la culture est première, c'est-à-dire antérieure à la possibilité de se percevoir comme être singulier[1]. »

Quant au genre, il cesse d'être conçu comme une identité stable, choisie et définie une fois pour toutes, mais il est décrit comme « une identité tissée à travers le temps », à travers « la répétition stylisée d'actes » qui donnent « l'illusion d'un soi genré durable ». Il n'est pas non plus l'objet d'un libre choix individuel, mais prescrit, imposé. L'anthropologie de Butler est tout sauf libertaire et émancipatrice. Mieux : il n'y a pas de genre véritable, ou authentique, auquel on pourrait éventuellement se référer. Ce serait « normatif ». Il n'existe que des « citations » qui donnent une apparence d'existence artificielle à une absence. C'est pourquoi Butler se passionne pour les *drag queens* et tous les comportements liés au travestissement : ce sont, écrit-elle, « des copies de copies sans original ». « Le genre est une sorte d'imitation qui ne renvoie à aucun original ; de fait, il s'agit d'une imitation qui produit la notion même d'original comme effet et comme conséquence de cette imitation[2]. »

1. Judith Butler, « Les genres en athlétisme : hyperbole ou dépassement de la dualité sexuelle ? », *Cahiers du genre*, n° 29, 2000, p. 21-35.
2. Gayle S. Rubin et Judith Butler, *Marché au sexe*, EPEL, 2002, p. 154.

En outre, à ses yeux, il n'existe aucun rapport de causalité entre le sexe, le genre, l'orientation sexuelle et l'identité sexuelle. Chez la grande prêtresse *queer*, le constructivisme social est, on le voit, poussé à son extrême limite. « Il n'y a pas d'identité préexistante » et « le présupposé selon lequel il y aurait une vraie identité de genre se révélerait une fiction régulatrice. Si la réalité du genre est créée par des performances sociales ininterrompues, cela veut dire que l'idée même d'un sexe essentiel, de masculinité ou de féminité – vraie ou éternelle – relève de la même stratégie de dissimulation du caractère performatif du genre[1] ».

Le genre, en tant que « performance », fait advenir ce qu'il répète sans cesse parce qu'il y est contraint par la pression « hétéronormative » de la société environnante. Judith Butler emprunte la notion de « performatif » (l'acte de langage en tant qu'il réalise ce qu'il énonce, comme dans l'expression « la séance est levée ») au philosophe John L. Austin, auteur de *Quand dire, c'est faire* (1962). Mais elle le fait, selon Éric Marty, qui a étudié cette affaire en détail, par un détour du côté de la notion de « perverformatif[2] », empruntée à Derrida. Enfin, « la matrice hétérosexuelle » se donne constamment les moyens de maintenir son pouvoir. Il existe une « hétérosexualité d'institution » qui veille à la « stabilité » des rapports inégalitaires entre les sexes.

Toutefois, les butlerologues considèrent que *Undoing Gender*, paru quatorze ans après *Trouble dans le genre*, serait « le livre du reniement de la révolution théorique introduite dans les années 1990 » par

1. Judith Butler, *Trouble dans le genre. Pour un féminisme de la subversion*, La Découverte, 2005, p. 265.
2. Éric Marty, *Le Sexe des modernes*, Le Seuil, 2021, p. 98 *sq*.

la théoricienne en chef du *queer* et l'acte de naissance de « la seconde Butler[1] ». Pour celle-ci, « la différence raciale conteste désormais la primauté de la différence sexuelle comme constitutive de l'histoire des sociétés humaines ». Pire : « La *théorie* se révèle comme l'idéologie du pouvoir, et le féminisme comme le véritable complice et l'alibi de la domination blanche. » C'est le sens même des discours qu'on appelle aujourd'hui *décoloniaux* et des déplacements considérables qu'ils infligent à la pensée contestatrice. La défense du voile, de l'excision, de la polygamie, des mesures d'infériorisation des femmes dans les cultures non occidentales ne relève pas d'un relativisme culturel né d'un respect pour l'altérité, mais bien d'un choix fondamental qui établit la race comme le paradigme central de la pensée de Maboula Soumahoro, selon lequel « la question raciale structure tout. [...] [Et ainsi] les droits des femmes sont soupçonnés de prolonger la domination blanche[2] ».

Outre Judith Butler elle-même, les deux autres grandes théoriciennes *queer* sont Gayle Rubin et Eve Kosofsky Sedgwick. La première est souvent créditée d'avoir « inventé » la catégorie de genre en tant que « produit des relations sociales de sexualité ». Elle l'utilise, en effet, dès 1975, dans un article intitulé « The Traffic in Women ». Elle y pose la notion de « système de sexe/genre », dont elle donne la définition suivante : « l'ensemble des dispositions par lesquelles une société transforme la sexualité biologique en produits de l'activité humaine et dans lesquelles ces besoins sexuels transformés sont satisfaits ».

1. *Ibid.*, p. 481.
2. *Ibid.*, p. 490-491.

Devenue une amie de Michel Foucault, elle consacre sa thèse de doctorat aux communautés SM cuir de San Francisco et fonde le groupe Samois, le premier groupe de lesbiennes sado-masochistes connu. De vives polémiques l'ont opposée dans les années 1980-1990 à des leaders du mouvement féministe, comme Catharine MacKinnon et Andrea Dworkin, auxquelles elle reprochait leur puritanisme : on était en plein débats sur la pornographie, que ces féministes cherchaient à faire interdire ; et elle défendait les couples lesbiens dits « butch/fem », dans lesquels l'une des partenaires « se virilise », alors que les féministes y voyaient la reconduction des codes hétérosexuels. Elle a défendu aussi la pédophilie – à ses yeux une pratique de « diversité érotique » ayant provoqué une « panique sexuelle » comparable à celle suscitée par l'homosexualité à une autre époque – et critiquait « le tabou de l'âge » dans un texte qui fit polémique, en 1981. Elle maintenait ses positions dans *Marché au sexe*, cosigné avec Judith Butler.

Eve Kosofsky Sedgwick, disparue en 2009, s'était, elle, surtout fait connaître par des études sur la présence cachée d'une dimension homosexuelle masculine dans certaines grandes œuvres littéraires, qu'elle se faisait fort de débusquer à partir de sa méthode de « *reparative reading* ». Dans *Epistemology of the Closet* (1990), elle étudiait les stratégies ambiguës des homosexuels pour « sortir du placard » en révélant ou non leur homosexualité. C'est dans le recueil *Tendencie*s (1993) qu'elle annonce son adhésion au mouvement *queer*. Mais la définition qu'elle en donne est tellement vague que cela ne nous renseigne guère sur le programme qu'il sous-entendait à ses yeux : « le maillage ouvert des possibilités, fossés, recoupements, dissonances et résonances, écarts et excès de signification, lorsque les éléments constituant le genre de quelqu'un ou sa sexualité ne sont pas tels (ou ne peuvent pas être tels) qu'ils aient une signification monolithique ». Et, vers la fin de sa propre trajectoire, elle se définissait d'ailleurs elle-même comme « un homme gay ».

Dans *Saint Foucault*, David Halperin écrit que l'on doit au philosophe français l'idée typiquement *queer* de « la sexualité comme effet de discours », en tant que « percée politique majeure ». C'est pourquoi la théorie *queer* ignore la biologie, quand elle ne la combat pas ouvertement, puisqu'elle a l'audace de mettre au jour les différences bien réelles caractérisant respectivement le corps des femmes et celui des hommes. Être *queer* implique un refus des « paires conceptuelles binaires ». Non seulement la différence homme/femme, mais également la distinction hétérosexuel/homosexuel et surtout l'opposition entre normal et anormal, dénoncées comme résultat d'attentes sociales contraignantes. David Halperin définit comme *queer* « quoi que ce soit en rupture avec le normal, le légitime, le dominant », ce qui semble englober d'autres registres que ceux de la sexualité.

Le *queer* présume, en effet, que l'oppression vient de la « catégorisation » et que celle-ci est gravée dans le langage. En tant que projet de subversion, la théorie *queer* comporte une méfiance radicale envers le langage articulé et rationnel, dans la mesure où celui-ci serait un instrument du pouvoir et un vecteur d'oppression. L'incohérence et l'illogisme, dans ces conditions, apparaissent comme des formes de libération. Les textes *queer* ressortent généralement davantage de la littérature que des canons habituels de l'essai argumenté.

« Les *queers* ne veulent pas une place autour de la table. Ils veulent que la table soit universellement reconnue comme n'ayant que trois pieds[1] », écrit Lee Siegel. *To queer* est devenu un verbe dans le langage de la Théorie. Il renvoie au fait de « déstabiliser » les catégories conceptuelles associées à quoi que ce soit ayant à voir avec la sexualité.

Whiteness studies

Parallèlement aux *Black studies*, *women's studies* ou *gay studies*, les universités américaines sont de plus en plus nombreuses à avoir créé des départements de *whiteness studies*. Non pas *White studies,* la nuance est d'importance. *Whiteness.* Car, tandis que les autres *cultural studies* visent à célébrer les réalisations culturelles de leur communauté de référence, les « études de blanchitude » visent, au contraire, à « problématiser la blanchitude » et à « déconstruire le privilège blanc ». Aux *women's studies*, l'étude des grandes auteures femmes, aux *Black studies*, l'étude des grands auteurs noirs, aux *gay studies*, celles des grands auteurs homosexuels. Mais il ne faut certainement pas s'attendre à étudier les grands auteurs blancs dans les *whiteness studies*... La seule chose qui est attendue d'eux est le repentir.

La définition qu'en donne Wikipédia est sans ambiguïté : « Les *whiteness studies* sont l'étude des structures qui produisent le privilège blanc, l'examen de ce qu'est

1. Lee Siegel, « Queer Theory, Literature and the Sexualization of Everything: The Gay Science », dans Daphne Patai et Wilfrido H. Corral (dir.), *Theory's Empire*, *op. cit.*, p. 427.

la blanchitude quand elle est analysée en tant que race, culture et source de racisme systémique. Elle se concentre sur ce que ses partisans décrivent comme les aspects culturels, historiques et sociologiques des gens identifiés comme blancs et la construction sociale de la “blanchitude” en tant qu’idéologie liée à un statut social[1]. » Dans de nombreuses universités nord-américaines et australiennes, ces cours sont devenus obligatoires. Ils ont pour objectif proclamé, comme à Melbourne, de « déminer le racisme des Blancs ». Être noir est une identité : *to be Black*. Être blanc, une illusion destinée à donner du pouvoir : *whiteness*... L’asymétrie est troublante.

Subaltern studies

Ce concept lui-même provient des *postcolonial studies*. Il s’interprète comme suit : puisque l’Européen, colonisateur, a justifié la conquête, l’oppression et le pillage des peuples qu’il prétendait avoir « découverts », en les qualifiant, en bloc, de primitifs et de superstitieux au nom de ses prétendues Lumières, revendiquer une identité de groupe « subalterne », fondée sur d’autres manières de savoir, devient un acte de résistance au colonialisme. L’identité partagée garantit une capacité à définir et à atteindre en commun des objectifs politiques. Plus question d’en faire une « construction sociale » à déconstruire... Si les nations modernes sont des « communautés imaginées », les tribus sont, elles, au contraire, des collectivités chaleureuses et organiques qui échappent à la critique « constructiviste »...

1. https://www.wikiwand.com/en/Whiteness_studies

Edward Saïd peut être légitimement considéré comme le fondateur des « études postcoloniales ». Cette nouvelle discipline est sortie de son livre de 1978, *L'Orientalisme. L'Orient créé par l'Occident*. D'après lui, l'Occident a construit son identité en se confrontant à un Orient dont il a englobé toutes les cultures dans un regard indifférencié et méprisant. Un verbe au participe présent résume cette attitude prêtée aux Européens : *othering*. Une manière de percevoir l'autre comme tout autre – primitif, inférieur et indifférencié. À ses yeux, l'Occident ne daigne s'intéresser à « ses autres » que dans le but de les coloniser ; l'« orientalisme » a pour point de départ l'expédition d'Égypte de Bonaparte. Il serre la logique foucaldienne d'un cran supplémentaire : le savoir de l'orientaliste n'est pas seulement tributaire d'un rapport de pouvoir, il est destiné à exercer le pouvoir, à asservir.

Mais ses étudiants et disciples ignoraient qu'outre son poste de professeur à l'université de Columbia, Saïd, dont le surnom dans un tout autre milieu était Abu Wadie, rédigeait certains discours de Yasser Arafat. Il se considérait lui-même comme « homme de lettres et homme d'action[1] ». Et son livre est bourré d'erreurs factuelles autant que de partis pris. Il y fait notamment l'impasse sur les orientalistes allemands et russes, sans doute parce que ces deux nations n'ont pas créé d'empire au Moyen-Orient. En outre, dans son livre *Comment l'Islam a découvert l'Europe*, paru quelques années plus tard, le grand islamologue Bernard Lewis n'a pas eu de mal à démontrer que l'absence

---

1. Sameer Rahim, « Disorientated : the confusions of Edward Said », *Prospect*, 4 mai 2021 ; https://www.prospectmagazine.co.uk/arts-and-books/disorientated-the-confusions-of-edward-said

de curiosité de l'Orient envers l'Occident valait bien les stéréotypes auxquels les orientalistes occidentaux avaient, durant une certaine époque, réduit leur vision de l'Orient.

Après lui sont venus Gayatri Chakravorty Spivak et Homi K. Bhabha, qui doivent beaucoup à Derrida. C'est Spivak qui a réellement lancé ce genre d'études, en publiant *Can the Subaltern Speak?*, un essai figurant dans le recueil *Marxism and the Interpretation of Cultures*[1]. Pour elle, les peuples colonisés – et anciennement colonisés – n'auraient pas réellement accès au langage, tant le colonisateur aurait fait en sorte qu'il n'existe pas de manières de dire en dehors du discours dominant. Il s'agit d'une véritable « violence épistémique », par laquelle le colonisateur a essentialisé ses victimes en les considérant en bloc et en les stéréotypant. Et – c'est là que s'arrête la déconstruction – Spivak invite les subalternes à faire acte de résistance en « suspendant leur individualité », afin de retourner l'essentialisation dont ils sont victimes contre leurs oppresseurs. Et l'on retrouve, chez cette auteure, l'« essentialisme stratégique » qui consiste à adopter une identité commune provisoire dans un but politique unificateur.

Les *subaltern studies* ont servi de patron à l'évolution de la plupart des autres nouvelles « disciplines », pseudo-savantes, mais politiquement très actives, qui convergent dans la politique des identités. Il s'y agit de « problématiser » (mettre en question et donc dévaloriser) le savoir objectif et rationnel en tant qu'occidental, en lui opposant « d'autres manières de savoir », en

1. Cary Nelson et Lawrence Grossberg (dir.), *Marxism and the Interpretation of Culture*, University of Illinois Press, 1987.

promouvant des « manières alternatives de penser », qui soient « non eurocentriques », afin d'acquérir ainsi collectivement du pouvoir (*empowerment*). En l'occurrence, des « points de vue » (*standpoints*), émanant des collectivités marginalisées, racisées, dominées, etc. Tel est le fondement intellectuel, en particulier des *critical race studies*, qui présupposent que tout savoir comporte une intention morale et que celle-ci dépend de la situation sociale du sujet qui l'énonce.

Il n'y a donc plus de possibilités d'élaborer un savoir partagé parce qu'objectif, vérifiable et falsifiable selon les méthodes scientifiques. Ce qui subsiste de la « déconstruction », ce sont des savoirs particuliers, nés des expériences collectives spécifiques du monde. Et celles-ci sont exclusivement liées à la race, au genre, à la sexualité. Les faits et les valeurs ne peuvent plus être distingués.

4

La politique des identités

« Le personnel est le politique », ou la grande braderie des idéaux de gauche

Le premier essai dans lequel figure l'expression « politique de l'identité » a été publié en 1989 par une universitaire de l'université du Nouveau-Mexique, spécialiste de politique lesbienne postmoderne, Shane Phelan. Dans *Identity Politics. Lesbian Feminism and the Limits of Community*, elle y explorait les tensions existant entre la conception libérale des droits individuels et l'idéal de solidarité communautaire requis par les nouveaux mouvements basés sur des identités minoritaires. Elle y plaidait pour un « libéralisme *queer* ». À partir de 1990, de tels essais allaient se multiplier dans les bibliothèques universitaires, publiés par les départements des *studies*, chaque identité explorant ainsi la manière de transformer son expérience collective en un programme politique.

Pourtant, l'expression « *identity politics* » avait déjà fait son apparition beaucoup plus tôt. On la repère, en effet, dans la proclamation publiée, en 1977, par un groupe de lesbiennes noires, le Combahee River Collective. « Nous réalisons, écrivaient-elles, que les seules personnes qui se soucient suffisamment de nous pour œuvrer à notre libération, c'est nous-mêmes. [...] Ce recentrage sur notre propre oppression est concrétisé dans le concept de *politique de l'identité*. Nous croyons que la politique la plus potentiellement et la plus profondément radicale provient directement de notre propre identité, par opposition au travail pour mettre fin à l'oppression d'autrui[1]. »

La politique de l'identité est née ainsi, d'un recentrage de militants et militantes de la gauche radicale sur leur propre vécu. Ce recentrage avait été anticipé par le slogan, apparu en 1969, « le personnel est politique ». À nombre de militants de la génération du baby-boom, ce nouveau mot d'ordre était apparu, à l'époque, comme le signe avant-coureur d'un désastre idéologique. Elle rompait avec le principe « *come together* ». C'est pourquoi ils ne se sont pas reconnus dans la politique de l'identité qui en fut la suite logique et qui est devenue le signe de reconnaissance de la génération des millennials.

Comme le rappelait récemment George Packer, lauréat du prix Hitchens 2020, « Hitch »[2] a été l'un des tout premiers commentateurs à comprendre, dès son introduction, la menace qu'elle représentait pour les valeurs de gauche telles qu'il les concevait. Il y a discerné les risques « d'explosion du tribalisme et de polarisation » qui se sont en effet manifestés, aux États-Unis, de

1. « The Combahee River Collective Statement » ; https://americanstudies.yale.edu/sites/default/files/files/Keyword%20Coalition_Readings.pdf

2. Christopher Hitchens (1949-2011), essayiste et polémiste né en Grande-Bretagne et ayant fait carrière aux États-Unis, a appartenu au courant trotskiste dans sa jeunesse. Le romancier Martin Amis, son ami et complice de toujours, lui consacre une large part de son récit autobiographique, *Inside Story* (Calmann-Lévy, 2020).

manière évidente ces dernières années. Comme il l'écrit dans ses mémoires, il a été horrifié les premières fois qu'il a entendu, en 1969, l'expression « le personnel est politique ». Elle lui est apparue comme porteuse d'un germe de dépolitisation et d'explosion du mouvement de contestation des sixties. « À partir de ce moment-là, écrit-il, il suffirait d'être membre d'un sexe ou d'un genre, d'appartenir à une subdivision épidermique, ou manifester une préférence érotique pour se qualifier de "révolutionnaire". Pour pouvoir commencer un discours ou poser une question, la seule chose nécessaire serait d'ouvrir son speech par les mots : "Je parle en tant que…" Et s'ensuivrait une description auto-amoureuse. […] Il y a bien des façons de dater le moment où la gauche a perdu – ou, comme je préfère le dire, elle s'est elle-même défaussée de son avantage moral –, mais c'était la première fois que j'allais assister à une telle braderie[1]. »

En encourageant ainsi des minorités à « se libérer par elles-mêmes et pour elles-mêmes », une partie de la gauche renonçait au mythe mobilisateur d'une émancipation universelle par la mise à bas du capitalisme. Dans la mythologie marxiste, dominante encore dans les sixties, en luttant pour l'émancipation du prolétariat, on combattait en même temps toutes les aliénations suscitées par la société « bourgeoise ». Le racisme, la domination masculine des femmes, voire l'intolérance envers les homosexuels faisaient partie des maux censés disparaître *ipso facto* dans la société socialiste idéale de l'avenir ; comme, du reste, la division du travail entre manuels et intellectuels, ou encore les guerres entre nations…

1. Christopher Hitchens, *Hitch-22*, Atlantic Books, 2010, p. 121.

Cette nouvelle gauche radicale renonçait également à une lecture marxiste de la société en matière de place occupée par chaque personne dans le processus de production. Dorénavant serait privilégiée une vision qui fait d'un donné génétique – sur lequel l'individu n'a par définition aucun contrôle : le sexe, la race et l'orientation sexuelle – l'élément décisif d'une surdétermination sociale. Or, s'il était toujours loisible à un patron de renoncer à son statut en distribuant les actions de sa société à ses salariés, avoir la malchance de naître porteur du sexe masculin et avec la peau blanche vous rangeait dorénavant d'emblée dans le camp des oppresseurs et des nouveaux ennemis du peuple...

La revendication de droits spécifiques en fonction de critères identitaires ne s'inscrit pas dans le cadre d'une exigence d'émancipation universelle. Au contraire : elle rend probable une multiplication de micro-affrontements. Pour s'en tenir au seul féminisme, on a vu les féministes lesbiennes se dissocier des féministes « cisgenre », des féministes noires refuser d'ouvrir leurs cortèges aux féministes blanches, des féministes « TERF »[1] protester contre la présence de « femmes trans » dans les toilettes ou les prisons pour femmes... Autant l'idéal socialiste visait à mobiliser

1. Trans-Exclusionary Radical Feminists : militantes féministes déniant aux transsexuelles, et plus généralement aux personnes nées hommes, mais « s'identifiant comme femmes », les droits spécifiques liés à la condition féminine. L'auteure J. K. Rowling a été ainsi traitée de « transphobe » pour avoir écrit : « Une femme est une personne qui a des règles. » De nombreuses féministes ont vu leur compte Twitter suspendu ou supprimé pour avoir défendu de telles positions. C'est notamment le cas de la journaliste canadienne Meghan Murphy.

« les larges masses » contre une minorité d'exploiteurs, autant la politique des identités tend à faire exploser les forces de gauche, en subdivisant sans cesse les mouvements identitaires en fonction d'un critère de marginalisation toujours plus poussé. Car au sein de toute minorité se trouve toujours un sous-ensemble encore plus marginalisé, qui réclame des droits encore plus spécifiques au nom d'un sentiment de victimisation encore plus aiguisé.

Autre témoin capital du tournant identitaire d'une gauche radicale dont il fut l'un des animateurs, le baby-boomer Todd Gitlin (né en 1943) en propose une analyse psychosociologique très documentée[1]. Les États-Unis sont une société d'immigrés, rappelle-t-il. La culture nationale y a longtemps été fondée sur le double idéal d'un arrachement aux origines et sur l'utopie d'une autocréation individuelle (le mythe du *self-made man*). Le mouvement incessant qui caractérise la vie américaine[2], la fluidité des situations et l'évanescence des choses ont causé, par compensation, un profond besoin d'ancrage psychologique. Face à une histoire qui, dans les années 1960-1970 en particulier, a donné l'impression de s'emballer dans une sorte de fuite en avant, de *perpetuum mobile*, les identités collectives basées, non plus sur l'origine géographique des ancêtres comme autrefois, mais sur le genre et

1. Todd Gitlin, « The Cant of Identity », dans Daphne Patai et Wilfrido H. Corral (dir.), *Theory's Empire*, *op. cit.*, p. 400.

2. Fort bien décrit par Tocqueville : « Il se fixe dans un lieu dont il part peu après pour aller porter ailleurs ses changeants désirs. [...] Il promène çà et là dans les vastes limites des États-Unis sa curiosité inquiète. [...] La mort survient enfin et elle l'arrête avant qu'il se soit lassé de cette poursuite inutile d'une félicité complète qui fuit toujours » (*De la démocratie en Amérique*, Robert Laffont, p. 521).

la race sont soudain apparues, aux individus, comme offrant le sentiment de permanence et de stabilité dont ils éprouvaient le besoin.

Comme Hitchens, Gitlin relie également ce réinvestissement de la race et du genre à la vague de désillusions provoquée par l'échec politique des mouvements des sixties : l'élection de Richard Nixon à la présidence en 1968, puis sa réélection triomphale (on l'oublie souvent), avec une majorité historique, en 1972. Revers auxquels il conviendrait d'ajouter la fin des derniers espoirs placés par certains dans le communisme, suite à l'écrasement de l'Avril 68 polonais et du printemps de Prague[1]. En proclamant que « le privé est politique », la politisation des identités aurait ainsi servi de substitut à la lutte politique classique, décidément trop décevante. Le tribal aurait pris le relais du civique.

Dans un premier temps, rappelle Gitlin, ces luttes identitaires ont été présentées par leurs animatrices et animateurs comme une nécessité provisoire, destinée à rééquilibrer les rapports de force au sein du mouvement de la gauche estudiantine : les militantes ne voulaient plus être cantonnées au service du café et au repos du guerrier... Mais on s'est aperçu progressivement que « le séparatisme n'était pas une étape sur la voie d'une réconciliation intellectuelle et politique : il s'institutionnalisait. [...] Les exigences de non-visibilité de race et de genre (*race and gender blindness*) et d'inclusion basculèrent vers des *exigences dévorantes de race et de genre.* L'exigence de respect pour la différence – ce qui en vint à être appelé multiculturalisme – débouchant souvent

1. J'ai développé ces idées dans mon ouvrage *1969. Année fatidique* (Éditions de l'Observatoire, 2019), auquel je me permets de renvoyer.

sur la création de monocultures parallèles[1] ». Celles-ci se figèrent dans un « séparatisme culturel ». On bascula d'une requête de droits civiques et sociaux communs et égaux – le programme de Martin Luther King – à des revendications de plus en plus particularistes, entretenues par « l'extase de la marginalité ». Freud, déjà, avait relevé comment « le narcissisme de la petite différence » pouvait conforter des identités individuelles fragilisées. On conçoit combien un tel programme a pu combler le besoin de reconnaissance des nouvelles générations estudiantines, habituées depuis leur enfance à bénéficier d'une attention et de protections excessives...

Tandis que Reagan remportait triomphalement deux mandats successifs durant les années 1980, la gauche radicale, réfugiée dans les abris tranquilles des citadelles universitaires, s'y serait radicalisée comme en serre chaude, à l'abri des réalités sociales. C'est là que se serait élaborée la politique des identités avant de se répandre, ensuite, dans la société entière.

L'activisme politique radical est, de fait, aux États-Unis, un privilège des enfants des classes aisées et la grande affaire des étudiants. Les frais d'inscription aux universités ne sont pas à la portée de ceux des classes populaires.

En se convertissant à la politique de l'identité, non seulement la gauche radicale américaine a rompu intellectuellement avec le mythe de la solution unique à tous les problèmes de l'humanité, mais elle a fait exploser, selon des lignes de fracture ethniques, sexuelles et autres, « le mouvement », unitaire, massif et cohérent, qui s'était déployé, dans les années 1960 aux

1. Daphne Patai et Wilfrido H. Corral (dir.), *Theory's Empire*, *op. cit.*, p. 402.

États-Unis, dans le cadre de la lutte pour les droits civiques et sous l'autorité de Martin Luther King[1]. À la faveur de ce tournant politique, mal perçu sur le moment, la gauche militante se défaussait également de la supériorité morale que lui avait valu le fait d'avoir constamment privilégié les luttes en faveur de droits universels et la solidarité avec d'autres plutôt que la défense des intérêts personnels. À partir de là, ce serait désormais « chacun pour soi » – dans le cadre d'une société capitaliste dont, dans les faits, on allait tendre à s'accommoder de plus en plus ouvertement.

Alchimie : la transmutation des identités en politique

Comme le souligne Marie Moran, une universitaire irlandaise qui a travaillé sur l'histoire du mot « *identity* », cela fait sans doute des siècles que des gens se sont mobilisés pour des questions tenant au sexe, à l'ethnicité, à la région ou à la nation. Mais jamais, avant les années 1960-1970, ils ne l'avaient formulé en matière d'*identité*[2]. D'après ses recherches, le mot et le concept sont d'ailleurs introuvables tant dans les écrits de W. E. B. Du Bois[3] que dans ceux de

1. Laurent Bouvet a montré, dans *Le Péril identitaire* (Éditions de l'Observatoire, 2020), le rôle précurseur joué par la National Conference for New Politics qui s'est tenue à Chicago, en 1967. À l'époque, le parti démocrate a refusé d'entrer dans une logique de coalition des minorités.

2. https://www.researchgate.net/publication/302596666_Identity_and_Capitalism

3. W. E. B. Du Bois (1868-1963) est le premier Afro-Américain à avoir obtenu un doctorat à Harvard. Cofondateur de la National Association

Mary Wollstonecraft[1]. Certes, sous l'influence de la psychanalyse, on parlait, après guerre, de « troubles de l'identité », mais c'était par référence au « *self* », à l'idée d'intégrité personnelle, de permanence d'une individualité particulière au cours du temps. Et cela n'avait rien à voir avec la politisation de l'identité, qui serait donc un phénomène récent.

« Dans un cours laps de temps à partir de 1971, écrit Moran, soudain tout le monde a semblé se mettre à parler d'identité. Les mouvements africains-américains, féministes, gays et lesbiens déclarèrent leur fierté, nouvellement articulée, en matière "d'identité". Les politiciens discutèrent de "l'identité nationale", des festivals multiculturels se mirent à célébrer les "identités ethniques", les *teenagers* à tomber victimes des "identités individuelles" et les hommes blancs d'âge mûr traversèrent des "crises d'identité". » Et elle juge significatif que Malcolm X, théoricien d'un nationalisme séparatiste noir, ait utilisé l'expression « identité noire » à de nombreuses reprises dans ses discours, tandis que Martin Luther King, qui défendait le point de vue antiraciste égalitariste et universaliste, ne l'a jamais fait.

Selon sa thèse, non seulement le mot était idéalement adapté pour décrire les nouvelles relations nouées entre l'individu et la société dans l'Amérique contemporaine, mais son emploi aurait provoqué un effet en retour sur la manière dont les Américains perçoivent dorénavant

---

for the Advancement of Colored People, il est considéré, dans les *Black studies*, comme l'un des fondateurs de l'identité noire américaine.

1. Mary Wollstonecraft (1759-1797), femme de lettres britannique, considérée comme précurseur du féminisme identitaire dans les pays anglo-saxons.

aussi bien leurs relations entre eux que celle dont ils se conçoivent en tant que nation. Il aurait ainsi beaucoup contribué à restructurer progressivement leur société autour des thèmes du genre et de la race, en les liant à la question du pouvoir collectivement détenu et exercé.

Les États-Unis des Pères fondateurs s'étaient pensés comme un refuge d'immigrés, œuvrant à la construction d'une nation idéale et exemplaire (la fameuse « cité sur la colline » de John Winthrop). Républicains, ils concevaient la citoyenneté dans un sens assez proche du nôtre, comme un lien civique oublieux des particularismes, qu'ils soient religieux ou ethniques. La devise de l'État fédéral, « *E pluribus unum* », « De plusieurs, un », est aujourd'hui vivement contestée par une partie de la nouvelle gauche. Et elle juge les Pères fondateurs comme des hypocrites, ayant oublié les Noirs et les Amérindiens dans leur programme d'émancipation universelle.

Il est significatif que la politique des identités se soit développée dans les années 1990. Son développement coïncide avec le triomphe, intellectuel et politique, du mouvement des droits civiques né dans les années 1960. Bill Clinton a dit un jour : « Si, en vous retournant vers les sixties, vous pensez qu'elles ont fait plus de bien que de mal, vous être probablement un démocrate. Si vous pensez, au contraire, qu'elles ont fait plus de mal, alors vous êtes probablement un républicain. » Avec le baby-boomer emblématique Bill Clinton (né en 1946) à la Maison-Blanche, de 1993 à 2000, les sixties ont été au pouvoir. Jamais les États-Unis n'avaient été moins racistes ; jamais l'aspiration à l'égalité entre hommes et femmes n'avait paru aussi près d'être comblée ; les ultimes discriminations légales frappant les homosexuels tombèrent, Bill Clinton obtenant leur admission dans les forces armées.

Mais c'est alors que, paradoxalement, se mirent en place des dispositifs intellectuels tendant à démontrer que le racisme, la misogynie, le patriarcat et l'homophobie étaient des fléaux redoutables et omniprésents...

Pourquoi un tel décalage entre la réalité d'une société qui s'avère être probablement la plus tolérante de l'histoire humaine et le ressenti de certaines minorités en son sein ?

Durkheim y a répondu dans un texte fameux : « Imaginez une société de saints, un cloître exemplaire et parfait. Les crimes proprement dits y seront inconnus ; mais les fautes qui paraissent vénielles au vulgaire y soulèveront le même scandale que fait le délit ordinaire auprès des consciences ordinaires. Si donc cette société se trouve armée du pouvoir de juger et de punir, elle qualifiera ces actes de criminels et les traitera comme tels[1]. » Plus les discriminations de race, de sexe, de genre et d'orientation sexuelle disparaissaient dans les faits, aux États-Unis, plus les étudiants étaient invités à traquer la manière dont elles s'étaient infiltrées dans le langage, en particulier dans le langage savant, encore récemment utilisé dans leurs universités. L'idée étant que si ces discriminations étaient désormais interdites par des lois et que celles-ci étaient effectivement appliquées, les vieux préjugés racistes, sexistes, homophobes, eux, persistaient. Ce qui n'était sans doute pas complètement inexact.

1. Émile Durkheim, *Les Règles de la méthode sociologique*, Alcan, 1919, p. 85.

Des majorités démocrates automatiques ?

Avec les « New Democrats » de Bill Clinton (1993-2000), puis, au Royaume-Uni avec le « New Labour » de Tony Blair (1997-2007), une « nouvelle gauche », inspirée par les travaux en amont du Democratic Leadership Council, se trouvait alors au pouvoir dans de très nombreuses démocraties libérales : des gauches recentrées, désidéologisées et pragmatiques. Elles estimaient que des programmes sociaux, parfois trop généreux, avaient eu tendance à engendrer une culture de la dépendance et à décourager le travail et l'effort. Pour des raisons budgétaires et fiscales, il était devenu difficile d'étendre davantage la protection sociale. Clinton s'affichait aussi partisan des valeurs familiales et de la fermeté dans le domaine de la répression de la délinquance. L'effondrement sur lui-même du monde soviétique créait, en outre, de nouvelles opportunités pour la mondialisation à laquelle s'identifiait volontiers cette gauche optimiste. Elle favorisait nettement les nouvelles technologies et ce qu'on appelait alors « la révolution de l'information », au détriment des industries traditionnelles, réputées polluantes.

C'est à cette époque que s'est nouée l'alliance entre le monde des start-up – qui allait créer tant de nouvelles fortunes – et la gauche moderne. L'idéologie de ce centre gauche était « l'ouverture ». Un mot d'ordre un peu vague. Mais le pragmatisme gestionnaire de ces dirigeants plaisait : Clinton a été réélu triomphalement en 1996 et Blair est le seul dirigeant travailliste britannique à avoir gagné trois élections générales consécutives.

En 1997, Paul Starr, cofondateur de la revue *The American Prospect*, publia un article qui allait faire grand bruit[1]. Il observait que de nombreux États du Sud, acquis aux républicains depuis Nixon, avaient basculé en faveur de Bill Clinton aux présidentielles de 1996 et il mettait en évidence le rôle joué dans ces victoires par les électeurs d'origine hispanique : ils avaient massivement voté en faveur des démocrates. Certes, relevait-il, ils ne représentaient à l'époque que 10,5 % de la population totale des États-Unis, mais leur fertilité étant largement supérieure à celle des autres catégories de la population et l'immigration en provenance du Sud aidant, les Hispaniques étaient destinés à constituer prochainement un segment électoral décisif. En outre, les seniors (plus de 65 ans) votaient davantage pour les démocrates qui leur promettaient une meilleure couverture sociale des soins médicaux (Medicare) ; or, pour cause de baby-boom, ils allaient, eux aussi, devenir plus nombreux. Si l'on ajoutait que les Noirs étaient traditionnellement fidèles aux démocrates depuis les années 1960, l'avenir politique de ce parti s'avérait prometteur.

Une thèse qui allait être développée quelques années plus tard avec un très grand succès par John B. Judis et Ruy Teixeira dans leur ouvrage *The Emerging Democratic Majority* (publié en 2002). Judis et Teixeira considéraient comme acquis aux démocrates le vote des femmes qui travaillent, celui des Hispaniques, des Noirs et des minorités sexuelles. Pour de simples raisons démographiques, ce parti était censé bénéficier dorénavant d'une majorité automatique et permanente.

1. Paul Starr, « An Emerging Democratic Majority », *The American Prospect*, novembre-décembre 1997.

Le nouveau clivage ne passait plus entre les exploiteurs et les exploités, ni même entre les riches et les pauvres, mais entre les « dominants » (les hommes blancs hétérosexuels déjà minoritaires et en voie de réduction numérique) et les « dominés » (tous les autres). Les hommes blancs appartenant à la classe ouvrière, qui avaient formé le socle électoral du parti depuis le New Deal, allaient se sentir doublement abandonnés par la gauche : en tant qu'hommes blancs et en tant que victimes des délocalisations encouragées par les démocrates au nom de la protection de l'environnement. Mais la classe élue des marxistes avait clairement déçu les espoirs placés en elle. Elle ne s'était pas révélée à la hauteur de sa mission historique de renversement du capitalisme... C'est ce qu'écrivaient les concepteurs du « populisme de gauche », Ernesto Laclau et Chantal Mouffe, dans un livre qui pose les premiers jalons de ce qui allait devenir la politique des identités[1].

Peu avant les élections de novembre 2020, l'essayiste néerlandais vivant aux États-Unis Ian Buruma mettait en garde les démocrates contre la tentation de jouer la carte identitaire, pour répliquer aux appels de pied lancés par Trump en direction de l'électorat blanc. « Les convictions de gauche ou laïques, écrivait-il, ne sauraient être associées à quelque appartenance raciale que ce soit. Les Blancs les plus instruits sont précisément plus susceptibles de les adopter. Et ceux qui estiment qu'une coalition de minorités non blanches constitue la

1. Dans *Hégémonie et stratégie socialiste* (publié en anglais en 1985 et traduit en français en 2008), ces deux auteurs appellent la gauche radicale à dépasser les schémas marxistes et à intégrer les nouveaux mouvements sociaux : féministes, noirs, homosexuels, antinucléaires, etc.

meilleure opposition au chauvinisme blanc de Trump feraient bien de réfléchir. Un grand nombre d'Afro-Américains et de Latinos sont croyants et conservateurs sur le plan social. [...] Faire de l'opposition aux privilèges blancs l'élément majeur de la lutte contre Trump risquerait non seulement de repousser beaucoup d'électeurs dont les démocrates ont besoin, mais également de monter les électeurs les uns contre les autres[1]. »

Et Robert Lynch, un anthropologue, le dit crûment : « Au cours des quatre dernières années, l'idée que le genre ou l'ethnicité puisse être le facteur le plus décisif en vue de la qualification d'un candidat à des élections a gagné tant de terrain, à gauche, que peu de politiciens démocrates seraient prêts, comme l'a fait Bernie Sanders, à déclarer : "Ça ne suffit pas de dire : Hé, je suis latina, votez pour moi !" Il a été accusé pour cela de suprématisme blanc... Peu d'entre eux désirent se dresser pour une Amérique qui tenterait d'unir le pays en surmontant les intérêts qui découlent de l'identité. » Le résultat de cette fracturation du pays, relève-t-il, c'est que les États-Unis figurent au 142e rang, au classement du capital social, qui mesure l'intensité des relations sociales par les valeurs et les normes partagées, juste entre la Guinée-Bissau et le Sud-Soudan. Quand des pays du nord de l'Europe, comme la Finlande et l'Islande, où il a vécu, se classent premier et troisième[2].

---

1. Ian Buruma, « The Race Card in America », *Project Syndicate*, 5 août 2019 ; https://www.project-syndicate.org/commentary/racial-politics-in-america-2020-presidential-election-by-ian-buruma-2019-08

2. Robert Lynch, « Kin, Tribes, and the Dark Side of Identity », Quillette, 22 novembre 2020 ; https://quillette.com/2020/11/22/kin-tribes-and-the-dark-side-of-identity/

Mais cette politique des identités, prônée dorénavant par une fraction importante au sein du parti démocrate, constitue également une rupture avec les idéaux de la gauche libérale à laquelle appartient Obama. Car au lieu de viser à élargir les libertés individuelles et à desserrer les contraintes dans un esprit optimiste de confiance en l'avenir, elle se nourrit du ressentiment alimenté par les oppressions subies dans le passé. Et elle tend à restreindre la liberté de parole de ses adversaires au nom du respect qu'elle exige pour les causes qu'elle défend. Aux yeux de cette gauche moralisatrice et inquisitrice, la tolérance des libéraux est la preuve de leur complicité avec « les forces du Mal », celles du conservatisme.

« Notre société civile, écrit George Packer, est de plus en plus fracturée selon des critères identitaires – un autre moyen sûr de tuer l'impulsion de penser. Il est devenu parfaitement normal qu'experts et politiciens voient dans la race et le sexe des critères qualifiant ou disqualifiant les candidats aux plus hautes fonctions de l'État[1]. » En effet, alors que les administrations présidentielles américaines d'autrefois cherchaient à refléter les équilibres politiques et géographiques du pays, dorénavant leur composition est devenue un vrai casse-tête : il leur faut respecter, outre la parité hommes/femmes, des quotas implicites de minorités ethniques et sexuelles. La nouveauté de l'équipe Biden est ainsi la présence d'une femme transgenre, Rachel Levine, nommée secrétaire

1. Matt Johnson, « Refus des thèses identitaires : Christopher Hitchens, le précurseur », *Le Point* (Quillette), 20 juin 2020 ; https://www.lepoint.fr/debats/refus-des-theses-identitaires-christopher-hitchens-le-precurseur-20-06-2020-2380977_2.php

adjointe à la Santé. Père de deux enfants dans une vie antérieure[1], elle a entamé sa transition vers le sexe féminin en 2011[2].

Il faut souligner que cette extraordinaire révolution politique n'aurait pu être rendue possible sans que, parallèlement, une révolution intellectuelle intervienne dans le monde académique. Il est nécessaire d'en retracer brièvement les lignes directrices.

De la déconstruction aux reconstructions stratégiques

Les auteurs de *Cynical Theories*, Helen Pluckrose et James Lindsay, montrent bien la manière dont, au sein des universités nord-américaines, le « virus post-moderne » a muté, passant d'une phase acharnée à « déconstruire » l'idée même de vérité objective à une autre, visant la création de pseudo-savoirs concurrents, basés sur l'expérience intime mais collective de catégories sociales données pour « dominées ». À l'origine, dans les années 1960 et 1970, la « Théorie » entendait démystifier les catégories traditionnelles de sexe, de genre, de race, de nationalité, en les renvoyant à une « construction sociale » artificielle. Elle faisait la promotion d'un relativisme culturel et moral radical afin de miner la légitimité des savoirs traditionnels, censés conforter des situations de pouvoir.

1. Wikipédia, toujours à la pointe de la correction politique, la qualifie de « parente »...

2. Un magazine conservateur chrétien, *The Daily Citizen*, a vu son compte Twitter fermé pour un tweet la qualifiant « d'homme qui croit être une femme ».

Mais au cours de la deuxième phase, dont on peut dater la naissance au tournant des années 1980 et 1990, on a assisté à une sorte de reconstruction paradoxale de certaines identités, voire à leur essentialisation. Au nom d'une « victimisation », présente ou passée, l'individu est entièrement défini par une appartenance communautaire, censée non seulement lui permettre l'accès à un savoir particulier, mais lui ouvrir des droits spécifiques. On l'aura compris : l'heure n'est plus à la déconstruction des « grands récits », mais à la création et à la montée en puissance d'une collection de « petits récits » identitaires et victimaires, dont chacun s'absolutise dans son coin. Par la vertu de « l'intersectionnalité », censée les conjuguer, ils produisent une véhémente fanfare d'indignation morale. Comme l'écrivent Pluckrose et Lindsay, la Théorie cesse alors de se donner pour but de décrire la société en « minant la confiance existant en des modèles de description de la réalité éprouvés » pour se muer en outil de la « justice sociale ». De descriptive, elle s'assume comme prescriptive.

Et les auteurs de *Cynical Theories* n'ont pas tort de voir dans cette deuxième vague une « mise en application de la Théorie » : « Si l'injustice sociale est provoquée par la légitimation de mauvais discours, raisonnent les activistes, la justice sociale peut être réalisée en les remplaçant par d'autres. Les universitaires des départements de sciences sociales et d'humanités qui ont adopté cette approche ont commencé à former une communauté morale de gauche, plutôt que des communautés purement universitaires : un corps intellectuel préférant plaider pour ce qui devrait être qu'à tenter d'évaluer ce qui est, de manière détachée. Une attitude plus communément associée avec les Églises qu'avec les universités[1]. »

Le postmodernisme à la mode durant les années 1960-1980 a été alors dénoncé comme un luxe que pouvaient se permettre des professeurs blancs, bourgeois, privilégiés, mais dont les membres des minorités n'avaient que faire. Ainsi, à la fin des années 1980, « bell hooks »[2] l'accusait d'avoir fait l'impasse sur l'oppression particulière dont sont victimes les femmes noires. « La critique postmoderne de "l'identité", écrit-elle, quoique significative pour le renouveau de la libération noire, est souvent formulée de manière problématique. Étant donné l'omniprésence politique de la suprématie blanche, nous ne pouvons pas congédier aussi cavalièrement l'identité politique[3]. »

L'inventrice de la notion capitale d'« intersectionnalité », Kimberlé Crenshaw, professeure afro-américaine de droit à l'université de Columbia, a également rompu des lances avec le postmodernisme. Dans son essai « Mapping the Margins: Intersectionality, Identity, Politics and Violence Against Women of Color », elle écrit : « Dire qu'une catégorie telle que la race ou le genre est socialement construite n'est pas dire que de telles catégories sont sans signification dans notre monde. Elles ont du sens et des conséquences. » Et elle insiste sur la différence, fondamentale à ses yeux, entre « se déclarer noir » et « se trouver être noir » (par hasard).

---

1. Helen Pluckrose et James Lindsay, *Cynical Theories*, *op. cit.*, p. 48.
2. Nom de plume d'une universitaire féministe noire, Gloria Watkins.
3. Cité dans Helen Pluckrose et James Lindsay, *Cynical Theories*, *op. cit.*, p. 55.

« Nous pouvons tous reconnaître la distinction entre la déclaration : “Je suis noir” et la déclaration : “Je suis une personne qui se trouve être noire”. “Je suis noir” prend l’identité socialement imposée et la dote de pouvoir en tant que fixation d’une subjectivité. “Je suis noir” n’est pas simplement une déclaration de résistance, mais aussi un discours positif d’auto-identification, intimement lié aux célébrations telles que le “*Black is beautiful*” du nationalisme noir. “Je suis une personne qui se trouve être noire”, de l’autre côté, réalise l’auto-identification en visant à une certaine universalité. (En réalité “je suis d’abord une personne”) et un congédiement concomitant de la catégorie posée (“noir”) en tant que contingente, de circonstance, non déterminante[1] ».

Chassez l’identité par la porte, elle revient par la fenêtre. Mais il s’agit d’une notion de l’identité assez ambiguë : il ne suffit pas vraiment d’appartenir à une minorité reconnue comme désavantagée pour être considérée par elle et bénéficier de sa solidarité. Il faut aussi en avoir pris conscience[2] et en épouser l’agenda politique particulier. Ainsi, les intellectuels afro-américains qui adhèrent sans réserve au mouvement Black Lives Matter (BLM) sont qualifiés « d’authentiques voix noires » (*authentic black voice*). Mais un Noir conservateur est jugé « inauthentique ». Ainsi, de la star du rap Kanye West, Ta-Nehisi Coates écrit

1. Kimberlé Crenshaw, « Mapping the Margins: Intersectionality, Identity, Politics, and Violence Against Women of Color », *Stanford Law Review*, n° 6, 1991 ; cité dans Helen Pluckrose et James Lindsay, *Cynical Theories*, *op. cit.*, p. 124.

2. Au sens où l’on parlait de « conscience de classe » chez les communistes.

qu'il « agit en blanc » (*acting white*). L'indépendance que Kanye West réclame vis-à-vis du mouvement BLM, c'est la « liberté blanche », lui reproche-t-il. Bref, écrit-il, il est noir, mais « il n'est pas noir[1] »... Être noir n'est pas seulement une question de couleur de peau, mais de culture et surtout de politique. Sur Twitter, @ emibaal écrit (en français) : « Le Noir Obama incarne surtout un Blanc comme les autres, l'imposture et le boniment, l'histoire jugera. »

De même, être homosexuel et l'assumer jusqu'à épouser le compagnon de sa vie ne suffit pas à mériter le titre de gay de plein exercice. Ainsi, Pete Buttigieg, candidat à la nomination lors des primaires démocrates de 2020, a fait l'objet d'une campagne de dénigrement assez nauséabonde. Or, comme le relève un contributeur de Quillette, Brad Polumbo, elle ne provenait pas des milieux homophobes habituels, mais d'une partie de la communauté LGBT[2].

Dans la revue de gauche *The New Republic*, sous le sobriquet de « Mary Pete », Buttigieg a été décrit comme « un homosexuel bien éduqué, un mec raisonnablement blanc, qui veut être président ». « Il s'est marié au premier gars qu'il a rencontré. J'ai le pressentiment qu'il pense à se faire baiser, mais qu'il est trop coincé pour le faire », poursuit le journaliste. Bref, traduit Polumbo, « la mauvaise sorte de gay,

1. Ta-Nehisi Coates, « I'm Not Black, I'm Kanye », *The Atlantic*, 7 mai 2018 ; https://www.theatlantic.com/entertainment/archive/2018/05/im-not-black-im-kanye/559763/

2. Brad Polumbo, « Trailblazing Pete Buttigieg Revealed the Extent of "Progressive" Homophobia », Quillette, 3 mars 2020 ; https://quillette.com/2020/03/03/trailblazing-pete-buttigieg-revealed-the-extent-of-progressive-homophobia/

un gay qui n'a pas expérimenté suffisamment de sexe dans sa vie ». Dans le *Los Angeles Review of Books*, le couple stable que Buttigieg forme avec son mari, Chasten Glezman, un instituteur, est décrit comme relevant « de l'hétérosexualité sans femme ». Et dans le magazine homosexuel *The Washington Blade*, on pouvait lire : « Si Pete est élu, il sera le plus hétérosexuel des présidents gay possibles. »

Ce qu'on reproche au couple, outre leur blanchitude, c'est le fait que, par leur mode de vie, ils incarnent des valeurs traditionnelles, à cent lieues des prescriptions *queer*. Et qu'en outre, Buttigieg représente, au sein du parti démocrate, une ligne politique modérée, ce qui apparaît à « la communauté » incompatible avec le programme LGBT. Conclusion de Polumbo : « Si vous n'êtes pas un *queer* socialiste extravagant, apparemment, vous ne pouvez pas compter comme un gay authentique. »

Mais si certaines identités sont désormais à reconstruire, parce qu'elles permettent aux « dominés » de se regrouper pour acquérir du pouvoir – selon des modèles de comportement bien précis –, d'autres demeurent vouées à la déconstruction des postmodernes.

Ainsi, le célébrissime auteur noir américain Ta-Nehisi Coates, dans sa fameuse « Lettre à son fils », désigne les Noirs comme « *Blacks* », mais pour parler des Blancs, il utilise systématiquement l'expression « les gens qui se croient blancs[1] ». Il est clair qu'à ses yeux, la négritude est une identité substantielle et stable, puisqu'elle est, comme il le martèle, l'héritage douloureux de l'esclavage, des persécutions racistes et de la discrimination toujours présente ; alors que la blanchitude est à peine

---

1. https://www.theatlantic.com/politics/archive/2015/07/tanehisi-coates-between-the-world-and-me/397619/

une construction sociale : une simple croyance, une illusion. Il existe des personnes qui sont noires, cela est hors de question. Et il y a des gens qui « s'imaginent » relever d'on ne sait quelle « blanchitude », parce que cela leur sert à cultiver les « privilèges » que leur vaut un accident pigmentaire. Conclusion : la négritude est à célébrer. La blanchitude à déconstruire.

Mais attention ! Là encore, la couleur de sa peau ne suffit plus à définir le Blanc. Cristina Beltrán, professeure de *Latin American studies* à la New York University, a inventé le concept surprenant de « blanchitude multiraciale[1] » (*multiracial whiteness*). Cette universitaire butait sur un fait en totale contradiction avec tout ce qu'elle croyait savoir : un quart des électeurs latinos auraient voté pour Trump en 2020. Pire : l'un des leaders des « Proud Boys » de l'extrême droite tapageuse est un Afro-Cubain de Floride, Enrique Tarrio. Où est passée la solidarité des opprimés ?

« J'appelle ce phénomène blanchitude multiraciale », répond Beltrán. Selon elle, il faut distinguer la blanchitude en tant qu'ethnie caractérisée par une certaine couleur de peau de la blanchitude en tant que projet politique qui se caractérise à la fois par une histoire et par une idéologie. Son histoire est « issue des siècles de suprématie blanche » et elle « a à faire avec le legs de l'esclavage, la dépossession des indigènes et les lois Jim Crow ». L'idéologie, quant à elle, légitime « la distribution inégalitaire de la terre, de la richesse, du pouvoir et des privilèges », elle est fondée « sur l'idée

1. Lulu Garcia-Navarro, « Understanding Multiracial Whiteness And Trump Supporters », NPR, 24 janvier 2021 ; https://www.npr.org/2021/01/24/960060957/understanding-multiracial-whiteness-and-trump-supporters

que la prédominance de certains suppose le rabaissement des autres ». « La blanchitude est une attitude politique héritée d'une histoire marquée par la domination blanche, le racisme blanc. *Elle peut être le fait de populations non blanches*, mais aboutit au maintien de la domination des Blancs. » La blanchitude est donc la couleur d'une faute historique et d'une aberration politique et morale qui marque les Blancs, mais pas eux seulement. Car les Latinos qui votent Trump trahissent ainsi le fait qu'ils entendent maintenir une politique discriminatoire afin de bénéficier eux-mêmes des « privilèges blancs. »

« Titania McGrath », nom de plume d'un grand pourfendeur de politiquement correct, a résumé cette aberration par ce tweet d'une ironie ravageuse : « En tant que personne blanche de couleur, je m'inquiète énormément de la progression de la blanchitude noire »...

On le voit : autant la première phase, celle de la déconstruction, était désenchantée, ludique, empreinte du scepticisme élitiste et jargonnant d'une génération d'universitaires revenus du marxisme et ayant conclu de la faillite de leurs erreurs de jeunesse que l'histoire n'avait décidément pas de sens, autant la deuxième est arrogante, vindicative et sûre d'elle. Elle parle simple, dur et direct, afin d'être immédiatement comprise et d'intimider. Ce sont, cette fois, des étudiants, des millennials en l'occurrence, qui sont à la manœuvre. Ils ont pris la place des professeurs en Théorie, baby-boomers pour la plupart, parfois effrayés par la véhémence de leurs disciples.

La première phase a probablement culminé avec les *queer studies* : parce qu'elles tiennent les identités pour instables et sans matrice originale. La seconde doit beaucoup aux *postcolonial studies* et au tournant « intersectionnel » pris par les *Black studies*. On y prend les identités terriblement au sérieux. C'est même à partir d'elles qu'on prétend y réorganiser de fond en comble la société.

L'intersectionnalité, recours illusoire à la tribalisation des États-Unis

Le concept d'intersectionnalité se présente comme une nouvelle discipline universitaire qui permettrait de coiffer les différentes « *grievances studies* », tout en favorisant une « convergence des luttes ». Il a été introduit en 1989 par Kimberlé Crenshaw. Elle l'a défini comme une situation dans laquelle une personne regroupe « des caractéristiques raciales, sociales, sexuelles et religieuses qui lui font cumuler plusieurs handicaps sociaux et en font la victime de différentes formes de discrimination ». Crenshaw avait remarqué l'existence d'un angle mort dans le droit des États-Unis : le refus de la justice de prendre en compte une situation de double discrimination, illustré dans le cas, désormais fameux, d'Emma DeGraffenreid.

Cette employée noire de General Motors avait attaqué en justice sa compagnie en 1976, estimant que cette entreprise avait mis en place de manière implicite une ségrégation basée à la fois sur le sexe (les emplois de bureau étaient réservés aux femmes blanches) et sur la race (les tâches physiques, réservées aux hommes, blancs et noirs). Elle avait été déboutée au motif qu'elle ne pouvait pas plaider à la fois pour deux discriminations. Le droit, à l'époque, prévoyait de ne protéger contre les discriminations que les Noirs et les femmes, mais pas les femmes noires. « Beaucoup de gens se trouvent au croisement de multiples dynamiques d'oppression sociale, estime Kimberlé Crenshaw. La race, le sexe, mais aussi, l'hétérosexisme, la transphobie, ou la xénophobie[1]. » Et elle utilise, pour se faire bien comprendre, la métaphore du carrefour : plus il y a de rues convergentes, plus le risque de subir un accident est élevé. D'autant que les discriminations ne s'additionnent pas : elles se multiplient.

La théorie de l'intersectionnalité a été élargie bien au-delà de ce concept de base. D'une part, elle s'étend à présent à toute personne qui, par un aspect de sa personnalité, s'écarte d'une norme sociale ou physique dite « dominante ». Ainsi, ce ne sont plus seulement les discriminations faites aux femmes, en particulier lorsqu'elles sont noires et/ou homosexuelles, mais aussi celles dont sont victimes les autistes et les obèses, même s'ils sont blancs. D'autre part, l'intersectionnalité s'est muée, contre la volonté proclamée de Crenshaw, en une théorie générale de l'oppression. C'est ce qu'a fait observer un contributeur du site Quillette, Christian Alejandro Gonzalez[2] : l'intersectionnalité renvoie désormais à l'idée d'une « injustice systémique » que subiraient, en réalité, toutes les personnes vivant en Amérique du Nord, à la seule exception des hommes blancs hétérosexuels, disposant d'un certain niveau de revenus, et d'un bon état de santé, physique et mental. Ceux-ci cumulent, en effet, « les privilèges ».

1. Coumba Kane, « Kimberlé Crenshaw : "La lutte contre le racisme doit inclure le combat contre le sexisme" », *Le Monde*, 7 mars 2019 ; https://www.lemonde.fr/idees/article/2019/03/07/kimberle-crenshaw-la-lutte-contre-le-racisme-doit-inclure-le-combat-contre-le-sexisme_5432497_3232.html

2. Christian Alejandro Gonzalez, « The Illiberal Logic of Intersectionality », Quillette, 8 mai 2018 ; https://quillette.com/2018/05/08/illiberal-logic-intersectionality/

Mais dans les faits, la théorie de l'intersectionnalité, au lieu d'unifier les prétendues victimes du système social, a abouti à une « concurrence victimaire entre les groupes de victimes selon la hiérarchie intersectionnelle[1] », comme le relève le philosophe Matthew Crawford.

On en a eu la démonstration lors des « Marches des femmes » organisées pour protester contre l'élection de Donald Trump, en 2017, 2018 et 2019. Dès la première marche, les organisatrices avaient pris soin de mettre en avant en tant que coorganisatrices une musulmane voilée (Linda Sarsour), une activiste noire (Tamika Mallory), une Hispanique (Carmen Perez) et une Blanche (Bob Bland, à qui revient l'initiative de ces marches). Dès la marche de 2017, un certain nombre de féministes blanches, comme Jennifer Willis, déclarèrent qu'elles « ne se sentaient pas bienvenues » dans la marche. Sur les réseaux sociaux, des militantes noires exigeaient, en effet, des féministes blanches qu'elles « vérifient leurs privilèges ». Un groupe de féministes blanches répondirent qu'une marche des femmes devait viser à l'œcuménisme, afin de rassembler le plus grand nombre de femmes possible.

« Le désaccord reflète autant la variété des causes représentées dans la marche qu'un partage générationnel, écrivit la journaliste Farah Stockman dans le *New York Times*. De nombreuses femmes blanches plus âgées ont passé leur vie à lutter pour des droits tels que la protection sur les lieux de travail que les plus jeunes femmes tiennent pour acquis. Beaucoup de jeunes

1. Matthew Crawford (né en 1965) présente un parcours très original : formé à la fois en physique et en philosophie, il se partage entre cette dernière et la mécanique. Il a notamment publié *Éloge du carburateur*, célébrant le travail manuel (La Découverte, 2010).

activistes ont passé les années récentes à protester contre les manières d'agir de la police – des sujets dont elles estiment que trop de Blanches de gauche ont ignorés. […] Pendant trop longtemps, selon les organisatrices, le mouvement des droits des femmes s'est intéressé à des sujets importants aux yeux des femmes blanches financièrement à leur aise. Mais les femmes des minorités, disent-elles, ont d'autres priorités. » Le salaire minimum et les violences policières, pour les femmes noires. Le risque d'être expulsées pour les immigrées sans papiers[1].

Mais au cours des années suivantes, les fractures internes se sont aggravées. L'une des organisatrices, Teresa Shook, accusa Sarsour, Perez et Mallory d'avoir participé à des manifestations de Nation of Islam, au cours desquelles son leader Louis Farrakhan avait tenu des propos antisémites d'une rare violence. Sur le site juif Tablet, les accusations d'antisémitisme contre Perez et Mallory se firent plus précises. Des féministes accusèrent alors des transgenres de « masculinisme »… Comme le dit Matthew Crawford, « cette coalition instable ne tient que par l'invocation rituelle de la cause de tous les maux : le mâle blanc hétérosexuel. Sans lui et sa souillure morale, la logique selon laquelle les femmes, les personnes de couleur et les gays sont sacralisés ne pourrait perdurer[2] ».

---

1. Farah Stockman, « Women's March on Washington… », *The New York Times*, 9 janvier 2017 ; https://www.nytimes.com/2017/01/09/us/womens-march-on-washington-opens-contentious-dialogues-about-race.html

2. Eugénie Bastié, « Matthew Crawford : "La lutte contre le mâle blanc hétérosexuel, ciment du progressisme" », *Le Figaro*, 1er mars 2019 ; https://www.lefigaro.fr/vox/societe/2019/03/01/31003-20190301ARTFIG00270-matthew-crawford-la-lutte-contre-le-male-blanc-heterosexuel-ciment-du-progressisme.php

C'est pourquoi le jeune essayiste noir Coleman Hughes (né en 1996) met en pièces l'idée d'intersectionnalité : « Elle part du principe que les personnes de couleur auraient toutes des intérêts communs[1]. » Ce n'est nullement corroboré par les faits : les Noirs sont majoritairement hostiles à la régularisation des immigrés clandestins, à laquelle les Hispaniques sont majoritairement favorables. Il n'est pas évident que les femmes noires soient doublement discriminées : elles ont acquis des situations professionnelles qui en font, dans les tranches d'âge inférieures à 45 ans, les égales des femmes blanches, ce qui n'est nullement le cas des hommes noirs.

En outre, l'intersectionnalité est responsable de « carences morales » : elle rend « aveugle aux préjudices ayant lieu à l'intérieur des communautés d'identité. » Il n'y a « pas de place » dans ce système de pensée pour « une lesbienne agressée sexuellement par une autre lesbienne, pour un garçon noir harcelé par un autre garçon noir qui l'accuse d'avoir "joué au Blanc", ou encore pour une jeune fille musulmane forcée de porter le hidjab. Elle ignore le plus certainement du monde les cas où la flèche du dommage infligé va "dans le mauvais sens", par exemple, quand un homme noir commet un crime inspiré par l'antisémitisme. » La récente multiplication des violences racistes commises envers les Asiatiques par des hommes noirs est systématiquement sous-estimée, voire passée sous silence, par les médias américains de gauche, comme l'a reconnu

1. Coleman Hughes, « Ce qui cloche avec l'intersectionnalité », *Le Point* (Quillette), 12 septembre 2020 ; https://www.lepoint.fr/debats/ce-qui-cloche-avec-l-intersectionnalite-12-09-2020-2391574_2.php

pour le déplorer l'éditorialiste du *New York Times*, Bret Stephens[1].

Et Coleman Hughes de pointer « les campus devenus fous » du fait de l'omniprésence de l'intersectionnalité (il enseigne lui-même à Columbia). « Au quotidien, cette théorie y est culturellement dominante ; elle sert de formule magique par laquelle sont distribuées les cartes statutaires. Être noir et *queer* est mieux coté que d'être simplement noir ou simplement *queer*. Être musulman et non binaire, mieux que d'être seulement l'un ou l'autre. Je veux dire que les gens sont plus enthousiastes à l'idée de vous rencontrer, qu'on vous couvre d'éloges et que même vos amis jouissent d'un statut social plus élevé du simple fait d'être associés à votre personne. » Par contre, « si vous êtes cisgenre, hétéro et blanc, vous commencez au bas de la hiérarchie sociale – d'autant plus si vous êtes un homme, mais cela vaut aussi pour les femmes. Ces étudiants sont ainsi fortement incités à se créer une identité qui les aide à atteindre un minimum de statut social. Certains y parviennent en se proclamant sexuellement non binaires, d'autres par des expériences sexuelles pouvant être qualifiées de *queer*. »

« Elle n'en avait peut-être pas l'intention, conclut Coleman Hughes, mais Kimberlé Crenshaw aura donné naissance à une sous-culture américaine aussi vaste qu'influente. »

1. Bret Stephens, «The Atlanta Massacre and the Media's Morality Plays», *New York Times*, 22 mars 2021.

La politique de l'identité en discussion

Comme l'écrit Francis Fukuyama, « pour l'essentiel, la politique a été définie durant le XXe siècle par des questions économiques. À gauche, la politique ciblait les ouvriers, les syndicats, les programmes sociaux et la redistribution des revenus. La droite, par contraste, était principalement intéressée par la réduction de la place de l'État et la promotion du secteur privé. La politique aujourd'hui est moins définie par des préoccupations économiques ou idéologiques que par des questions d'identité. À présent, dans de nombreuses démocraties, la gauche se soucie moins de réaliser une large égalité économique et davantage de promouvoir les intérêts d'une variété de groupes marginalisés, tels que les minorités ethniques, les immigrants et les réfugiés, les femmes et les LGBT. La droite, dans le même temps, a redéfini sa mission comme protection patriotique de l'identité nationale, souvent en liaison explicite avec la race, l'ethnicité, ou la religion[1]. »

La politique de l'identité a obtenu un grand succès auprès d'un large public de gauche, parce que beaucoup ont cru voir en elle la continuation de la lutte pour les droits civiques des années 1960. Mais il s'agit d'une illusion[2]. Le mouvement symbolisé par Martin Luther

---

1. Francis Fukuyama, « Against Identity Politics. The New Tribalism and the Crisis of Democracy », Foreign Affairs, septembre/octobre 2018 ; https://www.foreignaffairs.com/articles/americas/2018-08-14/against-identity-politics-tribalism-francis-fukuyama

2. Helen Pluckrose et James Lindsay, « Identity Politics Does Not Continue the Work of the Civil Rights Movements », *Areo*, 25 septembre 2018 ; https://areomagazine.com/2018/09/25/identity-politics-does-not-continue-the-work-of-the-civil-rights-movements/

King relevait de l'universalisme libéral. Il mettait l'accent sur les droits de l'individu et exigeait l'égalité sur la base d'une humanité commune. Il se battait pour une égale opportunité d'accès aux biens que fournit en abondance la société libérale (dont fait partie la liberté). Il s'ancrait dans les Lumières intellectuelles et le rationalisme. Il luttait contre toutes les formes de discrimination et refusait toute détermination raciale dans le destin des individus. Il ne faisait pas du genre, du sexe ou de la couleur de peau le substrat d'une politique. Au contraire. Et s'il a triomphé sur le plan politique, c'est parce qu'il en appelait aux valeurs universalistes et avait démontré que la dynamique sociale n'est pas un jeu à somme nulle : personne n'avait à perdre à l'égalité des droits dans la définition qu'en donnait MLK.

La politique de l'identité qui prend sa source dans les *cultural studies* vise, au contraire, à insuffler l'équivalent d'une « conscience de classe » à des regroupements sociaux tribalisés sur la base d'une expérience commune de marginalisation au sein d'une société ressentie comme hostile. Elle attise le ressentiment contre un ennemi commun. Elle ne se contente pas d'atomiser la société en groupes et sous-groupes ethniques, sexuels, religieux. Elle nourrit le séparatisme culturel et aggrave la polarisation politique dans la mesure où elle considère le jeu social comme à somme nulle : ce qui doit être gagné par les siens l'est nécessairement au détriment des autres.

Mais la différence fondamentale entre les luttes d'autrefois pour l'égalité des droits et la politique fondée sur l'identité est l'accent placé par la seconde sur la différence. Comme l'écrit la professeure de philosophie Sonia Kruks, « ce qui fait que la politique de l'identité s'écarte des mouvements pré-identariens d'avant, c'est leur exigence de reconnaissance fondée sur ce qui leur avait été dénié : c'est *en tant* que femmes, *en tant* que Noirs, *en tant* que lesbiennes, que ces groupes demandent de la reconnaissance. Cette demande ne porte pas sur l'inclusion dans le troupeau d'une "humanité universelle", ni pour le respect "en dépit de nos différences". Plutôt, ce qui est exigé, c'est le respect pour soi-même en tant que différent[1] ». Et c'est une rupture mal perçue : la revendication identitaire ne s'inscrit pas dans le cadre ancien de l'exigence des « mêmes droits pour tous », mais dans une logique, nouvelle, de droits spécifiques et particuliers, liés à telle ou telle identité privilégiée. Comme l'analyse très bien l'essayiste britannique Douglas Murray, « ils veulent l'égalité avec quelque chose en plus[2] ».

La politique des droits civiques reposait, comme l'illustrent les discours de Martin Luther King, sur une logique argumentative forte. Elle visait à convaincre de manière rationnelle à l'aide d'arguments acceptables par tous ; c'est pourquoi elle a été relayée par le mouvement étudiant pour la liberté de parole.

Au contraire, constate Fukuyama, « la politique identitaire de gauche menace la liberté de parole et le type de discours rationnel nécessaire au maintien de la démocratie. Les démocraties libérales s'engagent à protéger le droit de dire à peu près n'importe quoi sur le libre marché des idées, particulièrement dans la sphère politique. Mais le souci de l'identité entre

---

1. Sonia Kruks, *Retrieving Experience: Subjectivity and Recognition in Feminist Politics*, Cornell University Press, 2001.
2. Douglas Murray, *The Madness of Crowds. Gender, Race and Identity*, Bloomsbury, 2019, p. 42.

en conflit avec les exigences du discours civique. Se concentrer sur l'expérience vécue des groupes identitaires, c'est donner la priorité au monde émotionnel du moi intime, sur l'examen rationnel des questions du monde extérieur, aux opinions sincèrement exprimées sur un processus de délibération rationnel qui peut déboucher sur un changement d'opinion. Qu'une proposition soit ressentie comme offensant son amour-propre par quelqu'un est souvent suffisant pour faire taire ou discréditer son auteur ».

La politique des identités, outre qu'elle tend à atrophier, chez ses partisans, leur sens de l'humour, a développé une culture de l'offense spécifique. « Toute tentative venue de l'extérieur et constituant un défi envers la vision du monde du groupe identitaire est condamnée comme offensante et "*bigot*". » C'est la porte ouverte à « une privatisation du blasphème et à la criminalisation de l'esprit critique », relève Douglas Murray. Le groupe identitaire se réserve le droit de qualifier comme « offensant » tout propos, quelle que soit l'intention de son auteur et quel que soit le contexte dans lequel il a été prononcé. « Puisque l'allégation d'avoir été offensé n'est pas vérifiable et qu'elle est subjective, la "victime" a toujours raison[1]. » D'autant que la liste des « sujets sensibles » ne cesse de s'allonger.

1. Terri Murray, « Identity Politics : The Criminalisation of Criticism », *Uncommon Ground*, 11 août 2016 ; https://uncommongroundmedia.com/identity-politics-criticism/

Pas assez de femmes, pas assez de Noirs dans les laboratoires ?

Comme le remarque le physicien Lawrence M. Krauss, directeur du Origins Project à l'université d'État de l'Arizona, il est indéniable que les Noirs et les femmes sont sous-représentés dans les effectifs des chercheurs en sciences dures aux États-Unis. Mais affirmer que c'est en raison du racisme et du sexisme qui domineraient dans ces domaines d'enseignement et de recherche est erroné. « Une corrélation n'est pas une causalité[1] », souligne-t-il. Et lorsque le laboratoire national d'Argonne (l'un des plus importants centres de recherche des États-Unis, abritant l'accélérateur américain de particules) émet des directives dans lesquelles la méritocratie et la « *color-blindness* » sont considérées comme des « manières de biais »[2], on peut s'inquiéter.

Faut-il recruter les chercheurs en fonction de leur identité ethnique et sexuelle et au détriment de leurs compétences ? Les laboratoires Sandia[3] ont mis en place, pour leurs employés, des trainings où on leur explique que « mettre l'accent sur la rationalité au détriment de l'émotion », ainsi que la tendance à valoriser le fait de « travailler dur », sont des

1. Lawrence M. Krauss, « Science Goes Rogue », Quillette, 14 mars 2021 ; https://quillette.com/2021/03/14/science-goes-rogue/

2. Dave Boyer, « Trump signs executive order barring critical-race theory training by federal contractors », *The Washington Times*, 22 septembre 2020 ; https://www.washingtontimes.com/news/2020/sep/22/trump-signs-executive-order-barring-critical-race-/

3. L'un des principaux laboratoires de recherche sur l'énergie et l'armement nucléaire des États-Unis.

caractéristiques des « mâles blancs » contre lesquelles il convient de lutter avec détermination[1]. Et que penser des « excuses » présentées par le directeur des National Institutes of Health des États-Unis, Francis Collins, pour « le racisme structurel en recherche biomédicale », mesuré au nombre de contrats de recherche attribués ?

Shirley M. Malcolm, une éminente biologiste noire, présidente du Programme de l'éducation et des ressources humaines à l'Association américaine pour l'avancement de la science (AAAS) a, depuis longtemps, piloté toutes sortes d'initiatives pour favoriser le recrutement de femmes et de minorités dans les départements de sciences des universités. Elle a récemment déclaré avoir constaté par elle-même que les universités où elle a accumulé les diplômes (elle avait entamé sa carrière universitaire comme zoologue) n'avaient pas été « conçues pour servir les femmes noires ». « Comment allez-vous commencer à identifier et soutenir des femmes comme moi ? » demande-t-elle.

Réponse de Lawrence M. Krauss : « Ces universités sont là pour servir tous les étudiants talentueux et les aider à réaliser leur potentiel, indépendamment de leur race, genre ou religion. La première fois que je suis arrivé au MIT, je me suis senti chanceux. Il m'est apparu clairement que c'était un privilège d'y être. Ce n'était pas un droit et je n'ai jamais ressenti qu'ils avaient une obligation quelconque de me servir sur la base de mon auto-identification. »

---

1. Robby Soave, « National Nuclear Lab's Employees Sent to Seminar That Claimed "Rugged Individualism" and "Hard Work" Are "White Male Culture" », 13 août 2020 ; https://reason.com/2020/08/13/sandia-laboratory-nuclear-white-male-privilege-training/

« Il est compréhensible qu'en raison de leur oppression antérieure, les Noirs soient loin derrière les Blancs dans tous les domaines de l'éducation, [mais] je crois que la raison, c'est la conviction répandue que nous ne devrions pas être mis en situation de faire les mêmes efforts en raison de cette oppression, écrit la jeune essayiste conservatrice noire Candace Owens. [...] À travers tout le pays, on enseigne aux enfants des écoles les concepts erronés de privilège blanc et d'oppression inaliénable des Noirs. [...] Cette théorie en prêt-à-penser est appliquée de manière systématique : les pauvres sont montés contre les riches, les femmes contre les hommes et ainsi de suite. La méthode d'enseignement consistant à opposer ainsi victimes et oppresseurs est particulièrement néfaste à l'esprit de la jeunesse noire. Car s'entendre dire pourquoi vous n'êtes pas responsable de vos échecs n'est pas la meilleure façon de vous pousser à travailler dur[1]. »

Et Candace Owens va plus loin : le biais systématiquement anticapitaliste désormais répandu dans les *colleges* et les universités américaines, la dénonciation systématique des riches et de l'argent, parfois de l'entreprise elle-même, au nom de l'idéal de « justice sociale », alimentent, chez les étudiants appartenant aux minorités, un ressentiment qui les détourne – y compris de manière inconsciente – des opportunités qui leur sont offertes de réussir et de s'enrichir. Les enseignants qui croient flatter les étudiants noirs (« *pandering* », dans le lexique actuel) en préférant les traiter en victimes perpétuelles du racisme plutôt qu'en

1. Candace Owens, *Blackout. How Black America Can Make its Second Escape from the Democrat Plantation*, Threshold Editions, 2020, p. 136-137 et 142.

personnes compétentes et responsables sont peut-être animés de bons sentiments ; mais ils contribuent à les enfermer dans une culture de l'échec.

Le spectre de « mathématiques noires »

Doit-on y remédier en abaissant le niveau d'exigence, lorsqu'on a affaire à des élèves de couleur ? Ou s'agit-il d'une forme de paternalisme inspirée par un racisme inavoué ? On est en droit de se poser la question en découvrant un manuel de formation des enseignants en mathématiques de classes du secondaire, destiné à combattre le racisme. Distribué en Californie, et financé par la fondation Bill-et-Melinda Gates, il est intitulé *Une voie vers l'enseignement équitable des maths. Démanteler le racisme en mathématiques*[1].

En quelque quatre-vingts pages, on n'y trouve quasiment aucune trace de mathématiques à proprement parler. Mais une série d'instructions et d'exercices pratiques, destinés à mesurer les progrès accomplis par le professeur dans la « déconstruction du racisme dans l'apprentissage des mathématiques ». Car, y est-il spécifié, « la culture suprématiste blanche s'infiltre dans l'action quotidienne de l'enseignant de mathématiques ». L'ouvrage conseille aux professeurs de renoncer à « enseigner les mathématiques comme ils les ont eux-mêmes apprises », car ces méthodes sont « au centre des modes de traitement occidentaux et

1. « A Pathway to Equitable Math Instruction Dismantling Racism in Mathematics Instruction », PDF disponible en ligne : https://equitablemath.org/wp-content/uploads/sites/2/2020/11/1_STRIDE1.pdf

eurocentriques » et elles renforcent « l'idée qu'il n'y a qu'une seule manière juste de faire des maths ».

Les élèves de couleur doivent « apprendre les maths dans leur histoire ancestrale ». Ainsi, il faut les inciter à découvrir des origines africaines aux principales découvertes des mathématiques. Exemple : « demander aux élèves : pourquoi pensez-vous qu'on l'appelle théorème de Pythagore, alors qu'il était utilisé avant même qu'il soit né ? Comment devrions-nous plutôt l'appeler ? » Lorsque ce manuel appelle à « honorer et à reconnaître le savoir mathématique des étudiants de couleur, même s'il semble non conventionnel », à quel savoir « non conventionnel » est-il fait référence ? Au nom de la *self-esteem* des élèves de couleur, le spectre de « mathématiques noires » se profile.

On pourrait admettre que des enseignants du secondaire doivent éventuellement adapter leurs méthodes d'enseignement des mathématiques aux élèves de certains quartiers, étant donnée la médiocrité des écoles publiques, aux États-Unis. Mais que les auteurs du manuel rejettent comme « erroné » le fait que les mathématiques « soient purement objectives » et en concluent qu'il faut abandonner, comme relevant de « l'objectivité » et donc du « suprématisme blanc », « l'idée qu'il y a toujours une réponse vraie ou fausse », relève manifestement de l'idéologie déconstructiviste. Pour cette dernière, on l'a vu, les notions de vrai et de faux doivent être « interrogées ».

Qui aurait imaginé que les sciences dures elles-mêmes soient soumises à cette entreprise de démolition du savoir ? On jurerait voir ressurgir le vieux préjugé raciste selon lequel les Noirs ne sont pas assez équipés intellectuellement pour briller en mathématiques, comme ils le font en littérature, en politique, en musique, en danse et en sport.

Commentant cet ouvrage, Sergiu Klainerman, professeur de mathématiques à Princeton, fait la remarque suivante : dans le pays où il est né, la Roumanie, qui était à l'époque une dictature communiste, les mathématiques et les sciences étaient considérées comme un refuge intellectuel pour les étudiants qui cherchaient à échapper à l'endoctrinement politique auquel étaient astreints les étudiants de sciences humaines. C'est que « le communisme avait un sens profond de la réalité objective[1] », dit-il. Non seulement, l'excellence en maths conférait un grand prestige, mais cette discipline était considérée comme un « facteur d'égalisation sociale » : car ceux qui étaient nés dans des familles socialement désavantagées avaient une chance de concourir sur un pied d'égalité avec ceux qui venaient de milieux bourgeois. La « bosse des maths » n'est pas fonction de la fortune des parents. La culture mathématique ne se transmet pas de la même manière que la culture littéraire.

Mais la nouvelle gauche américaine, sous prétexte d'épargner aux élèves noirs les difficultés de leur apprentissage, tend à construire les mathématiques comme « une science blanche ». « Dans le passé, ajoute Klainerman, j'aurais dit que de tels propos devraient être simplement ignorés : trop extrémistes et absurdes pour mériter une réfutation. Mais des tendances récentes dans le pays suggèrent que nous n'avons plus ce luxe. »

En effet, « que le fait d'obtenir la bonne réponse soit considéré par certains prétendus progressistes

1. Sergiu Klainerman, « There Is No Such Thing as "White" Math », 1er mars 2021 ; https://bariweiss.substack.com/p/there-is-no-such-thing-as-white-math

comme un biais raciste est offensant et c'est extraordinairement dangereux. Toute l'étude des mathématiques est basée sur des définitions clairement formulées et des faits attestés. S'il n'en était pas ainsi, les ponts s'effondreraient, les avions tomberaient du ciel, les transactions bancaires seraient impossibles. La capacité qu'ont les mathématiques de fournir les bonnes réponses aux problèmes correctement formulés n'est pas spécifique à telle ou telle culture : c'est leur essence même. Prétendre autre chose revient à dire que les maths enseignées dans des pays tels que l'Iran, la Chine, l'Inde ou le Nigeria ne sont authentiquement les leurs, mais qu'ils les ont empruntées à "la culture suprématiste blanche". Difficile d'imaginer une opinion aussi offensante et témoignant d'une plus grande ignorance. Il n'y a pas de "mathématiques blanches" ».

Comme l'écrit la journaliste Bari Weiss : « Les mathématiques, avec leurs instruments non susceptibles d'être biaisés – 2 plus 2 égalent 4 –, ont présenté un problème pour un mouvement idéologique qui voit dans toute inégalité de résultats la preuve qu'il existerait une forme de partialité structurelle. Le problème ne pourrait pas venir de ce que certains enfants sont meilleurs en maths, ou que certains professeurs l'enseignent mieux que d'autres. Non, comme pour bien d'autres choses, l'argument "*woke*" de base contre les maths, c'est qu'elles sont intrinsèquement racistes et qu'il faut donc les rendre *antiracistes*. Ce qui s'accomplit en s'attaquant au fait qu'il y ait, bel et bien, des réponses vraies ou fausses, en renonçant à demander aux élèves de montrer leurs travaux, en prétendant que les exercices sont racistes et en supprimant les cours de rattrapage en maths[1]. » Et elle invoquait cette observation de l'économiste (noir et conservateur) Thomas Sowell : « Notre civilisation peut devenir la première à être détruite non par la puissance de ses ennemis, mais par l'ignorance de nos enseignants et par les dangereuses bêtises qu'ils enseignent à nos enfants. À l'âge de l'intelligence artificielle, nous sommes en train de créer la stupidité artificielle. »

Quand le jeune Guadeloupéen Camille Mortenol, Noir et fils d'un esclave affranchi, fut reçu à l'École polytechnique en 1880, les élèves de la plus prestigieuse de nos grandes écoles d'ingénieurs l'accueillirent par un discours qui se concluait par ces mots : « Tu peux être assuré d'avoir toutes les sympathies de tes *ans* [les anciens, autrement dit, les élèves de deuxième année]. Nous t'avons *coté* parce que l'admission d'un Noir à l'X ne s'était jamais vue ; mais nous ne songeons pas à te tourner en ridicule ; nous ne voyons en toi qu'un bon camarade auquel nous sommes heureux de serrer la main. » À la suite d'une brillante carrière d'officier de marine, Mortenol assuma, durant la Première Guerre mondiale, la responsabilité de la défense aérienne de Paris. À l'École polytechnique, nul professeur n'avait songé à lui réserver des cours de mathématiques spécialement destinés à son usage. C'est qu'ils le considéraient comme un égal et non d'abord comme une victime dont il aurait fallu ménager la sensibilité particulière. Lui était pourtant fils d'esclave. Ce qui n'est le cas d'aucun des élèves américains actuels.

« Pour parler clair, la croyance selon laquelle les Blancs doivent assumer toute responsabilité pour les

1. *Ibid.*

insuffisances des Noirs américains est une forme de pouvoir blanc. Il faudrait croire en une infériorité noire pour accepter la thèse que l'Amérique noire n'est responsable d'aucune de ses carences dans une société libre », écrit l'essayiste conservatrice noire Candace Owens. Et elle fait référence à l'indiscutable retard en mathématiques des élèves noirs, à l'issue du secondaire, lorsqu'ils posent leur candidature aux établissements d'enseignement supérieur. Au SAT (Scholastic Assessment Test), l'examen national standardisé, le pourcentage des élèves noirs atteignant le « niveau requis » en mathématiques était en 2020 de 21 %, contre 30 % pour les Hispaniques et Latinos, 59 % pour les Blancs et 80 % pour les Asiatiques[1]. Cela a des incidences importantes sur l'emploi : alors que les Noirs, Latinos et Hispaniques représentaient 27 % de la main-d'œuvre aux États-Unis en 2018, seulement 16 % étaient employés dans le secteur stratégique des STEM (science, technologie, ingénierie, mathématiques) qui sont parmi les mieux rémunérés. Seulement 5 % des médecins américains sont noirs.

Aux racistes qui, s'appuyant sur des mesures géographiques du QI assez suspectes, suggèrent l'existence d'une infériorité d'ordre génétique des facultés cognitives des Noirs, on opposera un fait éloquent : au Royaume-Uni, où l'on mesure de manière précise et sans nos pudeurs les performances des élèves en fonction de leur origine ethnique, on s'aperçoit que celles

1. Ember Smith et Richard V, « SAT Math Scores Mirror and Maintain Racial Inequity », Brookings, 1er décembre 2020 ; https://www.brookings.edu/blog/up-front/2020/12/01/sat-math-scores-mirror-and-maintain-racial-inequity/

des « Africains noirs » dépassent celles des « Britanniques blancs » en anglais et en maths au niveau du GSCE (l'équivalent de notre brevet). Ils sont 42,9 % à dépasser la moyenne, contre 42,5 %. Par contre, les « Caraïbéens noirs » se situent très en dessous (26,5 %). Les Asiatiques (en particulier Chinois et Indiens) dominent (76,3 % et 64 %).

Explication des auteurs du rapport 2021 de la Commission sur la race et les disparités ethniques britanniques : « le "paradigme de l'immigré" [qui] suggère que les immigrés récents se consacrent davantage à l'éducation de leurs enfants que la population native, parce qu'ils manquent de capital financier et qu'ils voient l'éducation comme un moyen de sortir de la pauvreté. » Or, « la plupart des élèves caraïbéens appartiennent à la troisième génération née au Royaume-Uni, alors que la plupart des élèves noirs africains sont des immigrés récents. La couleur de la peau n'a rien à faire dans cette histoire. C'est l'organisation familiale et l'importance accordée aux études qui fait la différence[1]. »

Tribalisation et polarisation politiques

Beaucoup d'intellectuels américains s'inquiètent du climat d'intolérance extraordinaire qu'a récemment engendré le redéploiement des clivages politiques en fonction de grilles identitaires. Donald Trump, qui en a profité pour accéder à la Maison-Blanche, a contribué à l'exacerber. L'écrivaine Ayaan Hirsi Ali, installée aux

---

1. https://www.gov.uk/government/organisations/commission-on-race-and-ethnic-disparities

États-Unis depuis 2007 afin d'échapper à la menace de mort qui pèse sur elle depuis le meurtre de Theo van Gogh aux Pays-Bas, n'hésite pas à évoquer le spectre de la guerre civile qui planerait, selon elle, sur les États-désunis, son pays d'adoption. Elle estime que l'intolérance politique dans son nouveau pays d'adoption a tourné au tribalisme. « La société profondément divisée dans laquelle nous vivons me rappelle de plus en plus les comportements claniques en Afrique. »

Elle explique être née elle-même au sein du clan Darod, en Somalie, et avoir été mise en garde, dès la plus tendre enfance, contre le clan rival des Hawiyé. Sa mère lui avait appris à reconnaître les ennemis naturels de sa tribu à la forme de leur front et à certaines expressions de visage… « Quoiqu'une telle violence n'ait pas encore saisi l'Amérique, tous les ingrédients du tribalisme y sont présents. Il y a un attachement aveugle à un parti ou à l'autre ; les sentiments sont à vif ; il y a un défaut de confiance envers les institutions civiques. Si un tel tribalisme n'est pas surmonté, le risque d'escalade n'est qu'une question de temps. » Et elle met en cause « la politique des identités qui remplace les aspirations universalistes ». « Certains citoyens sont vus comme faisant partie des groupes oppresseurs, certains comme faisant partie des groupes opprimés. Et ce que peut faire une personne sur le plan individuel ne peut généralement pas changer grand-chose aux caractéristiques immuables attribuées à la tribu à laquelle il appartient[1]. »

1. « "I saw tribalism rip a country apart – and now it's happening in America" : Ayaan Hirsi Ali for the New York Post », Aha Foundation ; https://www.theahafoundation.org/i-saw-tribalism-rip-a-country-apart-and-now-its-happening-in-america-ayaan-hirsi-ali-for-the-new-york-post/

Ayaan Hirsi Ali met ainsi le doigt sur une donnée nouvelle de la vie politique dans nos démocraties libérales, menacées de l'intérieur comme de l'extérieur par une hystérisation du débat civique. Non seulement l'arène politique est désormais polluée par des luttes raciales et sexuelles, étrangères au concept de citoyenneté, mais la vie politique classique elle-même se trouve gangrenée par le tribalisme.

Après des décennies où des majorités de centre gauche et de centre droit, d'accord sur l'essentiel, se succédaient sereinement au pouvoir dans l'intérêt même des États-nations et de la continuité de l'action politique, la polarisation idéologique nous a fait entrer dans une nouvelle période, qui donne toutes leurs chances aux populistes. Ceux-ci divisent consciemment la société parce que cela correspond à leur vision manichéenne du monde et parce que c'est la meilleure manière, pour eux, de s'emparer du pouvoir. Leur credo oppose le « peuple sain » – qu'ils prétendent défendre en en prenant la tête – aux « élites corrompues », liées à des intérêts étrangers.

Pour eux, la politique n'est pas l'art de la gestion apaisée, idéologiquement prudente, des intérêts supérieurs du pays, mais bientôt celui de désigner qui sont les ennemis et de les vaincre. Leur vision du monde, imprégnée de complotisme, les incite à prêter à ces derniers les plus noirs desseins. Ainsi légitiment-ils moralement leurs propres entorses à la légalité. Ils exacerbent les divisions préexistantes au sein des sociétés, parce que c'est le seul moyen qu'ils connaissent de conserver le pouvoir : ils ne sauraient être réélus sur la base de leurs bilans. Ceux-ci sont, en effet, généralement désastreux, comme on a pu le vérifier, dans plusieurs pays, face à l'épidémie de Covid-19 (États-Unis, Brésil, Inde...).

Dans un article paru en 2018 dans *The American Interest*, David Blankenhorn, animateur du réseau visant à « dépolariser l'Amérique » Better Angels, relevait un trait issu de la psychologie collective contemporaine : notre tendance à penser de manière binaire, le refus de la complexité, le besoin d'être approuvé par les membres de son groupe et la présomption symétrique selon laquelle ceux qui ne partagent pas nos opinions ne peuvent être motivés que par la mauvaise foi, un agenda caché, ou des intérêts sordides et inavouables... Le psychologue Jonathan Haidt appelle « polarisation affective » le dégoût mutuel que chacun des deux bords politiques inspire à l'autre. « Quand il y a autant de haine, la démocratie ne peut pas fonctionner », estime-t-il, parce qu'elle exige le sens du compromis partisan. Mais peut-on négocier son identité ? Non, car elle est sans compromis[1].

La politologue Amy Chua, professeure à Yale et rendue célèbre (et très impopulaire dans certains milieux) par son best-seller *L'Hymne de bataille de la mère Tigre*, a publié en 2018 un livre extraordinairement révélateur, *Political Tribes*[2]. Elle y examine en particulier la manière dont le tribalisme menace la démocratie américaine. « Les Américains ont tendance à penser que la démocratie est une force d'unification[3] »,

1. Peter Wehner, « Jonathan Haidt Is Trying to Heal America's Divisions », *The Atlantic*, 24 mai 2020 ; https://www.theatlantic.com/ideas/archive/2020/05/jonathan-haidt-pandemic-and-americas-polarization/612025/

2. Amy Chua, *Political Tribes. Group Instinct and the Fate of Nations*, Penguin Random House, 2018.

3. Amy Chua, « Tribal World », *Foreign Affairs*, juillet/août 2018 ; https://www.foreignaffairs.com/articles/world/2018-06-14/tribal-world

écrit-elle, par ailleurs. Mais cela les a conduits, dans le cadre de leurs interventions extérieures, à de graves bévues. Ignorant les rivalités ethno-nationales des pays où ils ont prétendu « exporter la démocratie », ils ont méconnu l'existence, fréquente, de minorités économiquement dominantes et souvent détestées par la majorité pour cette raison. Ainsi, au Vietnam, ils sont apparus comme les soutiens de la minorité chinoise hoa (1 % de la population, à l'époque, mais contrôlant peut-être 80 % du commerce dans le pays). En Afghanistan, ils ont soutenu les Tadjiks contre la majorité pachtoune. En introduisant la démocratie et le scrutin majoritaire en Irak, ils ont offert à la majorité chiite l'occasion de se venger de la minorité sunnite, alors que celle-ci détenait tous les leviers du pouvoir sous Saddam Hussein.

Aujourd'hui, poursuit-elle, ce sont les États-Unis eux-mêmes, si peu conscients de ces problèmes, qui se trouvent exposés à une forme de retribalisation, sous l'effet de la politique des identités. « Le tribalisme politique est en train de fracturer les États-Unis, transformant le pays en un lieu où les gens d'une tribu considèrent les autres non pas seulement comme des opposants, mais aussi comme immoraux, diaboliques et non-Américains. [...] Durant la plus grande partie de son histoire, le pays a été dominé économiquement, politiquement et culturellement par une majorité blanche, relativement unifiée. [...] Mais lorsque des groupes se sentent menacés, ils réagissent par le tribalisme. [Or], dans le cas de cette majorité blanche qui se rétracte, ces réactions se combinent avec des tensions croissantes dans un climat social déjà polarisé, dans lequel chaque groupe – les Blancs, les Noirs, les Latinos et les Asiatiques ; les chrétiens, les juifs et les musulmans ; les *straights* et les gays ; la gauche et les conservateurs ; les hommes et les femmes – se sent attaqué, harcelé, persécuté et discriminé[1]. »

White trash versus élites costales

Mais le phénomène le plus frappant, à ses yeux, c'est l'éclatement du groupe « blanc ». Contrairement à l'opinion généralement reçue, explique-t-elle, il n'y a pas une « tribu blanche », mais deux. En gros, les élites éduquées cosmopolites, vivant sur les côtes, d'un côté, et les petits Blancs des zones en déclin, de l'autre. Et elles ne s'apprécient pas mutuellement.

Un témoignage : dans la revue conservatrice *National Review*, l'essayiste blanc Kevin D. Williamson, auteur d'un ouvrage intitulé *Big White Ghetto*, écrit : « La vérité à propos de ces communautés dysfonctionnelles, en déclin, c'est qu'elles méritent de mourir. Économiquement, elles sont coûteuses. Moralement, indéfendables. Oubliez tout ce théâtre bidon à la Bruce Springsteen. Oubliez vos sermons sur la lutte pour sauver les usines de la Rust Belt et vos théories complotistes sur les fourbes Asiatiques qui vous volent vos jobs. [...] La sous-classe blanche est en proie à une culture vicieuse, égoïste dont les principaux produits sont la misère et des seringues d'héroïne usagées. Les discours de Donald Trump les font se sentir bien. Et aussi l'oxycodone. Ce dont ils ont besoin c'est d'analgésiques, littéralement et politiquement[2]. » Commen-

1. *Ibid.*
2. Kevin D. Williamson, « Chaos in the Family, Chaos in the State : The White Working Class's Dysfunction », *National Review*, 17 mars

taire d'Amy Chua : « Spécialement à notre époque de *political correctness*, il est difficile d'imaginer ce genre de langage pour désigner un autre groupe ethnique[1]. »

Les Blancs de l'Amérique profonde sont en proie à une forte « anxiété culturelle », écrit Amy Chua. Ils voient leur poids démographique diminuer rapidement. En 1965, 84 % des habitants des États-Unis étaient blancs. Aujourd'hui, les Blancs sont déjà minoritaires dans les deux États les plus peuplés du pays – le Texas et la Californie – et ils le sont également dans la plupart des grandes métropoles des États-Unis. Nombre d'entre eux sont inquiets de devoir devenir dans quelques années une « majorité minoritaire », ou « la minorité la plus importante ». La rapidité avec laquelle croît désormais le pourcentage des électeurs appartenant aux minorités ethniques (15 % en 1988, 23 % en 2004, 26 % en 2008, 34 % en 2020) risque d'inquiéter les électeurs blancs – dont la majorité continue à voter républicain –, alors que les minorités accordent de préférence leurs bulletins aux démocrates[2]. En 2020, 58 % des Blancs ont encore voté pour Trump (dont 61 % des hommes blancs et 55 % des femmes blanches) contre 41 % pour Biden. Alors que les Noirs ont plébiscité le démocrate Biden à 87 % contre 12 % pour Trump, les Latinos se reportant moins nettement sur Biden mais tout de même

2016 ; https://www.nationalreview.com/2016/03/donald-trump-white-working-class-dysfunction-real-opportunity-needed-not-trump/

1. Kevin Williamson, « Chaos in the Family, Chaos in the State. The White Working Class's Dysfunction », *National Review*, 28 mars 2017.

2. Voir « Demographic Change and the Future of the Parties », disponible en ligne : https://www.americanprogressaction.org/wp-content/uploads/issues/2010/06/pdf/voter_demographics.pdf

à 65 % contre 32 % (les Cubains réfugiés en Floride ont entendu le mot « socialisme »...)[1].

Mais les « élites costales », au sein desquelles les Blancs demeurent très nombreux, ne partagent pas ces inquiétudes. Elles sont parfaitement à l'aise avec une Amérique mondialisée et cosmopolite. Car une nouvelle « tribu américaine » a fait son apparition et c'est elle qui « domine les secteurs clés de l'économie du pays : Wall Street, les médias, la Silicon Valley. Et quoique ces élites costales n'appartiennent à aucune ethnicité en particulier, elles sont culturellement distinctes, partageant souvent des valeurs cosmopolites, telles que le sécularisme, le multiculturalisme, la tolérance envers les minorités sexuelles, les politiques pro-immigration et progressistes. Comme toutes les minorités économiquement dominantes, les élites costales des États-Unis sont extrêmement insulaires, se marient entre elles, vivent dans les mêmes quartiers et fréquentent les mêmes écoles. En outre, elles sont considérées par nombre d'Américains moyens comme indifférentes, voire même hostiles aux intérêts du pays[2] ».

Donald Trump, quoique lui-même richissime et new-yorkais, a capitalisé sur l'hostilité de l'Amérique blanche envers cette nouvelle « élite costale », dont Barack Obama faisait lui-même partie.

C'est ce qui explique à la fois le Brexit – limiter l'immigration était la première raison donnée par ses partisans lors des enquêtes d'opinion –, et le basculement du parti républicain américain dans l'ethno-populisme.

---

1. « National Exit Polls : How Different Groups Voted », *The New York Times* ; https://www.nytimes.com/interactive/2020/11/03/us/elections/exit-polls-president.html
2. Amy Chua, « Tribal World. Group Identity Is All », art. cit.

C'est un retournement important, puisque les deux milieux les plus notoirement acquis aux républicains étaient traditionnellement favorables à l'immigration : le monde des affaires, parce qu'on y a tendance à considérer qu'une abondante main-d'œuvre originaire de pays pauvres permet de peser sur les salaires, et les évangélistes, parce qu'ils voient dans les immigrés hispanophones et africains, en particulier, des opportunités de recrutement. Aussi, le nouveau clivage amené à réorganiser la vie politique des démocraties occidentales, selon Eric Kaufmann, universitaire canadien, enseignant les sciences politiques en Angleterre et spécialiste des États-Unis, passe entre « ceux qui croient en l'idée de diversité, de changement, et les autres qui croient plutôt en l'homogénéité ethnique et moins au changement. Et c'est, pour beaucoup, lié à des dispositions psychologiques ».

Mais c'est aussi lié à des données géographiques, bien mises en lumière, aux États-Unis, par Joel Kotkin. Analysant la carte des résultats électoraux par comté lors de la présidentielle de 2016, il a démontré l'opposition entre l'électorat des côtes, atlantique et pacifique, et celui du Nord-Est, très majoritairement acquis aux démocrates, et celui de l'Amérique profonde (le *heartland*), plutôt tournée vers les républicains. Il a en outre démontré, à partir de l'exemple de Chicago, que plus on s'éloigne des grandes métropoles démocrates, plus les gens votent républicain : l'électorat de Trump était rural, mais aussi lié aux industries manufacturières, tandis que l'économie numérique, l'*entertainment* et la finance préfèrent les démocrates. Il a ainsi établi une loi, vérifiée depuis : « plus les États dépendent d'une économie à forte intensité de carbone, plus ils ont voté pour Trump[1] ».

Les Blancs de l'Amérique profonde, ceux des comtés ruraux et des courses de stock-cars, se sentent méprisés et trahis par les élites costales cosmopolites. « Les Blancs pauvres ne bénéficient pas de l'*affirmative action*, écrit Amy Chua. Les "politiques de diversité" pratiquées par les universités américaines les plus sélectives et par certains secteurs de l'économie ont eu un impact négatif sur les Blancs. Relativement à leur pourcentage dans la population, les Blancs chrétiens en provenance des États conservateurs constituent souvent le groupe le plus sous-représenté dans les universités d'élite. Les employés blancs se sentent de plus en plus victimisés par les politiques de promotion de la diversité, qu'ils considèrent comme discriminant à leur égard[2]. » Les deux tiers des Blancs appartenant à la classe ouvrière estiment être « victimes de discrimination » – et 29 % des Noirs estiment qu'ils ont raison[3] ! « L'anxiété culturelle blanche » provient d'un sentiment de déclassement qui est fondé.

Le « *white trash* » n'est pas un mythe. Il y a une Amérique blanche et pauvre. En 2015, les économistes de Princeton Anne Case et Angus Deaton publièrent un article signalant la proportion anormalement élevée de Blancs non diplômés de l'enseignement supérieur

1. Joel Kotkin, « The Improbable Demographics Behind Donald Trump's Shocking Presidential Victory », *New Geography*, 11 septembre 2016 ; http://www.newgeography.com/content/005445-the-improbable-demographics-behind-donald-trumps-shocking-presidential-victory
2. Amy Chua, *Political Tribes*, *op. cit.*, p. 172.
3. *Ibid.*, p. 169.

« morts de désespoir », depuis le début de la décennie 2010. Ils en ont développé le contenu dans un livre qui a connu un grand succès, *Deaths of Despair and the Future of Capitalism*, dont la traduction en français est annoncée. Pour la seule année 2017, ces deux auteurs ont estimé à cent cinquante-huit mille les décès dus, dans cette population, au suicide, aux drogues et à l'alcool. Depuis, on a pu mesurer que l'espérance de vie des Américains identifiés comme blancs avait entamé une baisse tendancielle qu'ils étaient les seuls à la subir.

Une partie des Blancs, prenant conscience de leur destin minoritaire, s'est mise à penser, elle aussi, sa situation en termes tribaux et construit sa propre version de la politique identitaire. « L'identité blanche devient de plus en plus importante au fil du temps », dit Kaufmann, qui précise que cette identité de groupe n'est pas nécessairement liée à une montée du racisme. Au contraire : « Si vous parlez du racisme comme du fait d'être opposé aux mariages mixtes, ou de ne pas vouloir avoir un patron noir, il est très clairement en déclin. Les jeunes sont bien plus tolérants que leurs aînés. [...] Nous savons grâce à la psychologie sociale que l'attachement à son propre groupe ethnique n'est pas corrélé à la haine d'un autre groupe. La xénophobie, c'est-à-dire la peur vis-à-vis des autres groupes, est en déclin. Mais l'attachement à sa propre identité augmente. Ce n'est pas une contradiction. »

Et Amy Chua n'hésite pas à évoquer la récente constitution d'une « *white identity politics* », « mobilisée autour de l'idée que les Blancs sont discriminés et en danger[1] ». « Beaucoup de Blancs américains ont

---

1. *Ibid.*, p. 189.

l'impression d'être attaqués pour les péchés d'anciennes générations. » Le caractère exclusiviste de la politique des identités menée par une partie de la gauche inspire la droite blanche. De nombreux Blancs, pas spécialement privilégiés, travaillant dur pour joindre les deux bouts, ne supportent plus de devoir confesser leurs « privilèges blancs » et de voir mettre en accusation le passé de l'Amérique auquel ils s'identifient. À force d'entendre « glorifier tout ce qui est non blanc, démoniser tout ce qui est blanc », ils sont nombreux à avoir envie de répliquer. Aux uns : « Savez-vous combien de nos ancêtres ont combattu durant la guerre civile pour libérer vos ancêtres ? » Aux autres : « Nous avons bâti ce pays d'opportunités et nous vous y avons invités, et maintenant nous sommes diabolisés pour ses imperfections[1]. »

L'appropriation culturelle

C'est sur la base de l'idéologie qui essentialise les identités et les a transformées en politique qu'ont pu se formuler les accusations, désormais rituelles, « d'appropriation culturelle ». Elles ont d'abord concerné les styles vestimentaires et certaines manières de se coiffer, comme les dreadlocks des rastas, puis bientôt les codes alimentaires, la musique, avant de s'attaquer à la littérature et aux arts, ce qui est potentiellement encore plus dommageable.

Il n'est pas anodin que la définition désormais canonique de ce que constitue une telle « appropriation » soit issue d'un essai publié par une professeure de

1. *Ibid.*, p. 195.

droit, spécialiste du droit d'auteur et commentatrice de mode, Susan Scafidi[1].

Pour elle, « l'appropriation culturelle consiste dans le fait de s'emparer de la propriété intellectuelle, de la connaissance traditionnelle, des expressions culturelles, des réalisations matérielles de quelqu'un d'autre sans sa permission. Cela peut inclure l'usage non autorisé de la culture de quelqu'un dans le domaine de la danse, du costume, de la musique, du langage, du folklore, de la cuisine, de la médecine traditionnelle, des symboles religieux[2] ». Il est déjà bien compliqué, dans le domaine culturel, de concevoir comment la propriété intellectuelle d'un créateur peut être moralement et matériellement défendue : écrivains et musiciens en particulier s'inspirent nécessairement de leurs devanciers. Mais la question devient épineuse lorsqu'il s'agit de pratiques culturelles collectives sans origine ni créateur identifiables. Faute de pouvoir, pour le moment, traîner les auteurs d'emprunts culturels devant les tribunaux, c'est sur les réseaux sociaux que sont mis en accusation les suspects. Une procédure d'une grande efficacité. Dans tous les cas que nous allons citer, tous les contrevenants se sont rétractés, ont présenté leurs excuses afin d'échapper au boycott et au bannissement.

La télécélébrité Kim Kardashian est ainsi tombée deux fois. Une première fois, pour être apparue la chevelure tressée lors des MTV Movie & TV Awards de 2018. « Des tresses à la Bo Derek », avait-elle

1. Elle a lancé, avec Diane von Fürstenberg, le Fashion Law Institute, une formation destinée aux juristes, spécialisée dans le droit de la mode.

2. Susan Scafidi, *Who Owns Culture? Appropriation and Authenticity in American Law*, Rutgers University Press, 2005.

expliqué. Référence au film *Elle* de Blake Edwards (1979), dans lequel cette actrice et sex-symbol arborait, en effet, des tresses « à l'africaine ». Mais ce qui était parfaitement toléré d'une actrice blanche et blonde en 1979 et pouvait même passer pour un hommage à la beauté féminine africaine est devenu, deux décennies plus tard, une grave faute de morale politique. Kim Kardashian a été victime d'une avalanche de critiques sur les réseaux sociaux. « Je les ai appelés les "tresses à la Bo Derek". Mais je sais évidemment que ce sont des tresses Fulani et je connais leur origine et je respecte ça, a-t-elle déclaré dans une interview au magazine *Bustle*. Peut-être que si j'avais fait cette apparition en expliquant ce que je viens de dire, au lieu de les appeler "tresses à la Bo Derek", il n'y aurait pas eu ce genre de réaction. Mais je veux que les gens sachent que j'essaye de ne jamais manquer de respect à la culture de quiconque en portant des tresses. » Les théoriciennes estiment, en effet, que les nattes, traditionnelles chez les Vikings d'autrefois, comme chez les Ukrainiennes d'aujourd'hui (Ioulia Tymochenko), n'appartiennent à personne, mais que les tresses plaquées et la coiffure dite « *Fulani braids* », procédant d'un tressage « à l'africaine », sont constitutives d'une identité que quelqu'un comme Kim Kardashian ne partage pas. Et qu'il est donc illégitime, pour elle, de se coiffer ainsi.

Une seconde fois, la star de téléréalité a été vivement critiquée pour avoir baptisé « kimono » une ligne de sous-vêtements modelant le corps qu'elle a tenté de lancer en 2019. Un hashtag a fait son apparition sur Twitter, #KimOhNo, exigeant un changement d'appellation. Le kimono est un vêtement traditionnel japonais et ne saurait servir de label à des culottes moulantes, répétaient les internautes. Le maire de Kyoto s'est fendu d'une lettre personnelle à la star, la priant de renoncer à cette faute de goût. « Je comprends et j'ai le plus profond respect pour la culture japonaise », a plaidé Kim Kardashian West. Et elle a renoncé à ce label.

La chanteuse Adele a été l'objet d'attaques furieuses pour avoir commis une double faute en s'exhibant sur Instagram, en 2020, avec les cheveux en torsades, rassemblées sur le dessus du crâne en « petits choux » – ce qui est la définition exacte de ce qu'on appelle des « *Bantu knots* », style de coiffure typiquement africain, et un haut de bikini taillé dans le drapeau jamaïcain. Elle s'est ainsi attiré un déluge d'insultes sur les réseaux sociaux, alors même qu'elle avait précisé qu'elle voulait ainsi faire allusion aux plaisirs du fameux « carnaval de Notting Hill », animé chaque année par la communauté caribéenne de Londres. Clairement, les *Bantu knots* appartiennent aux Africaines. Une chanteuse blanche qui tresse ainsi ses cheveux « s'empare » d'une coutume qui ne lui appartient pas.

Jusque dans les années 1960, beaucoup de femmes noires, aux États-Unis, se faisaient décrêper et lisser les cheveux. Beaucoup d'entre elles portaient des perruques de cheveux lisses. C'est seulement à la fin de cette décennie que la « coupe afro » à la Angela Davis est apparue. Elle dénotait une forme de radicalité politique, un refus de la « norme esthétique blanche », une « fierté noire ». Mais il ne viendrait à personne l'idée d'accuser les Noires qui continuent à se lisser les cheveux, de se coiffer d'une manière « blanche », soulignent Campbell et Manning. Il est assez paradoxal, remarquent nos deux sociologues, de voir à présent des « micro-agressions » dans des emprunts culturels qui, jusqu'à une période toute récente, passaient pour témoigner, au contraire, de tolérance et d'ouverture d'esprit.

Il est également reproché à certains stylistes et créatrices de mode de détourner à des fins esthétiques et ludiques des éléments relevant de pratiques culturelles particulières, « appartenant » à des groupes ethniques minoritaires. Ils ne prenaient sens que dans le cadre d'un environnement spécifique. Sortis de leur cadre culturel, ces éléments sont perçus comme dévalorisés, « folklorisés », réduits au rang d'accessoires de mode, vidés de leur signification sociale. L'éditorialiste britannique de gauche Ash Sarkar écrit ainsi que « l'appropriation culturelle est d'abord une forme d'effacement – une sorte de violence émotionnelle dans laquelle des gens sont rendus invisibles[1] ». Mais il y a aussi l'idée que le pillage des ressources matérielles des peuples exploités à l'époque coloniale se poursuit de nos jours sous forme de détournement culturel de leurs traditions.

On assiste là à un choc culturel majeur, entre tradition et postmodernité. D'un côté, une conception de la culture comme production collective et spontanée d'un peuple, pensé comme homogène et fidèle à soi-même au cours du temps : le *Volksgeist* des romantiques allemands, la culture comme cristallisation identitaire d'un « esprit du peuple ». De l'autre, une esthétique cosmopolite de la citation et de l'emprunt, du détournement ludique et de la juxtaposition d'éléments relevant de

1. Ash Sarkar, « Why We Need to Pause Before Claiming Cultural Appropriation », *The Guardian*, 29 avril 2019 ; https://www.theguardian.com/commentisfree/2019/apr/29/cultural-appropriation-racial-oppression-exploitation-colonialism

registres variés. La rhétorique de « l'authenticité » versus le métissage et la mondialisation culturelle.

Et lorsque le plus célèbre cuisinier d'Angleterre, Jamie Oliver, est pris à partie par une députée travailliste pour avoir mis sur le marché une recette de riz au micro-ondes, baptisée du nom d'une recette traditionnelle jamaïcaine (« punchy jerk rice »), on est en droit de se demander ce qu'il va pouvoir rester, mis à part le hamburger, du « *world fooding* » ?

« Jamie Oliver, je me demande si vous savez ce qu'est réellement le *jerk* jamaïcain ? Ce n'est pas seulement un mot qu'on met sur les choses pour les vendre. Votre riz n'est pas correct. Cette appropriation doit s'arrêter. » Un tweet signé Dawn Butler. Jamie Oliver avait déjà été critiqué pour avoir ajouté à ses menus le riz wolof, un plat traditionnel de l'Ouest africain. Les spécialistes ont beau préciser que la manière de le cuisiner varie dans de fortes proportions selon qu'il est cuisiné au Ghana, au Nigeria ou au Cameroun, la suggestion de Jamie Oliver d'y ajouter de la coriandre, du persil et du citron – alors qu'aucun de ces trois éléments ne figure dans la recette traditionnelle – a soulevé une émotion considérable. Le hashtag #JollofGate a été extrêmement populaire sur Twitter durant l'année 2016. Jamie Oliver était propriétaire d'une chaîne de restaurants célèbres pour leurs pizzas, « Jamie's Italian ». Il n'a pas de sang italien. Fallait-il le condamner pour appropriation culturelle, ou cette accusation ne vaut-elle que dans le cas d'emprunts extra-occidentaux ?

La diversité était censée provoquer la naissance d'une culture métissée à vocation universelle, sur le modèle de la *world music*. On est en droit de redouter que le reflux actuel de la mondialisation économique s'accompagne d'une renaissance d'espaces symboliques clos sur eux-mêmes, défendant jalousement leurs prés carrés, même lorsqu'ils cohabitent au sein des mêmes espaces géographiques. Comme on est loin du « *coming together* » des années 1960 !

À cette époque, les musiciens blancs qui jouaient du blues étaient considérés comme antiracistes : ils rendaient ainsi hommage à la créativité de leurs inspirateurs noirs qui, à leur tour, bénéficiaient souvent d'un regain tardif de notoriété. On réalise à quel point les mentalités ont changé en cinquante ans en observant les réactions suscitées par le dernier album en date des Rolling Stones, *Blue & Lonesome*. Eux qui avaient entamé leur carrière musicale en Grande-Bretagne en réinterprétant des standards du blues, comme « Little Red Rooster », « I'm a King Bee », « Mona »... eux dont le nom même a été trouvé dans le titre d'une chanson de Muddy Waters, « Rollin' Stone », sont à présent sur la sellette pour « appropriation d'une musique noire ». Les Stones ont d'autant moins caché cette inspiration qu'ils ont publié en 2018 une anthologie des blues originaux auxquels ils ont emprunté, *Confessin' the Blues*[1]. Mais si des Blancs perdent le droit de jouer de la musique noire, pourquoi les interprètes noirs conserveraient-ils celui de jouer de la « musique blanche » comme les œuvres du répertoire classique ? Qui serait assez stupide pour prétendre interdire à Leontyne Price d'interpréter des héroïnes de Verdi et à Barbara Hendricks de chanter des *lieders* de Richard Strauss ?

---

1. J'ai consacré une tribune à cette affaire dans le magazine *Rolling Stone* en 2017 : « Les Stones : pilleurs des musiques noires américaines ? », *Rolling Stone*, 16 octobre 2017 ; https://www.rollingstone.fr/les-stones-pilleurs-des-musiques-noires-americaines/

La littérature est la dernière victime de cette espèce d'apartheid « progressiste » rampant. La romancière Laura Moriarty a été encensée par la presse de gauche américaine pour son roman *American Heart*. Elle y décrit, en effet, la prise de conscience du racisme par une *teenager* dans une Amérique où existeraient des « camps d'internement pour les musulmans ». L'héroïne va aider une jeune musulmane, évadée d'un de ces camps, à passer au Canada. *A priori*, on avait là tous les ingrédients du roman typique de la jeune génération de la gauche nouvelle, persuadée, à l'époque de Trump, que son pays était sur la voie du fascisme. Mais soudain, une partie de la critique s'est avisée que Laura Moriarty n'étant pas elle-même musulmane, elle n'était pas « légitime » à mettre en scène un personnage appartenant à cette religion. Et la revue spécialisée en romans de jeunesse *Kirkus Review*, qui avait consacré un article très élogieux à *American Heart*, le retire de son site, qualifiant soudain le livre de Laura Moriarty de « problématique ».

Autre cas emblématique, le roman de Jeanine Cummins, *American Dirt*. Un best-seller vendu à plusieurs millions d'exemplaires. La romancière Sandra Cisneros l'a vanté comme « *the great novel of Las Americas* ». Et en effet, il raconte l'odyssée d'une libraire sud-américaine et de son fils, fuyant les cartels de la drogue vers la terre promise états-unienne. Là encore, on ne saurait faire plus politiquement correct. Mais il y a un hic : Jeanine Cummins n'a pas d'origine centre-américaine. Elle n'est pas latina. La militante Myriam Gurba est montée au créneau : « C'est de la littérature de justice sociale faux-cul, ça me fait bouillir le sang. » Et le mot est lâché : appropriation culturelle.

Toutes les grandes maisons d'édition nord-américaines ont récemment embauché des *sensitivity readers*, appartenant aux minorités ethniques et sexuelles. Ils sont chargés d'éplucher les textes que ces éditeurs s'apprêtent à publier, de traquer tout propos risquant d'être jugé « offensant » par les nouveaux censeurs de la politique identitaire. Mais la tendance est à refuser les textes d'auteurs mettant en scène des personnages provenant de minorités auxquelles ils n'appartiennent pas.

Comme l'a dit la romancière américaine Lionel Shriver : « Nous autres, écrivains, devons-nous demander la permission d'introduire dans nos fictions un personnage appartenant à une ethnie qui n'est pas la nôtre ? D'employer des expressions utilisées par ces groupes ? À qui devons-nous demander, par exemple, le droit de faire parler un personnage indonésien ? » Et elle y déplorait « le climat d'hypersensibilité et de prolifération d'interdits dans lequel nous vivons au nom d'une certaine conception de la justice sociale[1] ».

1. Timothy Cootes, «A Defence of Lionel Shriver: Identity Politicians Would Kill Literature if They Could», Quillette, 20 septembre 2016.

5

Le dernier avatar de la « Théorie » : les *social justice warriors* ou « *woke* »

« Les idées postmodernes appliquées ont échappé aux frontières de l'université par des moyens dont était dépourvue la Théorie postmoderne originale. [...] Le savoir postmoderne et ses principes politiques, invoqués quotidiennement par des activistes, imprègnent de plus en plus aussi les grandes entreprises, les médias, les célébrités, et le public lui-même. Nous autres, citoyens ordinaires, qui sommes stupéfaits de ce qui arrive à la société et de la vitesse à laquelle cela se produit, nous entendons régulièrement des exigences de *décoloniser* toute chose, des programmes universitaires aux coiffures et aux mathématiques. Nous entendons des plaintes en appropriation culturelle ou sur le manque de représentation de certaines identités dans les arts. Nous entendons que seuls les Blancs peuvent être racistes et que, par défaut, ils l'ont d'ailleurs toujours été. Des politiciens, des acteurs, des artistes se vantent d'être *intersectionnels*. Des sociétés privées affichent leur respect de la *diversité*, tout en ne cachant pas que cela ne concerne que les identités, mais nullement les opinions. Des organisations et des groupes militants de toute sorte proclament qu'ils sont *inclusifs*, mais seulement avec les gens qui sont parfaitement d'accord avec eux...

« Pour beaucoup d'entre nous, c'est à la fois déconcertant et alarmant. Beaucoup de gens se demandent ce qui se passe, comment nous en sommes arrivés là, ce que ça veut dire et comment nous pouvons arranger les choses et restaurer un peu de terrain d'entente, de charité et de raison[1] », analysent Helen Pluckrose et James Lindsay.

Pour les deux chercheurs, la « Théorie » est entrée, dans le courant des années 2010, dans une troisième phase : elle s'est, disent-ils, « réifiée ». Après avoir déconstruit les savoirs traditionnels dans les forteresses universitaires, puis reconstruit les identités collectives selon des lignes de clivage ethniques et sexuelles, et les avoir érigées en programmes politiques, une nouvelle version s'est répandue dans toute la société. Au nom de « l'inclusion » et de la « diversité » qui font désormais partie des missions imparties non plus seulement aux universités, mais aux médias, aux administrations et aux entreprises, c'est l'*intersectionnalité* qui a envahi toute la vie culturelle et sociale des États-Unis. Elle est en train d'y accomplir une révolution silencieuse contre l'avis de la majorité de la population[2]. Car il s'agit d'une idéologie de combat d'un radicalisme extraordinaire ; ses promoteurs entendent remodeler la société de fond en comble, au nom d'une idée très particulière de la justice sociale. En cours en Amérique du Nord, elle dispose déjà de puissants relais en Europe

1. Helen Pluckrose et James Lindsay, *Cynical Theories*, *op. cit.*, p. 64-65.
2. Les deux tiers des Américains forment ce que les sondeurs appellent « la majorité épuisée » : ils rejettent nettement les lubies *woke*, qui leur apparaissent comme imposées par une élite sociale. Voir l'article de Yascha Mounk dans *The Atlantic* : Yascha Mounk, « Americans Strongly Dislinke PC Culture », art. cit.

occidentale, en particulier dans le monde universitaire et dans certains médias. Or, on l'a vu, aux États-Unis, c'est des campus qu'est parti le mouvement.

En 2018, dans le *New York Magazine*, l'influent essayiste politique Andrew Sullivan tire la sonnette d'alarme dans un article intitulé « Nous vivons tous sur un campus à présent » : « Lorsque les universités d'élite modifient leur vision du monde, abandonnant l'éducation libérale telle que nous l'avons connue, et adoptent les impératifs d'un mouvement dit de "justice sociale", basé sur les identités, alors la culture au sens large court le danger de dériver hors du cercle de la démocratie libérale elle-même. Si les élites croient que la vérité profonde de notre société est un système de structures de pouvoir emboîtées et oppressives, fondées sur des caractéristiques inaltérables, telles que la race, le sexe et l'orientation sexuelle, alors tôt ou tard, cela se reflétera dans la culture au sens large. Ce qui compte le plus dans ces *colleges* – votre appartenance à un groupe au sein d'une hiérarchie caractérisée par le degré d'oppression subie – sera très bientôt ce qui comptera aussi dans la société dans son ensemble[1]. » Or, c'est bien ce qui s'est produit en un laps de temps très court.

Cette mise en garde s'adresse à nous tous : la « démocratie des minorités », ou, mieux, « la dictature des identités[2] » menace notre culture politique républi-

1. Andrew Sullivan, « We All Live on Campus Now », *Intelligencer*, 9 février 2018 ; https://nymag.com/intelligencer/2018/02/we-all-live-on-campus-now.html

2. « Ran Halévi : "Le politiquement correct, né aux États-Unis, se développe désormais en France" », *Le Figaro*, 9 mai 2019 ; https://www.lefigaro.fr/vox/societe/ran-halevi-la-dictature-des-identites-nee-aux-etats-unis-se-developpe-a-son-tour-en-france-20190528

caine, avertit ainsi le sociologue Ran Halévi, spécialiste des États-Unis. Comme en Amérique du Nord, en France le mouvement a paru, au départ, cantonné aux départements de sciences humaines de certaines universités. Mais comme aux États-Unis aussi, il a été rapidement mis à profit par des minorités sectaires et tapageuses. Elles ont su mobiliser des partisans sur les réseaux sociaux, attirer l'attention de médias, parfois complaisants. Elles ont adopté les modes idéologiques venues d'outre-Atlantique dans un contexte historique et politique qui n'a rien à voir avec celui des États-Unis : les Africains qui ont immigré, au cours des dernières décennies, en Europe, l'ont fait parce qu'ils étaient à la recherche d'une vie meilleure, et non enchaînés dans les cales des navires des trafiquants d'esclaves. À l'époque où les États du Sud des États-Unis appliquaient les lois de discrimination raciale « Jim Crow », notre pays confiait la présidence du Sénat à un homme politique de couleur, Gaston Monnerville.

Pourtant, comme aux États-Unis encore, se profile la menace de modifications radicales des normes sociales, imposées à la majorité du peuple contre sa volonté, par l'alliance de coteries influentes avec un pouvoir judiciaire décidé à « faire bouger » la société en accroissant sa propre influence.

Le racisme et le colonialisme, secrets honteux de l'Occident

Aux États-Unis, leurs adversaires ont qualifié les activistes de la politique des identités de « guerriers de la justice sociale » (*social justice warriors*, d'où l'abréviation WSJ, utilisée couramment sur les réseaux sociaux). Mais, dans le monde entier, le phénomène est surtout connu sous le label « *woke* ». Un terme issu de l'argot noir qui désignait, au départ, quelqu'un qui s'est « éveillé »[1] en prenant conscience des injustices subies par les Afro-Américains et qui, surtout, *demeure* éveillé (*stay woke!* est un slogan de Black Lives Matter). Le terme connote l'idée de vigilance. Il est parfois rendu par l'affreux néologisme « conscientisé ».

L'*Oxford English Dictionary* définit *woke* comme le fait d'« être en alerte sur l'injustice dans la société, en particulier sur le racisme. » Son usage s'est, en effet, étendu à la prise en considération et à la dénonciation de toutes les injustices invisibles dont seraient victimes les membres de certaines communautés minoritaires. Pas toutes, cependant : il est permis de se moquer sans vergogne des mormons, par exemple ; quant aux juifs, cela fait longtemps qu'ils sont considérés comme « des Blancs comme les autres », voire plus mal encore[2]...

Pour les *woke,* les discriminations et les profondes injustices qui minent la société américaine et provoquent leur propre indignation morale sont en grande partie invisibles : structurelles, elles sont au fondement même du système. Le racisme, même lorsqu'il ne se manifeste pas par des actes ou des propos, demeure la tache originelle, le secret honteux qui « détermine en dernière instance » la civilisation américaine et, au-delà, l'Occident tout entier. C'est ce qu'enseigne la *critical race theory* (CRT). Quant à la prospérité de l'Occident, elle ne saurait avoir d'autre cause que l'exploitation

1. De *to awake*, « s'éveiller ».

2. Emma Green, « Are Jews White ? », *The Atlantic*, 5 décembre 2016 ; https://www.theatlantic.com/politics/archive/2016/12/are-jews-white/509453/

colonialiste. La tâche dévolue aux enseignants à tous les niveaux du système éducatif est, par conséquent, d'amener leurs élèves à en prendre conscience, afin de faire d'eux les agents de cette révolution. C'est le rôle des *postcolonial studies*.

Le combat politique entre les *woke* et leurs adversaires, qu'ils soient conservateurs ou libéraux (au sens américain), revêt un aspect clairement générationnel. Comme l'écrit la journaliste et essayiste Sarah Haider[1], « l'adhésion *woke* peut être prédite par la génération – là où il reste des libéraux authentiques[2], ils appartiennent principalement à la vieille garde. Si les *woke* l'emportent, l'avenir leur appartient. Et il est indéniable que tel est bien le cas – en particulier la jeunesse très éduquée, la future élite. Les universités sont devenues des lieux où l'on *supprime* des idées et où la force motrice, ce ne sont pas des administrations autoritaires, mais des étudiants autoritaires[3]. »

Selon l'universitaire qui signe « DL Devonshire », le wokisme procède d'une « campagne d'endoctrinement »

---

1. Née au Pakistan en 1991 et devenue une figure de l'intelligentsia américaine libérale, elle est la cofondatrice de l'Association des ex-musulmans d'Amérique (EXMNA).

2. En anglais américain, *liberal* veut dire de gauche. Mais à présent, on distingue couramment *liberal*, qui fait référence à l'ancienne gauche, celle des Lumières et de l'universalisme, de *progressive* et de *radical*. Il faut distinguer nettement les « vrais libéraux », comme elle-même, et les *woke*, écrit ainsi Ayaan Hirsi Ali. Les premiers « défendent des valeurs autour desquelles on peut se regrouper : les droits humains, la liberté individuelle, la règle de droit, le droit de propriété, le processus démocratique, le libre examen, la science et le marché ».

3. « Is the Culture War Lost ? A Letter Exchange Between Sarah Haider and Ayaan Hirsi Ali », *Areo*, 23 octobre 2020 ; https://areomagazine.com/2020/10/23/is-the-culture-war-lost-a-letter-exchange-between-sarah-haider-and-ayaan-hirsi-ali/

visant à restructurer nos sociétés de fond en comble, en partant en guerre contre la culture qui les a fondées. Il s'agit d'un défi, lancé par « un nouveau totalitarisme, de l'intérieur même des États-Unis[1] ».

L'exemple le plus flagrant est « le Projet 1619 », lancé par le *New York Times*. Il s'agit de remplacer la date fondatrice des États-Unis (la proclamation de l'Indépendance, le 4 juillet 1776, célébrée tous les ans en tant que fête nationale), par l'année 1619, date à laquelle le premier navire transportant des esclaves noirs aurait accosté en Virginie. « Le but est évident et non dissimulé, commente l'essayiste Douglas Murray. [Il s'agit de] faire de l'esclavage le sujet central et fondateur de la République[2]. » Et c'est bien la preuve, estime-t-il, que « ce projet n'est pas d'améliorer l'Amérique, mais bien de la changer du tout au tout ».

De même, Christophe Colomb est-il devenu, dans la culture *woke*, une figure particulièrement haïssable. Le « jour de Colomb », le 12 octobre, fête nationale depuis 1937, a été transformé par les *woke*, dans de nombreuses villes, en « Journée des peuples indigènes ». Au cours des années récentes, de très nombreuses statues du « découvreur de l'Amérique » ont été peintes en rouge (du sang des victimes de la colonisation de l'Amérique par les Européens), décapitées (comme à Boston), détruites, jetée dans un lac (à Richmond). Comme l'écrit un universitaire sympathisant, Sam Hitchmough, professeur à

1. D. L. Devonshire, «The Great Silencing of America and the Hallmarks of Woke Totalitarianism», New Discourses, 29 septembre 2020.
2. Douglas Murray, « How America came apart » A people with no shared narrative or history will find it very hard to keep a lid on disorder and violence, *UnHerd*, 18 septembre 2020 ; https://unherd.com/2020/09/can-america-hold-apart/

l'université de Bristol, si les conservateurs blancs, tels que Reagan, ont exalté la figure du « grand explorateur italien » en tant que modèle du courage, du sens de l'initiative et de la soif de découverte – vertus censées caractériser le peuple américain –, pour les Indiens (on doit dire *Native Americans*), « son nom est synonyme de conquête et de génocide[1] ». Mais on comprend mal comment tant d'étudiants blancs peuvent s'associer à ces manifestations : en toute logique, leur anticolonialisme, s'il était conséquent, devrait les convaincre de quitter le pays, « découvert » par cet Italien haïssable.

Le mouvement *woke* entend purger l'histoire américaine de tout ce qui lui paraît moralement coupable. Et, à ses yeux, quasiment toute l'histoire occidentale tombe sous le coup de cette accusation.

Une idéologie et un mouvement totalitaires

Woke, relève « Devonshire », désigne à la fois un mouvement et une idéologie. Mais autant le contenu de l'idéologie est aisé à définir, autant le mouvement est difficile à discerner : il n'a ni structure partisane ni leadership identifiable. La génération qui l'a rejoint déteste les figures et les chefs. Eric Kaufmann, le politiste canadien déjà cité, a fait remarquer que l'on pouvait distinguer deux grandes catégories de « systèmes d'idées morales » : ceux qui, comme le catholicisme et le communisme, sont contrôlés par des structures

1. « Columbus statues are coming down – why he is so offensive to Native Americans », *The Conversation*, 9 juillet 2020 ; https://theconversation.com/columbus-statues-are-coming-down-why-he-is-so-offensive-to-native-americans-141144

centrales qui veillent sur la régularité de leurs dogmes, et ceux qui, comme le protestantisme, le judaïsme et l'islam, sont divisés entre des autorités concurrentes entre elles. « L'une des caractéristiques des systèmes moraux fortement décentralisés, écrit-il, est leur tendance au fondamentalisme[1]. » Les plus radicaux et les plus exaltés ont vite fait d'y éclipser les modérés. C'est ce qui s'est passé, d'après lui, du côté des « études victimaires » : elles n'ont cessé de se radicaliser, tout en étendant leurs sujets d'étude à de nouveaux cas, comme la légitimité de l'obésité (*fat studies*) comme forme de résistance au « pouvoir médical », ou les droits des trans, s'identifiant comme femmes, à participer aux championnats sportifs féminins, ou à être incarcérées dans des prisons pour femmes.

Tous les critiques qui se sont penchés sur les écrits des théoriciens du wokisme ont fait le même constat : leur pauvreté théorique est mal dissimulée par un jargon ridicule ; ils n'ont aucun fondement philosophique sérieux ; les raisonnements circulaires y abondent, les conclusions aboutissent aux prémisses ; ce sont, pour l'essentiel, des pétitions de principe, jamais étayées par des faits, mais légitimées par le seul « ressenti » de leurs auteurs ; leur vision du monde est d'un manichéisme extravagant.

« Le concept d'intersectionnalité n'est sous-tendu par aucun fondement philosophique sérieux, aucun écrit notable, estime ainsi Douglas Murray. J'ai été stupéfait de constater la pauvreté intellectuelle de cette notion. Des universitaires, comme Peggy McIntosh, ont rédigé des "textes fondateurs" qui ne consistent, en

1. Eric Kaufman, « Liberal Fundamentalism : A Sociology of Woke », *American Affairs*, vol. 4, n° 4, 2020 ; https://americanaffairsjournal.org/2020/11/liberal-fundamentalism-a-sociology-of-wokeness/

réalité, qu'en une longue énumération de principes et de revendications (comme le fait que les pansements adhésifs ont la couleur de peau des Blancs et non celle des Noirs...)[1]. » De toute façon, l'excellence intellectuelle elle-même est considérée, par le milieu *woke*, comme suspecte d'élitisme. Mais le jargon et le caractère intimidant de la rhétorique déployée dans ces écrits sont précisément destinés à bloquer toute possibilité de débat ou de réfutation. S'opposer aux marottes *woke* du moment, c'est s'exposer à l'accusation de sexisme ou de racisme.

« L'accusation de racisme, aux États-Unis, est devenue un piège kafkaïen : elle permet de cibler des individus d'une manière sans issue. Car elle ne vise plus des *comportements* racistes, mais le simple fait de ne pas adhérer aux croyances des militants les plus radicaux de l'antiracisme. Ainsi, refuser de partager l'opinion selon laquelle l'Amérique elle-même est indéniablement raciste constitue la preuve que vous-même et d'autres tels que vous êtes plus racistes que vous le pensez. Et que donc davantage de purges et de rééducation doivent être menées. Or, c'est précisément la conclusion qui s'impose si vous admettez que l'Amérique est bel et bien structurellement raciste[2] », écrit un contributeur régulier du site Quillette, Rob Henderson.

---

1. Paul Sugy, « Douglas Murray : "On dresse les gays contre les hétéros, les Noirs contre les Blancs, les femmes contre les hommes" », *Le Figaro*, 15 novembre 2019 ; https://www.lefigaro.fr/vox/societe/douglas-murray-on-dresse-les-gays-contre-les-heteros-les-noirs-contre-les-blancs-les-femmes-contre-les-hommes-20191115
2. Rob Henderson, « America Exports Cancel Culture to the World », Quillette, 2 juillet 2020 ; https://quillette.com/2020/07/02/america-exports-cancel-culture-to-the-world/

Un certain nombre d'humoristes se sont spécialisés dans la satire des marottes *woke*, comme le scénariste et acteur noir Dave Chappelle, l'acteur et scénariste britannique Ricky Gervais, ou, sur Twitter, la pseudo « Titania McGrath ». Commentant le fait qu'un violeur récidiviste ait exigé et obtenu d'être incarcéré dans une prison pour femmes, à Cambridge, en Grande-Bretagne, dans la mesure où il « s'identifie à présent comme femme » et se fait appeler Michelle Winter, « Titania » tweete : « Étant donné le fait que les femmes sont terriblement sous-représentées dans la population carcérale, qu'un mâle choisisse de s'identifier comme femelle ne peut être qu'une bonne chose[1]. » La génération milléniale étant, comme on l'a vu, assez imperméable au sens du second degré, il est arrivé souvent à « Titania McGrath » d'être retweetée par des personnes qui n'avaient pas saisi la charge humoristique et parodique de ses posts.

« Nous sommes face à des passions morales très puissantes, qui inspirent en particulier les jeunes[2] », déplore l'universitaire libéral Mark Lilla. Tout en étant terriblement sectaires et intolérants, les *woke* éprouvent une hostilité spontanée envers toute forme d'autorité verticale. Comme le dit le géographe Joel Kotkin, « ce n'est pas tant un mouvement qui avance qu'une tache qui se répand. Une fois que ce processus

1. Diana Shaw, « Male, Violent Rapist Referred to as Female Throughout Trial Due to Transgender Identity », Women Are Human, 9 juillet 2012 ; https://www.womenarehuman.com/male-violent-rapist-referred-to-as-female-throughout-trial-due-to-transgender-identity/

2. Laure Mandeville et Eugénie Bastié, « "Cancel culture", "woke" : quand la gauche américaine devient folle », *Le Figaro*, 5 mai 2021 ; https://www.lefigaro.fr/international/cancel-culture-woke-quand-la-gauche-americaine-devient-folle-20201220

a commencé, il est très difficile de l'inverser. Tout ce qu'on peut espérer, c'est qu'il ne se propage pas davantage et de protéger les choses précieuses[1]. »

Ce sentiment est partagé, sur place, par de très nombreux observateurs, ayant l'expérience de la vie quotidienne dans un environnement totalitaire. C'est le cas de « Devonshire », qui écrit avoir vécu et travaillé dans un pays communiste. Mais aussi de Lama Abu-Odeh, née Palestinienne en Jordanie, devenue professeure de droit à l'université de Georgetown : « La domination progressive de la culture *woke* sur les campus, dit-elle, me fait penser à l'essor de l'islamisme dans le monde arabe pendant les années 1980. Un beau jour, on s'est aperçu que toutes les femmes portaient le voile et tous les hommes la barbe, et qu'il était trop tard. L'idéologie *woke* se répand de la même façon, et les personnes de gauche, en Occident, sont incapables de lui résister, tout comme les conservateurs dans le monde musulman ont eux-mêmes été débordés par l'islamisme[2]. »

« Comme tous les mouvements totalitaires », commente « Devonshire », l'idéologie *woke* reconstruit la structure entière de la société en fonction d'une hiérarchie précise : il existe des « groupes honorés » et des « groupes déshonorés », comme autrefois les prolétaires et les bourgeois, ou les juifs et les Aryens. Mais cette fois, la place attribuée à chacun par l'idéologie *woke* est fonction de croisements d'axes fondés

1. *Ibid.*

2. Adrien Jaulmes « Lama Abu-Odeh : "La culture woke me fait penser à l'essor de l'islamisme dans le monde arabe" », *Le Figaro*, 4 juin 2021 ; https://www.lefigaro.fr/vox/monde/lama-abu-odeh-la-culture-woke-me-fait-penser-a-l-essor-de-l-islamisme-dans-le-monde-arabe-20210603

sur la race, l'ethnicité, la sexualité. Actuellement, le sommet de la hiérarchie est occupé par les personnes dites « transgenres » dans l'idiome politiquement correct, puis viennent les femmes noires, mais surtout si elles sont lesbiennes, les indigènes, etc. Le *New York Times*, organe acquis au wokisme, a décidé d'accorder la majuscule aux *Blacks*, mais de la refuser aux *whites* (Blancs).

Une personne blanche est réputée « acceptable », et peut même être reconnue comme « alliée », si elle adhère au programme politique *woke* et le manifeste clairement par son comportement et son langage. Il est cependant entendu que même les « alliés » blancs doivent subir une « rééducation ». S'ils la refusent, arguant qu'ils n'en ont pas besoin car ils ne nourrissent aucun préjugé raciste, ils sont considérés comme ayant « des pensées problématiques ». Robin DiAngelo, l'une des principales théoriciennes *woke*, et l'inventrice de la notion de « fragilité blanche », l'écrit dans son jargon alambiqué : « Le refus de reconnaître directement ce dialogue de race résulte d'une espèce de divergence de conscience qui mène à l'irrationalité. Ce déni atteste aussi que la désinformation raciale qui circule dans la culture et encadre nos perspectives sera laissée sans examen. La retraite continuelle hors de l'inconfort de l'engagement racial authentique, dans une culture dans laquelle la disparité raciale est infusée, limite la capacité des blancs à former des connexions authentiques au travers des lignes raciales et perpétue un cycle qui maintient le racisme en place[1]. »

Que signifie ce charabia, qui a permis à son auteure (blanche elle-même) de figurer parmi les meilleures

---

1. Robin DiAngelo, *White Fragility*, Beacon Press, p. 111.

ventes de non-fiction durant des mois et de facturer plusieurs dizaines de milliers de dollars ses stages de « sensibilisation au racisme » dans les plus grandes entreprises ? Que les Blancs qui ressentent un malaise à discuter ouvertement de leur propre racisme, conscient ou inconscient, témoignent ainsi de leur « fragilité blanche ». En particulier, lorsqu'ils « se réfugient dans le silence », ou, comme le font certaines femmes blanches, selon DiAngelo, dans les larmes. À ses yeux, en effet, « tous les blancs sont investis dans le racisme et sont en connivence avec le racisme. Le collectif blanc haït la négritude (*blackness*) pour ce qu'il nous rappelle de nous-mêmes : que nous sommes capables et coupables de perpétrer des douleurs immesurables et que nos gains sont venus à travers la soumission d'autres ». En clair, comme cela a été maintes fois souligné par ses critiques, pour DiAngelo, toute personne blanche incapable de « s'engager dans une conversation sur son racisme », et donc de reconnaître qu'elle est raciste, témoigne ainsi de son aveuglement envers son propre racisme. La seule manière d'échapper à l'accusation de racisme consiste à reconnaître que, oui, bien sûr, on est bel et bien raciste…

Dans la mesure où le racisme est considéré aux États-Unis comme une faute morale d'une telle gravité qu'elle entraîne fréquemment la perte de son emploi et la mort sociale, on conçoit que de telles « conversations » ne soient guère prisées… Les exemples abondent. Et pourtant, l'expression consacrée est dorénavant « nous devons parler de… », chaque fois que les woke croient déceler une résistance à l'un des articles de leur catéchisme. Et ce n'est pas une réelle invitation au dialogue.

Le journaliste et essayiste Wesley Yang, contributeur régulier du site intellectuel juif Tablet, a proposé de baptiser « *successor ideology* » la sensibilité née de la fusion de l'intersectionnalité, de la « justice sociale », de la politique des identités et de la Théorie critique de la race. Par ce terme, il entend marquer que la politique *woke* se présente comme un prolongement et une radicalisation des idéaux de l'ancienne gauche, alors qu'elle marque une rupture avec eux.

La vieille gauche plaidait pour la tolérance et la justice. Ces mots sont repris par les *woke*, mais d'une façon qui aboutit à en contredire le sens, ou à en limiter sérieusement la portée. Car c'est, paradoxalement, au nom de la « tolérance » que les activistes entendent limiter de manière draconienne la liberté d'expression et de critique. Et l'antiracisme d'autrefois a été dénaturé : lorsque le département de l'Éducation en arrive à caractériser « le perfectionnisme » et « le culte du mot écrit » comme manifestations du « suprématisme blanc », relève-t-il, le sens des mots est perdu. L'antiracisme a changé de mission. Il ne vise plus à l'égalité entre les races, mais à l'éveil d'une « conscience de race » chez les Noirs. Pas la réforme, ni le dialogue interracial, mais la « rééducation des Blancs ». En effet, pour les tenants de la *successor ideology*, « nous ne sommes pas une société libérale, tâtonnant vers l'égalité, mais une société corrompue qu'il s'agit de remodeler. »

« Nous avons à faire à une révolution d'ordre moral, ajoute Yang, pour laquelle certaines valeurs fondamentales du libéralisme – liberté de parole, droits de la défense, présomption d'innocence – sont conçues comme des obstacles sur le chemin devant mener aux objectifs fixés par une certaine vision de la justice. Elle est mise en œuvre par des activistes, autrefois confinés à d'obscures poches du monde universitaire, mais qui sont devenus de rigueur dans les médias, les médias sociaux et le langage de tous les jours[1]. »

Le wokisme, une nouvelle religion ?

Le terme « *wokeness* » fait également référence au *Great Awakening* (le Grand Réveil), une vague de religiosité puritaine qui a balayé les États-Unis dans les années 1730 et 1740. Il y a dans cette idéologie un aspect religieux qui a été relevé par plusieurs analystes. Certains attribuent le succès du mouvement et sa rapide expansion au vide idéologique et moral laissé par l'épuisement simultané des idéaux émancipateurs de la gauche libérale et de la religion protestante aux États-Unis[2]. La génération des millennials s'est précipitée dans « l'idéologie diversitaire[3] » parce que la « déconstruction » avait laissé un espace intellectuel et spirituel qui ne demandait qu'à être comblé, estime ainsi Douglas Murray : « Nos grands récits communs, politiques ou religieux, se sont tous effondrés. Il fallait trouver du sens ailleurs : nous étions donc prédisposés à écouter l'enseignement des nouveaux prophètes qui viennent à présent expliquer que le but de nos vies est de nous battre pour la “justice sociale” et de lutter pour accorder sans cesse de nouveaux droits à des minorités de plus en plus

1. https://www.manhattan-institute.org/the-successor-ideology
2. Selon l'écrivain Joseph Bottum, spécialiste des questions religieuses, 50 % des Américains étaient membres d'une paroisse appartenant aux huit Églises protestantes dominantes en 1965. Ce pourcentage est aujourd'hui tombé à 4 %.
3. Une expression créée par l'essayiste Mathieu Bock-Côté, qui l'a disséquée dans plusieurs livres remarquables. Le dernier en date : *La Révolution racialiste et autres virus idéologiques*, *op. cit.*

groupusculaires. [...] Les minorités qui estiment avoir été victimes de discriminations dans le passé entendent aujourd'hui obtenir réparation et exigent plus de droits que les autres groupes. Notre culture ne fait plus des homosexuels (comme moi) des gens normaux, mais des individus meilleurs que les autres. Et, sans vouloir nier l'existence du racisme dans l'histoire, on voit se répandre l'idée qu'un Blanc a moins de valeur qu'un Noir... On sent là comme un parfum de vengeance[1]. »

Durant longtemps, la politique n'a occupé qu'une place secondaire dans la vie des Américains. La première appartenait à la religion. Le Salut, la Rédemption étaient la grande affaire spirituelle de l'existence. L'affiliation à l'une des Églises protestantes, l'appartenance à une paroisse prenaient une signification sociale centrale dans la vie des individus et des familles. Les rites, tels que le baptême, le mariage, l'enterrement, les grâces que l'on disait en famille avant les repas, la prière du soir, avec l'examen de conscience, rythmaient le cours de la vie quotidienne. Il n'en va plus de même aujourd'hui.

Mais l'élan vers une forme de spiritualité élevée, la quête de sens et l'aspiration personnelle à faire partie des élus demeurent pourtant des éléments centraux de la culture américaine. Des phénomènes particulièrement évidents chez les millennials, la génération la plus éloignée de la religion qu'ont connue les États-Unis : 36 % se déclarent « non affiliés », 6 % athées et 7 % agnostiques[2].

---

1. Paul Sugy, « Douglas Murray : "On dresse les gays contre les hétéros..." », art. cit.

2. Pew Research Center, « Younger Millennials – Religious composition of younger Millennials » ; https://www.pewforum.org/religious-landscape-study/generational-cohort/younger-millennial/

Comme le constate l'essayiste conservatrice noire Candace Owens (née en 1989), ce recul de la religion chez les jeunes générations suscite chez eux un besoin de certitudes que vient plus ou moins combler l'engagement politique. « Je crédite ma génération, les millennials, d'avoir transformé notre pays en un cloaque de néolibéralisme geignard. Regardons les choses en face : ceux qui sont nés en Amérique après 1980 comptent parmi les êtres humains les plus favorisés jamais apparus sur la planète. Et cependant, passer des heures chaque jour sur nos smartphones en glissant d'un média social à une nouvelle application ne nous semble pas combler nos aspirations au bonheur. Notre désir d'une existence riche de sens nous a conduits à la poursuite sans fin de causes de "justice sociale". Des causes telles que des toilettes sans signes distinctifs pour hommes et femmes, et le respect des "pronoms corrects", déclinés par ceux qui luttent avec leur problème d'identité de genre… Nous n'avons pas de guerre mondiale à terminer, pas de droits civiques majeurs à conquérir, et cependant le désir de triompher nous enrage[1]. »

Plusieurs analystes estiment que le wokisme comporte une forte dose de religiosité. Les *woke* sont des « postprotestants[2] », estime ainsi l'écrivain Joseph Bottum. Ils prêchent une sorte de catéchisme dans lequel la blanchitude et la masculinité sont assimilées au péché originel. « Ils parlent d'une tache reçue en héritage

1. Candace Owens, *Blackout*, *op. cit.*, p. 94-95.
2. Laure Mandeville, « La passion religieuse a échappé au protestantisme et met le feu à la politique », *Le Figaro*, 24 septembre 2020 ; https://www.lefigaro.fr/vox/monde/la-passion-religieuse-a-echappe-au-protestantisme-et-met-le-feu-a-la-politique-20200924

qui infecte votre esprit. » Ils exigent des « catégories privilégiées » la confession publique de leurs « privilèges blancs » – rituel auquel doivent désormais se soumettre les professeurs au début de chaque année universitaire, dans un certain nombre de *colleges* et d'universités (« *check your privileges* »).

« Leur conviction que l'Amérique est intrinsèquement corrompue par l'esclavage et n'a réalisé que le Mal n'est pas fondée sur des faits dont l'on pourrait discuter. Non, elle relève d'une croyance religieuse. » Et Bottum cite les rituels et symboles directement empruntés par les *woke* à la religion chrétienne. S'allonger de tout son long sur le sol en gémissant : c'est ce que font les prêtres lors de leur consécration chez les catholiques ; mettre un genou en terre, comme le font désormais rituellement les supporters de BLM ; se balancer en tenant des bougies à la main... À Portland, afin d'être admis en tant « qu'alliés » de BLM, des Blancs ont organisé une cérémonie de lavement des pieds de leurs concitoyens noirs pour manifester leur repentir.

La grande faiblesse de la religion *woke*, c'est qu'elle ne connaît ni Sauveur ni Salut. C'est un christianisme dévoyé et sans Rédempteur. Ce pessimisme la rapproche des sectes millénaristes qui misent sur une fin du monde apocalyptique. « Dans le mouvement *woke*, relève le psychologue Steven Pinker, il y a cette idée que le racisme serait immuable, une fatalité liée à un système de pouvoir, un “péché” qui ne disparaîtra jamais. [...] La Théorie critique de la race assure que les Blancs étaient, sont et seront racistes. Alors que dans la tradition libérale, celle des Lumières, il y a certes, des préjugés, parfois même institutionnalisés, mais qu'il est possible de démanteler et de combattre pour se rapprocher de l'idéal universaliste où chacun est traité en tant qu'individu[1]. »

Mais le wokisme renoue aussi avec une des constantes des mœurs américaines : le besoin existentiel d'être reconnu comme « une bonne personne », moralement digne d'être relevée individuellement de la Chute et digne de la Rédemption promise aux *happy few* des élus. S'ériger en dénonciateurs des péchés des autres est une bonne manière de flatter le narcissisme des activistes. Mais se repentir bruyamment des siens propres permet également d'attirer sur soi l'attention. « Le signe distinctif par excellence de l'intellectuel américain, c'est la culpabilité, écrivait Romain Gary, fin connaisseur de la psyché américaine. Se sentir personnellement coupable, c'est témoigner d'un haut standing moral, montrer patte blanche, prouver que l'on fait partie de l'élite. Avoir "mauvaise conscience", c'est démontrer que l'on a une bonne conscience en parfait état de marche et, pour commencer, une conscience tout court. Il va sans dire que je ne parle pas de sincérité : je parle d'affectation[2]. »

« Mes étudiants et tous ces "postprotestants" sont absolument convaincus que tous les gens qui les ont précédés étaient stupides, et sans doute maléfiques, affirme Bottum. Ils ne croient plus au projet historique américain. Ils sont contre les "affinités électives "qui, selon Max Weber, nous ont donné la modernité : la

---

1. Thomas Mahler, « Steven Pinker : "Aujourd'hui, cette folie woke est l'affaire de tous" », *L'Express*, 3 mars 2021 ; https://www.lexpress.fr/actualite/idees-et-debats/steven-pinker-cette-folie-universitaire-de-l-ideologie-woke-est-l-affaire-de-tous_2145871.html
2. Romain Gary, *Chien blanc*, Folio, p. 144.

science, le capitalisme, l'individu, l'État-nation... Si vous tenez en suspicion la science, le capitalisme, l'individu et le protestantisme, la seule chose qui reste, ce sont les péchés qui nous ont menés là où nous sommes. [...] On a le sentiment qu'on est aux prémisses d'une apocalypse, d'une guerre civile, d'une grande destruction de la modernité. Est-ce à cause de la trahison des clercs ? Pour moi, l'incapacité des vieux libéraux à faire rempart contre les jeunes radiaux est aujourd'hui le grand danger[1]. »

Mais, souligne-t-il, la religiosité américaine a été constamment tentée par l'intolérance et il en va de même pour les *woke* : avant, on était excommunié, exclu de l'Église, aujourd'hui, on est traqué sur les réseaux sociaux, ostracisé, banni. Cela s'appelle le « *shunning* », une pratique consistant à bannir une personne en la faisant exclure de tous les réseaux sociaux auxquels elle appartenait. « L'un des effets du *shunning*, précise Bottum, est de réduire au silence par l'intimidation. Son but est d'obtenir que la personne visée soit renvoyée de son travail, de la rendre inacceptable, retirée de la circulation. Pour deux raisons. Primo, s'assurer qu'on n'est pas soi-même infecté par son état de péché. Secundo, c'est une déclaration de pouvoir. Une manière de dire : voyez comme nous sommes puissants, on peut faire ça aux gens[2]... » Une atmosphère digne de l'époque puritaine de *La Lettre écarlate* de Nathaniel Hawthorne.

1. Laure Mandeville, « La passion religieuse a échappé au protestantisme et met le feu à la politique », art. cit.
2. Sean Collins, « Wokeness : Old Religion in a New Bottle », *Spiked*, 14 août 2020 ; https://www.spiked-online.com/2020/08/14/wokeness-old-religion-in-new-bottle/

« Pour le vicieux, il y a une excitation particulière à jouer à l'inquisiteur vertueux, à harceler les hérétiques, à exiger la déférence – tactique brutale destinée à nous faire tenir tranquilles, de peur que nous soyons la prochaine victime[1] », écrit Sarah Haider. C'est pourquoi Paul Russell, professeur de philosophie à l'université de la Colombie-Britannique au Canada, met en garde contre ce qu'il appelle « les cruels moralisateurs ».

Accabler quelqu'un en meute sur un campus ou sur les réseaux sociaux pour un mot de travers est aussi une manière de se présenter soi-même comme membre des justes. Le protestantisme, en se retirant, a laissé subsister l'idée que les élus, choisis par Dieu, ne sont que le petit nombre, mais qu'ils sont « le sel de la Terre », prédestinés à faire triompher le Bien par tous les moyens, y compris par la contrainte et la violence.

« Ce qui vient avec le "moralisme cruel", ce sont des vices tels que la sévérité, l'appétit de vengeance, le dogmatisme et l'autoritarisme. Les cruels moralisateurs adoptent une confiance en soi excessive, par où confirmer leur pouvoir et la domination qu'ils exercent sur le coupable et le pécheur. Ce qui pourrait bien être une pose qui masque leur insécurité et leurs doutes. Mais cela sert à entretenir et à soutenir le besoin qu'ils ressentent de confirmer leur propre standing moral. Causer souffrances et humiliation par le biais de la moralité est le moyen d'obtenir satisfaction[2]. »

1. Sarah Haider et Ayaan Hirsi Ali, « Is the Culture War Lost? », Letter 3 ; https://letter. wiki/conversation/930

2. Paul Russell, « Vice Dressed As Virtue », *Aeon*, 22 mai 2020 ; https://aeon.co/essays/how-the-cruel-moraliser-uses-a-halo-to-disguise-his-horns

La chasse aux professeurs « problématiques »

« Ma femme et moi avons eu le sentiment d'être aspirés, en mai 2017, par une tornade qui ne nous a toujours pas redéposés au sol ! Cela a changé tous les aspects de notre vie. Ces changements ont été très traumatisants sur le moment mais ils nous ont ouvert de nombreuses portes et nous ont transportés dans un monde qu'il est très excitant d'explorer. On a eu le sentiment d'avoir fait face à la tornade trois ans avant les autres. Ce qui veut dire que nous avons vécu une sorte d'avant-première du chaos qui venait. Evergreen est aujourd'hui partout ! Les mêmes dynamiques révolutionnaires sont visibles dans les rues, et pas seulement celles des États-Unis : en Europe, en Australie ! C'est un moment très intéressant, mais j'ai le sentiment que les leçons d'Evergreen ont été gâchées. Si nous avions compris qu'il ne s'agissait pas d'une aberration mais d'un avant-goût du présent, nous n'aurions pas permis que notre civilisation s'amuse à jouer avec de nouvelles formes de racisme, camouflées en lutte contre l'injustice[1]. »

La « tornade » qu'ont subie Bret Weinstein et son épouse Heather Heying sur le campus de l'Evergreen State College (État de Washington), l'une des universités les plus progressistes d'Amérique du Nord, a été considérée, sur le moment, comme une aberration locale. Mais la multiplication récente des incidents du

1. Laure Mandeville, « Bret Weinstein : “Tant qu'on n'affronte pas la gauche woke, on ignore combien elle est dangereuse” », *Le Figaro*, 18 décembre 2020 ; https://www.lefigaro.fr/vox/monde/bret-weinstein-tant-qu-on-n-affronte-pas-la-gauche-woke-on-ignore-combien-elle-est-dangereuse-20201217

genre de celui qu'ils ont subi montre qu'ils n'avaient fait qu'essuyer les plâtres.

Ces deux professeurs sont d'éminents biologistes. Ce ne sont certes pas des conservateurs, mais des démocrates de gauche, supporters de Bernie Sanders. Mais la gauche à laquelle ils appartiennent est peut-être déjà celle d'hier, une gauche pour laquelle le « droit d'exister ou de parler ne devrait jamais être basé sur la couleur de la peau ». C'est cette expression, utilisée par Bret Weinstein dans un e-mail adressé à l'ensemble des membres du personnel et des étudiants du *college*, qui a provoqué l'émeute qui les a contraints à démissionner.

Traditionnellement, à Evergreen, les étudiants noirs et appartenant aux minorités ethniques pratiquaient un « jour d'absence », afin de démontrer combien la diversité était nécessaire au campus et afin de mieux discuter entre eux des problèmes de race. En 2017, ils décidèrent que ce serait, cette fois, aux professeurs et aux étudiants blancs de rester chez eux. Weinstein a tenté d'expliquer, dans son message, la différence qui existe entre un *retrait volontaire* et une *interdiction de présence*. Et il annonçait son intention de faire cours, malgré l'interdiction. Une foule de deux cents étudiants, vociférants et injurieux, interrompit alors son séminaire. Le professeur leur proposa de le transformer en une discussion sur le racisme. « Ce n'est pas le lieu pour une discussion ! » lui fut-il répondu par des étudiants menaçants. Tandis que le professeur parvenait à s'échapper, les étudiants en colère se rendirent dans le bureau du président du *college*, George Bridges, et l'occupèrent, afin d'exiger le renvoi immédiat des deux enseignants récalcitrants. Cela s'avérait compliqué, puisqu'ils étaient l'un et l'autre titulaires de leur chaire. Pendant ce temps, d'autres étudiants fouillaient les voitures quittant le campus, dans l'espoir d'y trouver les deux enseignants qui avaient eu le tort de les défier.

L'administration du *college* leur ayant communiqué qu'elle était dans l'incapacité d'assurer leur protection, Bret Weinstein et Heather Heying ont démissionné de leur poste. Et Evergreen s'est privé de deux des meilleurs biologistes américains... Comme l'écrit Douglas Murray, « pour des gens apparemment préoccupés par le fascisme, ces étudiants se révélèrent décidément d'une étonnante capacité à se comporter comme des troupes d'assaut[1] ».

Revenant, dans des interviews, sur ces incidents, Bret Weinstein estimait récemment qu'on avait eu grand tort d'en sous-estimer la gravité. « La bêtise de la vision *woke* est évidente, disait-il. Mais le caractère contagieux de la stratégie est spectaculaire. Et c'est là le problème. Les gens ne prennent pas ces mouvements au sérieux parce qu'ils sont ridicules. Mais quand ils s'y retrouvent confrontés, ils n'ont plus qu'un seul choix : se soumettre ou être détruits[2]. » Contre le tribalisme ethnique des *woke*, dont il avertit qu'il risque de provoquer la réaction d'un nationalisme blanc, pour l'instant maintenu dans les marges du spectre politique, Weinstein défend les concepts de *citoyenneté* et de *mérite* ; son horizon intellectuel est celui d'un universalisme qui, dans son pays, caractérise de plus en plus la gauche des plus de cinquante ans.

1. Douglas Murray, *The Madness of Crowds*, *op. cit.*, p. 130.

2. Laure Mandeville, « Bret Weinstein : "Tant qu'on n'affronte pas la gauche woke, on ignore combien elle est dangereuse" », art. cit. https://www.lefigaro.fr/vox/monde/bret-weinstein-tant-qu-on-n-affronte-pas-la-gauche-woke-on-ignore-combien-elle-est-dangereuse-20201217

Ce ne sont plus seulement les conservateurs qui sont désormais « annulés » dans les universités américaines. Mais pour eux, en tout cas, l'atmosphère des campus américains est devenue irrespirable. « Mes étudiants conservateurs m'ont dit qu'ils étaient nerveux et effrayés. Ils observaient que leurs idées politiques devenaient dangereuses à exprimer en public et considérées comme une faute morale, et non une simple opinion politique. Si des étudiants sont obligés de garder leurs opinions secrètes, alors que la hiérarchie et les autres étudiants expriment les leurs comme si elles étaient la nouvelle morale, c'est que la liberté d'expression n'existe plus », constate, de son côté, Lama Abu-Odeh[1].

La presse a fait preuve d'une discrétion extraordinaire sur ces événements, déplore Bret Weinstein. Tout ce qui ne va pas dans le sens du catéchisme *woke* est très souvent passé sous silence dans les grands médias. Comment s'en étonner, lorsqu'on constate que les professeurs de journalisme enseignent désormais, comme Candis Callison (professeure associée à l'université de la Colombie-Britannique et coauteure de l'ouvrage *Reckoning Journalism's Limits and Possibilities*), que « l'objectivité est une illusion qui réaffirme la vision d'un monde dominé par l'homme blanc et doit être questionnée », puisque tout discours sur le monde est prononcé à partir d'une perspective particulière et s'inscrit dans un rapport de domination. »

Pour cette théoricienne *woke*, « il y a eu, dans le passé, des manières d'enquêter sur certains sujets et

---

1. Adrien Jaulmes « Lama Abu-Odeh : "La culture woke me fait penser à l'essor de l'islamisme dans le monde arabe" », art. cit. https://www.lefigaro.fr/vox/monde/lama-abu-odeh-la-culture-woke-me-fait-penser-a-l-essor-de-l-islamisme-dans-le-monde-arabe-20210603

certaines communautés qui ont pu causer des préjudices ». Et elle en conclut que seuls les membres des « communautés dominées » devraient être autorisés à évoquer, dans les médias, les sujets les concernant. C'est, en effet, une façon de garantir une couverture qui leur soit favorable, en même temps que de leur réserver certains emplois de journaliste, souligne-t-elle. Dans leur livre, Candis Callison et Mary Lynn Young plaident pour le passage d'un journalisme de l'*accuracy* (exactitude, fidélité des discours aux faits) à un journalisme de l'*advocacy* (promotion, défense d'une cause)[1].

Depuis ces premiers incidents, la *cancel culture* (culture de l'annulation) s'est radicalisée. Elle a essaimé dans tous les pays anglo-saxons. Sur les campus, la liberté d'expression est clairement menacée. Aux États-Unis, des personnalités telles que Condoleezza Rice[2], Christine Lagarde[3], Ayaan Hirsi Ali et bien d'autres ont été interdites de parole, après avoir été invitées à s'exprimer sur différents campus. En Grande-Bretagne, ce boycott des personnalités jugées « dérangeantes » a pris la forme du mouvement « No Platform ».

« Autoriser la personne en question à parler causerait une sorte de *douleur* – pas une douleur physique, mais psychologique, émotionnelle, ou encore un préjudice social – à un individu, un groupe, voire à la société au sens large. En effet, le *no-platforming* a été conçu, au

1. Lorraine Clark, « The Misguided Campaign Against Journalistic Objectivity », Quillette, 1er octobre 2020 ; https://quillette.com/2020/10/01/the-misguided-campaign-against-journalistic-objectivity/

2. Première femme noire à avoir exercé la fonction de secrétaire d'État, dans le cabinet de George W. Bush entre 2005 et 2009.

3. Ancienne directrice générale du FMI, présidente de la banque centrale européenne.

départ, par les activistes de l'identité politique comme un instrument de protection des groupes minoritaires qui se sentent menacés ou marginalisés par l'ordre social existant », écrit Monika L. Richter, qui plaide pour qu'on en revienne à l'idée de départ : seuls les orateurs racistes ou fascistes devraient être bannis de la discussion[1].

Mais lorsque des féministes historiques, telles que Julie Bindel, se retrouvent interdites dans les universités du Royaume-Uni par le syndicat étudiant National Union of Students, la liberté d'expression est clairement menacée. Fondatrice d'une association qui défend les femmes accusées d'avoir tué leur compagnon violent, Justice for Women, Bindel peut difficilement être accusée de conservatisme… Mais elle a critiqué le fait de recourir à la chirurgie pour changer de sexe. À ses yeux, ces pratiques ne font que renforcer les stéréotypes de genre. Elle est donc classée « TERF » : féministe hostile aux trans. Si l'on ajoute qu'elle a critiqué, dans plusieurs articles, le fondamentalisme religieux et l'usage du *no-platforming*, on comprend pourquoi elle a subi elle-même une campagne de boycott…

Ellie Spawton, une étudiante en archéologie à Southampton, libertarienne revendiquée, dénonce le « *no-platforming* » et les « *safe spaces* »[2]. Le syndicat étudiant NUS, écrit-elle dans le *Huffington Post*, prend les étudiants pour des enfants vulnérables, qui ne sauraient, sans danger, être exposés à d'autres narratifs que le

1. Monica Richter, « Only the most noxious of speakers should be banned on campus », *Aeon*, 11 janvier 2016 ; https://aeon.co/ideas/is-it-legitimate-to-ban-speakers-from-college-campuses

2. Ellie Spawton, « The NUS Is Only Half the Problem », *Huff-Post*, 27 mai 2016 ; https://www.huffingtonpost.co.uk/ellie-spawton/nus-malia-bouattia_b_9779246.html

« récit progressiste en vigueur ». « Le climat est devenu tel, poursuit-elle, que quelque point de vue que ce soit qui s'écarte de ce récit-là est aussitôt réputé "offensant" et se voit décerner l'un des labels infamants, tels que "racisme", "homophobie", "islamophobie", ou toute autre "phobie" imaginable », de manière à être décrété interdit d'expression. Le syndicat étudiant ferait mieux de se demander comment il a pu élire pour présidente en 2016, dans des conditions très peu démocratiques au demeurant, une personnalité, telle que Malia Bouattia, auteur de propos ouvertement antisémites...

Conclusion d'Ellie Spawton : les étudiants semblent oublier que, sans liberté d'expression, beaucoup de valeurs que nous considérons aujourd'hui comme acquises n'auraient jamais pu être exprimées. Car elles étaient considérées comme « offensantes » au temps où elles ont été élaborées...

La *cancel culture* : la mise en procès du passé occidental entier

« La mort de l'Afro-Américain George Floyd, au printemps 2020, sous le genou du policier blanc Derek Chauvin, a donné le coup d'envoi à un mouvement visant à confronter les États-Unis aux symboles de leur passé raciste, esclavagiste et colonial. Cette onde de choc a fini par toucher l'un des derniers bastions de la suprématie blanche, l'ornithologie[1] », lit-on dans *Le Monde*. Une

1. Pierre Bouvier, « Aux États-Unis, bataille pour des noms d'oiseaux plus inclusifs », Blog *Le Monde*, 10 juin 2021 ; https://www.lemonde.fr/big-browser/article/2021/06/10/aux-etats-unis-bataille-pour-des-noms-d-oiseaux-plus-inclusifs_6083604_4832693.html

tribune, parue dans le *Washington Post*, signée de deux ornithologues américains, Jordan Rutter et Gabriel Foley, appelle, en effet, à « décoloniser les noms d'oiseaux ». « En Amérique du Nord, il n'y a que des hommes blancs – et quelques femmes blanches – dont le nom a été donné à des oiseaux », observent ces deux savants.

Ce n'était pas pour faire plaisir à ces messieurs qu'on a donné leurs noms à ces tétrapodes au corps couvert de plumes, lointains descendants des dinosaures, mais simplement parce qu'ils avaient été, en leur temps, les premiers à les décrire de manière scientifique. Faudra-t-il débaptiser les grandes maladies identifiées par des médecins blancs et hétérosexuels, sous prétexte que leur nomenclature ne respecte pas les quotas fixés par l'idéologie contemporaine de la « diversité » ?

Toutes les personnalités du passé, jugées « problématiques » par l'idéologie *woke*, sont sur la sellette. La mode du déboulonnage de statues s'est emballée aux États-Unis. Le plus souvent de nuit, à la suite de manifestations souvent violentes, des foules exaltées entendent « venger la mort de George Floyd ». Au départ, ces actions collectives vengeresses s'en prenaient à des grandes figures de la Confédération lors de la guerre de Sécession, comme Robert E. Lee. Et les médias firent preuve de compréhension : ces généraux et politiciens sudistes avaient combattu pour conserver l'esclavage. Pourquoi les États du Sud avaient-ils besoin de célébrer leur « glorieuse défaite » de 1865 ? Nombre de ces monuments ont été érigés dans les années 1960 en signe de protestation contre les lois de déségrégation adoptées par Washington.

Mais lorsque des statues de George Washington, le fondateur des États-Unis, et de Thomas Jefferson, le rédacteur de la Déclaration d'indépendance, d'Ulysses S. Grant, le commandant en chef des armées de l'Union lors de la guerre de Sécession puis, élu président des États-Unis, un protecteur attitré des Noirs émancipés du Sud, ou encore de Hans Christian Heg, abolitionniste mort en combattant les Confédérés, furent à leur tour « déboulonnées », l'humeur commença à changer. S'agit-il de traduire en justice toute l'histoire américaine ? D'un accès d'iconoclastie nihiliste ? En quoi cela a-t-il à voir avec le racisme, invoqué par les déboulonneurs ?

À Philadelphie, des habitants indignés par le mouvement se rassemblèrent en armes autour de la statue de Christophe Colomb que les activistes *woke* avaient désignée comme leur prochaine cible. Le maire Jim Kenney et le procureur Larry Krasner envoyèrent la police disperser les défenseurs de l'explorateur. Ils n'avaient rien fait pour empêcher les précédents déboulonnages et n'empêchèrent pas davantage les suivants.

À Londres, sur le site historique de Parliament Square, c'est la statue de Winston Churchill, le vainqueur de la guerre contre le nazisme, qui a été peinturlurée et à son nom a été rajoutée la mention : « *was a racist* ». Il lui est reproché d'avoir été favorable au maintien de la colonisation de l'Inde par l'Empire britannique. On ignore quelles étaient les motivations de ceux qui ont massacré et abattu la statue de Gandhi qui se trouvait devant l'ambassade d'Inde à Washington. Peut-être est-il lui aussi à présent un raciste...

Les étudiants de l'Oriel College d'Oxford ont exigé à plusieurs reprises le retrait de la statue en bronze de Cecil Rhodes qui orne ce prestigieux établissement d'enseignement supérieur. « C'est une violence que d'avoir à passer devant cette statue d'un raciste colonialiste pour assister aux cours », ont-ils écrit. Cecil Rhodes (1853-1902) a été Premier ministre de la colonie britannique du Cap, il a donné son nom à l'ancienne Rhodésie (actuels Zambie et Zimbabwe) et sa fortune, habilement investie, a permis de financer un fonds qui décerne des bourses d'études à des étudiants particulièrement brillants. En ont notamment bénéficié plusieurs chefs d'État, comme Bill Clinton, le président pakistanais Wasim Sajjad, le président jamaïcain Norman Manley, trois Premiers ministres australiens – Tony Abbott, Bob Hawke, Malcolm Turnbull –, l'inventeur de la pénicilline Howard Florey, etc. Rhodes avait légué une partie importante de sa fortune à Oriel, son ancien *college*. Après avoir laissé entendre, durant plusieurs années, qu'elle pourrait accéder à cette demande, la direction de cet établissement d'enseignement supérieur a finalement répondu en avril 2021 qu'un tel retrait poserait trop de problèmes, notamment d'ordre financier…

Ce ne sont toutefois pas seulement les symboles du colonialisme et du racisme qui sont considérés par la nouvelle génération comme des « violences », ce sont surtout des mots. Mais, pour citer John McWhorter, « l'idée que les mots ne sont pas seulement des mots, mais qu'ils polluent l'espace », au point qu'il faille « s'en prémunir en interdisant de parole », est un abus. « On ne peut pas tirer le sens des mots au point de dire qu'ils constituent une violence, simplement parce qu'on n'est pas d'accord, ou qu'on les trouve légèrement nuisibles. Car c'est là que sont étouffés les vents de la liberté d'expression. » Car « l'idée que si je suis en désaccord avec vous, cela fait de vous une personne mauvaise, n'est peut-être pas si nouvelle. »

Mais le problème, c'est que, à présent, on a droit à « vous êtes une personne mauvaise et donc vous ne devriez pas parler[1] ».

Un sentiment de racisme socialement construit...

L'une des « mauvaises personnes » visées par une campagne ahurissante de dénonciation sur les réseaux sociaux est le politiste canadien Eric Kaufmann, professeur de sciences politiques au Birkbeck College de l'université de Londres. Le 19 mai 2021, le Birkbeck Students Anti-Racist Network a placé sur Twitter un long *thread* en vingt-huit épisodes, le mettant en accusation. « Nous voulons le dénoncer publiquement comme un suprématiste blanc et un apologiste raciste. » La série se conclut par un appel sous forme de pétition adressée à la direction du *college*. « Même mise en face de plaintes répétées, la direction a refusé de prendre des mesures. » « [Mais si] la direction ne se décide pas à s'assurer que Birkbeck est débarrassé des racistes, nous serons forcés de passer à l'action nous-mêmes. »

Il existe une certaine ironie à voir Eric Kaufmann devenir victime de la censure qu'il dénonce depuis longtemps. Il est probable que ce qui a le plus exaspéré les étudiants *woke*, c'est son étude sur la « construction sociale du racisme aux États-Unis » pour le Manhattan

1. Conor Friedersdorf, « Colombia Professor's Critique... », *The Atlantic*, 30 juin 2017 ; https://www.theatlantic.com/politics/archive/2017/06/a-columbia-professors-critique-of-campus-politics/532335/

Institute[1]. Pour montrer à quel point la perception du racisme aux États-Unis est « socialement construite », Kaufmann s'appuie sur toute une batterie de sondages. Il en ressort un décalage frappant entre le formidable recul du racisme dans ce pays et le sentiment, fortement ressenti à gauche de l'échiquier politique, de son omniprésence. On y découvre, par exemple, que les Blancs, qui n'étaient que 4 % en 1958 à approuver les mariages entre Blancs et Noirs et seulement 45 % encore en 1995, y étaient favorables à 84 % en 2013. Une progression si rapide qu'elle est jugée « historique » par les professionnels des sondages. Pourtant, relève Kaufmann, plus le racisme recule dans leur société, plus il devient une obsession pour les Américains.

Et pour démontrer combien les médias, et en particulier les réseaux sociaux, participent à la représentation que les gens se font de la question raciale, Kaufmann cite ce sondage : huit Noirs américains sur dix pensent qu'ils courent statistiquement plus de risque d'être tués par la police que de mourir des suites d'un accident de la route. En réalité, c'est bien sûr le contraire. D'après une étude publiée en août 2019 par l'université du Michigan, les causes de décès des jeunes Noirs sont dans l'ordre 1. les accidents, 2. le suicide, 3. les homicides, 4. les attaques cardiaques, 5. le cancer, 6. l'usage de la force par des policiers.

Mais le meurtre de George Floyd par le policier blanc Derek Chauvin, dont la vidéo a été visionnée des dizaines de millions de fois aux États-Unis, a donné l'impression que ce genre de crime y était courant. Il

---

1. Eric Kaufmann, « The Social Construction of Racism in the United States », Manhattan Institute, 7 avril 2021 ; https://www.manhattan-institute.org/social-construction-racism-united-states

est exact que le nombre de Noirs tués par la police, aux États-Unis, est plus élevé que celui des Blancs, comparativement à leurs pourcentages respectifs au sein de la population. Durant l'année 2020, des policiers américains ont abattu quatre cent cinquante-sept Blancs, deux cent quarante et un Noirs, cent soixante-neuf Hispaniques, vingt-huit « autres » et cent vingt-six « indéterminés »[1]. Selon le site spécialisé security.org, entre janvier 2013 et mai 2021, la police aux États-Unis aurait tué près de neuf mille personnes, soit une moyenne de mille quatre-vingt-quinze victimes par an. 49 % étaient des Blancs, 27 % étaient des Noirs et 20 % des Hispaniques[2]. D'une manière générale, environ le quart des personnes tuées par la police, chaque année aux États-Unis, sont des Noirs. Or, les Africains-Américains ne représentent que 13,4 % de la population, contre 60 % pour les Blancs (non-Hispaniques ou Latinos).

Le pourcentage des Afro-Américains parmi les victimes des homicides dont sont responsables les forces de police (*officer involved shootings*) est donc deux fois et demie plus élevé que celui qu'ils représentent au sein de la population. Mais il faut avoir l'honnêteté de rappeler que les Noirs représentent plus de la moitié des auteurs de crimes de sang commis dans le pays (55 %) et qu'ils comptent également pour plus de la moitié des victimes (54,7 %). Car, contrairement à

---

1. Statista « People Shot To Death by U.S. Police, by Race 2017-2021 », août 2021 ; https://www.statista.com/statistics/585152/people-shot-to-death-by-us-police-by-race/
2. Security.org, « Police Brutality Statistics & Analysis for Cities and States : 2013-2021 » ; https://www.security.org/resources/police-brutality-statistics/

une légende raciste, l'immense majorité des victimes de crimes commis par des Noirs sont noires elles-mêmes, de même que la très grande majorité des victimes de crimes commis par des Blancs sont d'autres Blancs. Dans l'immense majorité des cas, lorsque des policiers font usage d'armes à feu, c'est qu'ils ont été eux-mêmes menacés d'une arme. Le jeune économiste de Harvard Roland G. Fryer Jr.[1] a publié en juillet 2016 une étude extrêmement détaillée portant sur l'usage d'armes à feu par la police dans dix grandes villes américaines, entre 2000 et 2015. « Dans ces dix villes, la probabilité que les policiers tirent sans avoir été attaqués était plus élevée lorsque les suspects étaient blancs[2]. »

En outre, toute inégalité de résultat ne présuppose pas nécessairement l'existence d'un biais et d'une discrimination. Ainsi, les deux tiers des personnes tuées par la police au cours de la décennie 2010 avaient entre 18 et 45 ans et 95 % étaient de sexe masculin. Devrait-on en conclure que les policiers américains sont particulièrement hostiles aux hommes jeunes ? Ou plutôt que ce sont plus souvent des hommes jeunes qui présentent un danger pour les policiers au moment de leur interpellation[3] ?

---

1. Nommé professeur titulaire à 30 ans, il a été le plus jeune universitaire noir à obtenir une telle position à Harvard.
2. Roland G Fryer J. « Reconciling Results on Racial Differences in Police Shootings ». *American Economic Review* ; https://scholar.harvard.edu/fryer/publications/reconciling-results-racial-differences-police-shootings
3. Jean-Marie Pottier, « Phébé – Police et racisme aux États-Unis, la bataille des chiffres », *Le Point*, 23 septembre 2020 » ; https://www.lepoint.fr/phebe/phebe-police-et-racisme-aux-États-Unis-la-bataille-des-chiffres-23-09-2020-2393280_3590.php

De son côté, Coleman Hughes attribue cet écart entre une réalité qui devrait inspirer l'optimisme et des discours tendant à la noircir à deux biais cognitifs. Le biais de disponibilité, en vertu duquel on tend à raisonner à partir d'informations immédiatement disponibles et récemment mémorisées – par exemple une vidéo qu'on vient de voir sur les réseaux sociaux – sans chercher à s'informer davantage. Et le biais de négativité, en vertu duquel, entre deux informations, on a tendance à privilégier la plus alarmante. « En combinant ces deux biais, vous comprenez pourquoi beaucoup de personnes ont tendance à être très pessimistes, peu importe le nombre de données qui nous montrent que nous vivons à la meilleure des époques[1]. » Coleman Hughes utilise l'expression « progressophobie », créée par Steven Pinker, pour stigmatiser le refus de constater les progrès considérables réalisés par la société américaine dans le domaine des inégalités entre les races. Il estime que le pessimisme répandu par les théoriciens de la *critical race theory* (CRT) a pour effet de démoraliser les jeunes Noirs ambitieux auxquels on répète, depuis l'école primaire, que le système social est biaisé en leur défaveur et qu'il ne sert à rien de miser sur leurs aspirations personnelles de réussite sociale.

Pour ce jeune intellectuel noir, il ne faut pas inférer de toute différence des inégalités, et encore moins des inégalités à des discriminations. Ainsi, fait-il observer, les Noirs ne représentent que 8 % des joueurs inscrits à la MLB, la Ligue majeure de baseball. Est-ce un indice

1. Coleman Hughes : « Non, l'Amérique n'est pas irrémédiablement raciste », *Le Point*, 28 juin 2018 ; https://www.lepoint.fr/debats/coleman-hughes-non-l-amerique-n-est-pas-irremediablement-raciste-28-06-2018-2231273_2.php

du caractère raciste des adeptes de ce sport ? Mais alors, comment interpréter le fait que les Blancs ne comptent que pour 18 % des sportifs inscrits à la National Basket Association, dont les trois quarts sont noirs ? « Quand les Blancs sont sous-représentés quelque part, on assume que c'est par choix ou pour cause de préférence culturelle. Mais lorsque les Noirs sont sous-représentés, les progressistes tombent sur le sujet comme des inspecteurs sur un crime non résolu, déterminés à prendre en considération toutes les explications possibles, à l'exception de celles qu'ils jugent "paresseuses" : à savoir que, dans la culture noire, le basket est plus populaire que le baseball[1]. » Or, « il y a de bonnes raisons de croire que la culture, plutôt que les préjugés, est la cause première de l'inégalité de résultats pour les Noirs ».

Pour le démontrer, Hughes s'appuie sur des faits. Il est troublant de constater, écrit-il, que, dans le système scolaire américain, les enfants dont les parents ont récemment immigré de certains pays africains, tels que le Ghana ou le Nigeria, obtiennent de bien meilleurs résultats que leurs condisciples, issus de familles noires américaines. À Harvard, on constate aussi une surreprésentation des enfants d'immigrés, originaires des Antilles et d'Afrique, parmi les étudiants noirs. Si des préjugés racistes subsistent dans l'enseignement supérieur, ces étudiants sont pourtant censés les subir. Pourquoi, alors, de telles disparités ?

Les théoriciens de la CRT n'aiment pas qu'on soulève la question de la culture, souligne Coleman Hughes. « Je ne sais pas comment on peut mesurer la culture », écrit ainsi Ta-Nehisi Coates. Les auteurs du même

---

1. Coleman Hughes, « The Racism Treadmill », Quillette ?, 14 mai 2018 ; https://quillette.com/2018/05/14/the-racism-treadmill/

bord politique prennent moins de précautions, on l'a vu, pour faire référence à une prétendue « culture du viol sur les campus »... Mais aussitôt qu'on soulève la question du rôle joué par la culture noire américaine, on est accusé de racisme.

Or, « l'un des traits distinctifs d'une certaine culture noire est la conviction, partagée en particulier par de nombreux *teenagers* noirs, que ceux qui réussissent dans leurs études et parlent un anglais standard "agissent en Blancs" (*are "acting white"*). » Le président Barack Obama, qui a lui-même été accusé de « parler comme un Blanc » (*talking white*) parce que son anglais est extrêmement élégant, a dénoncé à plusieurs reprises « cette manière de dénigrer les jeunes Noirs qui lisent des livres en prétendant qu'ils agissent en Blancs ». « Dans une économie basée de plus en plus sur le travail cognitif, il est difficile d'imaginer un trait culturel plus nuisible qu'un tel tabou de l'effort livresque », écrit Coleman Hughes. Mais il est très difficile de mettre en cause certains éléments de cette culture noire. Aux yeux de la CRT, c'est « accabler les victimes » du racisme.

Le nouveau racisme et le nouvel antiracisme

Les concepts de racisme et d'antiracisme ont subi, ces dernières années, dans le monde anglo-saxon, un changement de signification considérable, cause de malentendus en cascade. Le premier à avoir attiré l'attention sur ce problème est un linguiste noir, professeur à l'université de Columbia, John McWhorter. Selon lui, coexistent à présent, dans le langage médiatique courant, trois définitions du racisme, apparues à trois moments différents de l'histoire culturelle américaine récente. Leur sens n'étant nullement équivalent, leur emploi simultané dans la discussion publique est source de confusion[1].

Il existe d'abord ce que McWhorter appelle « une définition 1.0 du racisme ». La plus ancienne. Ce racisme-là est le fait de personnes qui nourrissent des préjugés dévalorisants envers d'autres personnes en vertu de caractéristiques ethniques qu'elles croient avoir repérées chez ces dernières. C'est un système de croyances selon lequel la « race » serait le déterminant primaire des capacités d'un être humain, doublé d'une conviction selon laquelle les « races » seraient hiérarchisées entre elles, la supériorité supposée de certaines les déterminant à dominer « naturellement » les autres – voire, dans les pires des cas, à les exterminer pour hâter l'œuvre de la sélection naturelle...

Mais progressivement, à partir de la fin des années 1960, est apparu ce que McWhorter désigne comme le « racisme 2.0 ». Il s'agit d'un « racisme sociétal » ou « institutionnel », qui serait à l'œuvre dans certaines structures de la société et imprégnerait les acteurs sans qu'ils en aient pleinement conscience. Il renvoie à des comportements collectifs et non plus individuels. L'exemple qu'il en donne est caractéristique : le *white flight*. Soudain, pour une raison ou une autre, les familles blanches désertent une à une un quartier jusque-là racialement mélangé. Comme par hasard, les infrastructures sont alors négligées,

---

1. John MCWhorter, « The Dictionary Definition of *Racism* Has to Change », *The Atlantic*, 22 juin 2020 ; https://www.theatlantic.com/ideas/archive/2020/06/dictionary-definition-racism-has-change/613324/

l'insécurité augmente, le financement et le niveau pédagogique des écoles locales périclitent. Personne n'est responsable individuellement de la situation ainsi créée. C'est une affaire de mentalités collectives.

Mais il existe désormais, selon McWhorter, une « définition 3.0 » du racisme. Elle est apparue au milieu de la décennie 2010 sous l'influence des adeptes de la *critical race theory* (CRT). Elle se focalise sur les disparités de résultats entre Noirs et Blancs et les interprète comme la preuve d'un racisme structurel enfoui au cœur de la société et déterminant souterrainement toutes ses institutions[1]. « Exemple : lorsque l'on dit que si, en moyenne, les étudiants noirs obtiennent de moins bons résultats que les étudiants blancs aux tests standardisés, cela signifie que ces tests sont racistes et qu'ils désavantagent systématiquement les étudiants noirs. » La « définition 3.0 du racisme » implique que les résultats des Noirs devraient, dans tous les domaines, être au moins égaux à ceux des Blancs. Au nom de « l'équité », la *critical race theory* réclame, en conséquence, des compensations pour les Noirs partout où ils ne sont pas strictement à égalité de résultat avec les Blancs.

Au nom de la lutte contre le racisme, souligne McWhorter, certains théoriciens de la CRT requièrent pas moins que des « privilèges ». C'est la logique qui a présidé à l'*affirmative action.* Mais à présent, il ne s'agit plus tant de corriger les effets des injustices du passé que de démanteler des institutions accusées d'être biaisées en faveur des Blancs.

C'est le cas de Emmett John Rice Jr., le PDG d'une fondation destinée à la promotion des membres des

1. Les Américains utilisent généralement à ce propos l'expression *embedded*, qui est intraduisible.

minorités dans les grandes entreprises, Management Leadership for Tomorrow : « La majorité des dirigeants d'entreprises blancs agissent comme s'il existait une tension entre la diversité raciale croissante et le maintien de "méritocraties" basées sur l'excellence qui avaient fait le succès de leurs entreprises », écrit-il. Et quand est mise en cause leur politique de recrutement, ces dirigeants se plaignent que « le « pipeline [de cadres noirs compétents] est trop étroit pour le moment. » Les entrepreneurs identitaires tels que Emmett John Rice Jr. le savent : toutes les entreprises redoutent d'être accusées de discrimination raciale. Il leur faut présenter des états-majors comportant un nombre convaincant de femmes, de Noirs et d'autres membres des minorités. C'est ce qu'on appelle dorénavant « l'équité ».

« Cette équité est un terme qui n'a pas de sens, selon Shelby Steele, penseur conservateur noir et militant des droits civiques dans les années 1960, mais c'est l'un de ceux qui donnent du pouvoir et de l'influence aux Noirs dans la vie américaine. On peut le balancer n'importe où et à tout moment et là où il atterrit, il entraîne contre quelqu'un une accusation de racisme. Son message, c'est qu'il y a de l'inégalité dont il faut s'occuper, qu'il y a une dette à payer[1] ». « Il y a soixante ans, nous luttions pour l'égalité », poursuit-il. Pas pour l'équité.

Selon Shelby Steele, une sorte de « marché » aurait été passé entre Blancs et Noirs après la victoire du mouvement des droits civiques dès les années 1960. Le problème, c'est que cet accord impliquait que les

---

1. Tunku Varadarajan, « How Equality Lost to "Equity" », *WSJ*, 12 février 2021 ; https://www.wsj.com/articles/how-equality-lost-to-equity-11613155938

Noirs demeurassent d'éternelles victimes. « Les Blancs ont besoin de Noirs qu'ils puissent sauver afin de démontrer leur propre innocence face à l'accusation de racisme. Les Noirs doivent se mettre en avant en tant que victimes, car c'est la meilleure façon de faire avancer leurs revendications. Mais c'est pervers car cela pousse les Noirs à brandir leur souffrance afin d'en tirer du pouvoir, plutôt que comme une condition à dépasser. Certes, cela nous a donné la guerre contre la pauvreté, l'*affirmative action*, le *busing* des écoles et des aides au logement. Mais cela a aussi été la cause d'un dévoiement car notre identité a été transformée en un culte virtuel de la victimisation – comme si notre persécution était notre flamme éternelle, la vérité la plus profonde de ce que nous sommes, le destin tragique que nous exploitons. [...] »

« Mais il y a un hic. C'est simplement le fait que nous, les Noirs, nous ne sommes plus victimisés tant que ça. Aujourd'hui, nous sommes libres de nous bâtir une vie qui ne sera pas atrophiée par la persécution raciale. Aujourd'hui, nous avons plutôt des chances de tomber sur des préférences que sur des discriminations raciales. En outre, nous vivons dans une société qui montre de la bonne volonté, de manière générale. Une société qui a isolé le racisme en en faisant le plus impardonnable des péchés[1]. »

Et cela crée, chez les jeunes Noirs, en particulier, poursuit Shelby Steele, un malaise. Ils souffrent d'inauthenticité. Car le racisme, sur lequel ils persistent à fonder leur identité, a presque disparu. Il est l'un des

1. Shelby Steele, « The Inauthenticity Behind Black Lives Matter », *WSJ*, 22 novembre 2020 ; https://www.wsj.com/articles/the-inauthenticity-behind-black-lives-matter-11606069287

rares commentateurs à avoir relevé le caractère étrangement parodique des manifestations, parfois suivies d'émeutes, organisées par le mouvement Black Lives Matter. Elles apparaissaient souvent comme un remake du fameux « long et chaud été 1967 », au cours duquel cent cinquante-neuf émeutes recensées causèrent plus d'une centaine de morts dans une atmosphère de guerre civile. À l'époque, l'égalité civique et juridique proclamée était encore loin d'être entrée dans les faits. Il en va autrement aujourd'hui. Mais si les écarts de revenus entre hommes blancs et noirs ont considérablement rétréci en deux générations, ils persistent cependant. Les revenus des femmes noires plus jeunes, par contre, sont actuellement égaux à ceux des femmes blanches.

Ainsi, le grand humaniste chrétien Bob Woodson, vétéran des luttes pour les droits civiques des années 1960, dénonce l'utilisation du pseudo-concept de « racisme systémique » comme une diversion. À ses yeux, c'est une trouvaille de politiciens, permettant de détourner l'attention des vrais problèmes auxquels sont confrontées les communautés noires, à savoir l'insécurité, le chômage et l'explosion des familles monoparentales. La lutte antiraciste a été, selon lui, dévoyée et sert surtout à alimenter ce qu'il appelle une « industrie de la victimisation raciale » qui enrichit ses membres. Il estime que 70 % des fonds injectés dans les associations de soutien aux Noirs tombés dans la pauvreté est détourné par leurs animateurs. Ce qui ne les incite guère à apporter des solutions aux problèmes des communautés concernées.

« N'oublions pas que des Noirs démocrates sont à la tête de nombreuses villes américaines depuis des décennies, précise Bob Woodson. Mais qu'ont-ils changé dans leurs communautés ? Plutôt que d'avoir à répondre à des questions difficiles, plutôt que d'expliquer pourquoi la population afro-américaine continue de souffrir d'un système qu'ils supervisent, ils changent de sujet en mettant sur la table la question du "racisme institutionnel". J'ai participé à la lutte pour les droits civiques et j'ai connu Martin Luther King. Je sais le prix que nous avons dû payer. Mais les choses ont changé ! L'Amérique a fait du chemin, grâce notamment aux nombreux sacrifices de ceux qui se sont battus. Ignorer les progrès accomplis, c'est leur faire injure. Je dis que le racisme systémique n'est pas une réalité, mais une stratégie politique. Une arme, qui se nourrit de la culpabilité blanche et de la victimisation des Noirs ! Mettre l'accent sur le racisme n'aide pas les populations noires[1]. »

Ces controverses incessantes sur le sens qu'il faudrait donner au racisme ont connu récemment un épisode fort révélateur. Une jeune étudiante noire, Kennedy Mitchum, a obtenu une réécriture de la définition donnée de ce mot par l'une des plus prestigieuses institutions du pays, Merriam-Webster, une maison d'édition qui publie ses dictionnaires depuis 1847. « Je leur ai dit qu'ils devaient inclure le fait qu'un groupe de gens fait l'objet d'une oppression systématique. Ce n'est pas simplement : je n'aime pas quelqu'un », a-t-elle expliqué pour justifier sa démarche. Tout le monde avait compris le message : il s'agit de faire avaliser par les dictionnaires l'existence du « racisme systémique ».

---

1. Laure Mandeville, « Bob Woodson : "Le concept de racisme systémique est une arme politique qui se nourrit de la culpabilité blanche" », *Le Figaro*, 30 octobre 2020 ; https://www.lefigaro.fr/vox/monde/bob-woodson-le-concept-de-racisme-systemique-est-une-arme-politique-qui-se-nourrit-de-la-culpabilite-blanche-20201030

Comme c'est désormais la règle en pareil cas, le responsable éditorial du Merriam-Webster, Peter Sokolowski, s'est fendu d'un message d'excuse : « Nous présentons nos excuses pour les dommages que nous avons causés en n'agissant pas plus tôt. » Et la nouvelle version (révisée) du mot « racisme » fait explicitement référence à la théorie du racisme systémique : « l'oppression systémique d'un groupe racial à l'avantage social, économique et politique d'un autre ; spécifiquement : la suprématie blanche ». La réaction générale des milieux hostiles a été « *the dictionary gets* woke ». La maison d'édition a capitulé devant les forces de la *political correctness*.

Conclusion

Woke en version française ?

Dans un discours prononcé aux Mureaux, le 2 octobre 2020, le président de la République, Emmanuel Macron, a déclaré : « Et quand je vois aujourd'hui certaines théories en sciences sociales totalement importées des États-Unis d'Amérique avec leurs problèmes, que je respecte et qui existent, mais qui viennent s'ajouter aux nôtres, je me dis que nous sommes déraisonnables à ne pas faire ce choix [celui de réinvestir le champ des sciences sociales]. » Deux semaines plus tard, au lendemain de la mort de Samuel Paty, Jean-Michel Blanquer, ministre de l'Éducation nationale, mettait en garde contre une « matrice intellectuelle venue des universités américaines et des thèses intersectionnelles qui veulent essentialiser les communautés et les identités ». Elle est, disait-il, « le terreau d'une fragmentation des sociétés qui converge avec le modèle islamique ». Et à la fin du même mois, plusieurs intellectuels publiaient, dans *Le Monde*, une tribune mettant en cause « les idéologies indigéniste, racialiste et "décoloniale" [transférées des campus américains], nourrissant une haine des "Blancs" et de la France ; et un militantisme parfois violent, s'en prenant à ceux qui osent encore braver la doxa antioccidentale et le prêchi-prêcha multiculturaliste[1] ».

Il est patent qu'au plus haut sommet de l'État a eu lieu une prise de conscience, certes tardive, mais qui contraste avec les complaisances manifestées par certains ministres au cours du quinquennat précédent. Il était temps. Cela fait un certain temps que la révolution culturelle qui bouleverse la société américaine et déchire les États-Unis a traversé l'Atlantique. Une partie de la gauche américaine, convaincue du caractère exemplaire de son modèle multiculturaliste, tend à l'exporter dans toutes les démocraties. Elle y développe la politique des identités. Pas seulement par idéalisme : au département d'État, beaucoup sont persuadés que la promotion de la culture politique américaine au sein des jeunes générations européennes, issues de l'immigration en particulier, est un bon moyen de développer l'influence américaine et de contrer celle des islamistes. Certaines figures communautaires françaises, comme Rokhaya Diallo, sont passées par le programme Young Leaders de la French-American Foundation. Ils y apprennent à « organiser leur communauté » selon des méthodes éprouvées.

La culture américaine contemporaine, celle du rap en particulier, est aussi un puissant vecteur de promotion des idéaux actuels de cette gauche américaine, comme la *pop music* a servi, dans les années 1960-1980, à promouvoir ses idéaux d'autrefois. Mais il s'agissait

---

1. « Une centaine d'universitaires alertent : "Sur l'islamisme, ce qui nous menace, c'est la persistance du déni" », *Le Monde*, 31 octobre 2020 ; https://www.lemonde.fr/idees/article/2020/10/31/une-centaine-d-universitaires-alertent-sur-l-islamisme-ce-qui-nous-menace-c-est-la-persistance-du-deni_6057989_3232.html

alors de pacifisme, de tolérance, d'universalisme et de liberté : il fallait être cool. Aujourd'hui, au contraire, on est incité à être vigilant, sectaire, cynique et agressif.

Cette propagande tombe sur un terreau favorable : la ségrégation sociale et géographique des descendants d'immigrés n'est pas un mythe. La grille de lecture identitaire peut apparaître à certains particulièrement adaptée pour décrire leur situation et la politique des identités comme un moyen d'améliorer leur sort.

Comme l'écrit Norimitsu Onishi, dans le *New York Times* (organe *woke*), Macron et Blanquer « font face à une jeune garde plus diversifiée pour qui ces théories sont des outils aidant à éclairer les angles morts d'une nation de plus en plus diversifiée qui rechigne encore à faire mention de la race, qui ne s'est toujours pas confrontée à son passé colonial et qui associe souvent les aspirations des minorités à des politiques identitaires[1]. » On a parfois l'impression que les Américains veulent se venger des intellectuels poststructuralistes qui leur ont « apporté la peste » dans les années 1960, en nous renvoyant, comme un boomerang, le résultat politique final de cette exportation intellectuelle. Ils entretiennent des antagonismes potentiellement destructeurs dans un pays en déclin.

Or, il ne fait guère de doute que la révolution culturelle *woke* fragilise dangereusement les États-Unis eux-mêmes à un moment particulièrement périlleux de leur histoire. S'entendre raconter du soir au matin que leur pays est le fruit d'une occupation illégale de territoires

---

1. Norimitsu Onishi, « Les idées américaines menacent-elles la cohésion française ? », *The New York Times*, 9 février 2021 ; https://www.nytimes.com/fr/2021/02/09/world/europe/France-universites-decolonialisme-woke.html

et que sa prospérité est fondée sur le péché capital du racisme n'aidera pas à mobiliser les esprits et les cœurs si le conflit de civilisation avec la Chine débouche sur un conflit militaire.

De même, l'extraordinaire degré de polarisation que provoque un affrontement politique interne fondé sur ce qui n'est pas négociable – l'identité – affaiblit la cohésion de la société américaine. Le pays est au bord de la guerre civile, comme l'a montré l'invasion du Capitole par des partisans de Donald Trump, décidés à contester sa défaite électorale. En face, l'extraordinaire cohésion du peuple chinois, maintenu dans l'obéissance à un parti unique, constitue un atout formidable pour ce régime dictatorial. En outre, la Chine applique avec rigueur un principe de sélection basé sur la compétence, le mérite (et l'obéissance au Parti communiste...), alors que les États-Unis, on l'a vu, mettent en cause leur propre méritocratie, au nom de la « justice sociale » et de l'égalité de résultats entre catégories raciales et sexuelles.

La France, dont l'histoire est très différente de celle des États-Unis, s'est longtemps imaginée à l'abri des délires du politiquement correct. Notre modèle républicain était censé nous protéger. Notre passion nationale pour la politique nous éviter les formes surprenantes de dépolitisation que connaissent les États-Unis. Pourtant, le wokisme est déjà très répandu dans les départements de sciences humaines de nos universités et dans certaines de nos grandes écoles, comme Sciences Po, et il rencontre une attention très favorable auprès des médias culturels du pays. C'est comme ça que les choses avaient commencé aux États-Unis. À présent, il est partout. Nous voilà prévenus.

Table

Composition et mise en pages
Nord Compo à Villeneuve-d'Ascq

CET OUVRAGE
A ÉTÉ ACHEVÉ D'IMPRIMER
SUR ROTO-PAGE
PAR L'IMPRIMERIE FLOCH À MAYENNE
EN OCTOBRE 2021

N° d'impression : 99237
Imprimé en France